영어 구절동사
의미와 용법

English Phrasal Verb

의미와 용법

영어 구절동사

이기동

교문사

서 문

　구절동사는 빈도수가 높은 표현이기 때문에 우리는 영어를 배우면서 처음부터 자주 접하게 된다. 이 표현은 동사와 불변사로 되어 있고, 구절동사 전체의 뜻이 구성 성분으로부터 이루어지지 않는 것으로 보기 때문에, 구절동사 전체의 뜻은 구성 성분의 뜻과 상관없이 외워야 하는 표현으로 간주되었고, 지금도 그렇게 간주되고 있다. 그러나 필자는 구절동사의 전체 뜻은 이 표현을 이루는 구성 성분의 뜻에서 찾을 수 있다는 생각을 하게 되었다. 예로서 find는 out과 같이 쓰여서 구절동사 find out을 이룬다. 만약에 out에 뜻이 없다면, 왜 많은 불변사 가운데 out이 쓰이는가? 또 왜 이 동사는 up과 같이 쓰여서 find up이라는 구절동사는 이루지 못하는가? 불변사뿐만 아니라 동사도 뜻이 없는 것으로 간주된다. 동사 get이 쓰인 get up의 경우, 이 동사는 find와는 달리 의미가 없는 것으로 취급되어 왔다. 그러므로 의미가 없는 동사와 의미가 없는 불변사 up이 합쳐져서 생기는 의미는 get과 up에서 끌어낼 수 없다고 생각된다.

　그러나 이러한 생각은 옳지 않음을 곧 알 수 있다. 모든 낱말에는 뜻이 있고, 이 낱말이 합성되어 더 큰 표현을 만들 때에 이들의 뜻은 큰 표현에 반영이 된다. 나는 이 생각을 뒷받침하기 위해서 전치사와 전치사적 부사의 뜻을 먼저 살펴보았다. 거의 모든 전치사는 다의어이다. 사전에서 어느 전치사 (예: up)를 살펴보면 그 뜻이 많다. 그러나 사전에 실린 뜻을 살펴보면, 각 전치사의 뜻들은 서로 관련성이 없어 보인다. 그러나 새 각도에서 분석해보면 각 전치사가 갖는 의미는 서로 관련이 있음이 드러났다 (이기동, 2002).

동사의 경우도 마찬가지이다. 구절동사에 쓰이는 동사 get의 뜻을 사전에서 찾아보면 많은 뜻이 열거되어 있다. 전치사의 뜻과 마찬가지로 이 동사가 갖는 뜻들은 수가 많고 나아가서 이들 뜻들은 사전풀이에서는 서로 관련성이 없어 보인다. 그러나 이 뜻 가운데 원형적인 뜻을 찾을 수 있고, 이 원형이 어떻게 변이 되어 가는가를 살펴보면 뜻과 뜻 사이의 관련성이 보인다 (이기동, 2002).

앞서 전치사와 동사의 연구가 이루어져 있으므로 이 바탕 위에 구절동사를 살펴볼 수 있다.

이 연구의 바탕이 되는 이론은 R. W. Langacker 교수가 개발해 오고 있는 인지문법이다. 이 문법의 특징은 그 이름이 암시하듯 언어능력은 다른 인지능력에서 독립되어 있는 것이 아니라 일반 인지능력의 일부가 된다는 주장이다. 따라서 이 문법에서 의미는 모든 정신 경험을 포함하게 된다. 이 것은 또 언어 의미와 세상의 일에 대한 지식을 구분하지 않는다는 의미도 된다. 제1장에서 이 문법은 소개된다.

이 책의 원고는 오래 전에 마쳤다. 그러나 다시 손질을 해서 내겠다는 생각에 미루어 왔다. 그러나 바쁜 일에 쫓겨 손을 대지 못하고 오다 갑자기 잘못하다가는 이 책을 내놓지 못할 수도 있다는 생각이 들었다. 그래서 부족한 점이 많은 줄 알면서 이것을 출판하기로 결심했다. 부족한 점이 있지만 그래도 영어학습에 도움이 되리라 믿고 또 이 부족한 것을 출발점으로 다른 분들이 자극을 받고 좀더 충실한 책이 나오리라 기대한다.

어려운 가운데 출판을 맡아 주신 교문사의 류제동 사장님께 감사드리며, 편집에 애를 많이 써 주신 편집부 직원들에게도 깊은 감사를 드린다. 그리고 교정을 도와주신 신관용, 서소아, 김다희 여러분께 깊은 감사를 드리고, 마지막으로 표지를 디자인해 주신 국민대학교 조형대학 시각디자인학과 정시화 교수께도 깊은 감사를 드린다.

2004년 7월
이기동

각 장의 개요

1장은 연구의 바탕이 되는 인지문법이 간략하게 소개되어 있다. 이 문법은 그 역사는 비교적 짧지만, 기간에 상관없이 여러 언어에 적용되어 언어에 대한 많은 통찰력을 제공해 주고 있다. 인지문법은 그 이름이 말해주듯 언어 연구에서 인지 능력을 뗄 수 없는 일부로 고려한다. 이 문법은 다의어와 구절동사의 분석에 유용한 틀을 제공해 준다.

2장은 구절동사에 관한 여러 가지의 사실을 종합하여 제시한다. 즉, 구절동사에 쓰이는 불변사의 위치나 구절동사에 쓰이는 동사와 불변사에 쓰이는 뜻 등을 제시한다. 이 장에서 간단하게 제시된 주요 문제는 3장에서 9장까지 다시 상세하게 다루어진다.

3장에서는 비유 문제를 구절동사와 결부시켜서 다룬다. 비유에는 크게 은유와 환유가 있다. 비유과정은 구절동사의 의미 확장에 큰 역할을 한다. 구절동사의 뜻이 구성 성분의 뜻으로부터 예측할 수 없다고 생각되는 것은 구절동사의 뜻이 비유적으로 확대되어 쓰이기 때문이다. 은유는 비단 구절동사뿐만 아니라 언어의 모든 부분에서 찾아볼 수 있는 현상이고, 또 언어뿐만 아니라 우리의 사고와 행동과도 관계가 있다. 비유와 결부시켜 보면 구절동사의 뜻은 대부분의 경우 예측이 가능한 것으로 드러난다.

4장에서는 동사 가운데 get을 예로 들어서 구절동사에 쓰이는 동사에도 뜻이 있음을 밝힌다. 물론 이 뜻은 매우 추상적이다. 이 동사의 쓰임이 넓기 때문에 이 모든 것을 취급하기 위해서는 그 뜻이 일반적이 되지 않을 수 없다. 이 동사를 사전에서 찾아보면 그 뜻이 많다. 너무 많기 때문에 뜻이 없는 것으로 보인다. 그러나 이 장에서 동사 get의 기본적인 뜻은 이동 동사임을 밝힌다. 이 동사의 과정에는 행위자, 피영향자, 장소1, 장소2가 있다. 행위자가 피영향자에게 영향을 주어서 피영향자가 장소1에서 장소2로 옮기게 한다. 장소는 상태로 확대되어서 행위자가 피영향자를 한 상태에서 다른 상태로 옮기는 과정을 나타내는 데에도 쓰인다. 또 이 동사는 위의 타동사 용법과 함께, 피영향자만이 쓰이는 자동사 용법이 있다. 이러한 각도에서 보면, get 동사의 의미와 통사에는 규칙성이 있음이 드러나며, 이 규칙성은 get에만 국한된 것이 아니라 다른 동사에서도 찾아볼 수 있다.

5장은 불변사를 다룬다. 불변사는 전치사와 전치사적 부사를 함께 일컫는 용어이다. 구절동사에 쓰이는 불변사도 뜻이 없는 것으로 생각되어 왔다. 그러나 이 장에서는 불변사 on과 off를 검토하면서 불변사에도 추상적이긴 하지만 뜻이 있음을 보여준다. 전치사 경우 관계어로서 두 개체 (탄도체와 지표)가 있다. 불변사 on이 나타내는 원형적인 관계는 탄도체가 지표의 위에 닿아 있는 관계이다. 이 원형적인 관계는 변이형이 있을 수 있다. 이 전치사의 공간 관계는 시간 관계나 상호작용 관계에 확대된다.

6장에서는 동사와 불변사와의 결합과정을 살펴본다. 인지문법은 문법을 다음과 같이 본다. 즉 문법은 작은 성분들을 결합하여 좀더 큰 단위를 만드는 본을 제공한다. 그러므로 이 문법은 구절동사가 동사와 불변사가 결합되어 이 둘이 합쳐지는 본을 제공할 수 있어야 한다. 이 장에서는 어떻게 두 구성요소가 결합되어 구절동사를 이루는지를 살펴본다. 결합 과정에 포함되는 대응 관계, 도식 관계, 겹침, 모습 결정소 등이 다루어진다.

7장에서는 관용적 구절동사를 다룬다. 구절동사는 기준에 따라서 여러 가지로 하위 분류될 수 있다. 이 기준 가운데 하나가 구절동사에 쓰이는 구성 성분의 고착성이다. 많은 구절동사는 불변사의 위치나 목적어 사용에 다음과 같은 고착성의 정도가 있다. 다음 두 표현을 살펴보자.

(1) a. I will put my feet down and stop this.

　　 b. *I will put down my feet and stop this.

(2) a. The workers put down their tools.

　　 b. *The worker put their tools down.

　　down의 위치는 (1)에서는 목적어 다음이 자연스럽고, (2)에서는 동사 다음이 자연스럽다. 다시 말하면, down의 위치는 각 표현에서 특정한 위치에 굳어져 있다. 또 목적어는 (1)에서는 feet, (2)에서는 tools로 굳어져 있어서 다른 명사가 거의 쓰일 수 없다. 이와 같이 구절동사에는 굳어진 표현이 있고 굳어진 정도에 따라서 구절동사를 분류할 수 있다.

　　8장에서는 구절동사 사전을 다룬다. 구절동사에 관심이 높아지면서 여러 출판사에서 구절동사 사전을 내어놓았다. 영국의 큰 출판사 가운데 구절동사 사전을 내어놓지 않은 곳이 없다. 옥스퍼드 대학 출판부, 케임브리지 대학 출판부, 롱맨, 코린스 코빌 등등. 이 장에서는 구절동사 사전을 비교하면서 각 사전이 어떤 원칙 아래서 각 구절동사를 제시하는가를 살핀다. 예로서 put out과 같은 표현은 자동사로 쓰이고 타동사로도 쓰인다. 이것이 어떻게 제시되어 있는지, 또 put on과 같은 표현에 쓰인 on은 전치사로도 쓰이고 부사로도 쓰이는데 이러한 것이 어떻게 취급되고 있는지를 살핀다.

　　9장에서는 복합동사의 의미를 다룬다. 몇몇 불변사는 동사 앞에서 동사와 결합되어 복합동사를 이룬다.

차 례

제**1**장

인지문법

제1장
인지문법

인지문법은 Langacker 교수가 지난 1976년부터 발전시켜 온 언어이론이다. 이 이론에서 언어는 독립적이라고 생각되지 않기 때문에 인지 과정의 언급 없이는 기술될 수 없다. 문법 구조는 독립적인 형식 체계나 표상의 층을 이루지 않는다. 문법 구조는 원래부터 상징적인 것으로, 개념 내용을 구조화하고 이것을 관습적으로 상징한다. 어휘부, 형태부, 통사부는 상징 단위의 연속 변차선을 이루므로, 이들은 인위적으로만 별개의 부분으로 나누어질 수 있다. 그러므로 의미를 생각하지 않고 문법 단위를 분석하는 것은, 낱말의 뜻을 빼놓고 사전을 만드는 것만큼이나 무용한 것으로 간주된다.

이 장은 인지문법의 기본 개념과 조직에 필요한 가정을 전반적으로 살피고 영어구절동사의 분석에 이 문법이 어느 정도의 기술력을 가지고 있는가를 보여주는 데 제한적인 목적을 갖는다. 따라서 여기에서는 필수 개념들만 간략하게 기술할 것이며, 상세한 설명과 예시를 원하는 경우 다음 논문들을 참조할 수 있다: Casad and Langacker(1985), Hawkins (1984), Langacker(1982a, 1982b, 1984, 1985), Lindner(1981, 1982), Tuggy(1981) 그리고 Vandelois(1984).

1. 언어 의미론

인지문법은 의미를 개념화(conceptualization)와 동일시한다. 이에 따른 언어 의미론은 사고와 개념 같은 추상적인 개체의 구조 분석과 명시적 기술을 시도해야 한다. 개념화라는 용어는 넓게 풀이된다: 이 속에는 고정된 개념은 물론 새로운 개념화, 감각, 운동, 정서적 경험, 그리고 직접적인 (사회,

물리, 언어적인) 맥락의 인식이 포함된다. 개념구조들은 인지 처리과정 안에 있으므로, 인지문법의 궁극적 목적은 정신적 경험으로 체계화되어 가는 인지 사건의 유형을 특징짓는 일이다. 이 목표는 원대하지만 그렇다고 의미의 개념적 바탕을 무시해도 된다는 주장의 근거가 되지는 못할 것이다.

어휘 의미론의 주된 관심은 대부분의 낱말이 지니고 있는 서로 연관된 뜻들의 배열을 찾는 데 있다. 이러한 뜻들은 낱말들이 갖는 관습적으로 허용된 용법의 영역을 정해 준다. 한 낱말이 갖는 여러 가지 다른 뜻은 망상 조직의 형태로 편리하게 표시된다: 다음 〈그림 1〉은 명사 ring과 연관된 망상 조직의 한 부분을 나타낸다. 어떤 뜻은 (실선으로 표시된 것) 다른 뜻의 도식이 되고, 어떤 것은 (점선으로 표시된 것) 다른 것의 확장이 된다. 그리고 경우에 따라서는 점선이 표시하듯, 갈등이 있다. 이러한 망상 조직에서 마디와 범주화 관계는 확립성과 인지적 현저성의 정도에 있어서 서로 다르다. 예로서 〈그림 1〉에서 굵은 선으로 된 부분은 원형 범주에 상응한다. 어느 낱말이 갖는 관습적 가치에 대한 화자의 지식은 원형이나 가장 높은 수

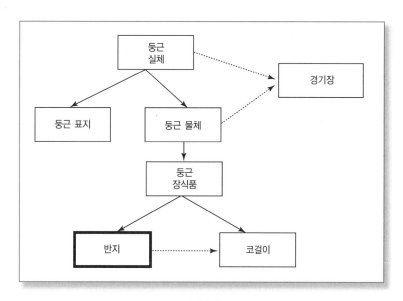

그림 1

준의 도식(schema)과 같은 어느 하나의 구조로 축약될 수 없다. 각각의 낱말 범주가 언제나 분명하게 한계가 있는 원형을 가지지는 않으며, 또 망상 조직에 있는 모든 마디의 명시와 양립할 수 있는 가장 높은 수준의 도식도 가정할 수 없다. 이러한 구조가 설정되더라도, 어느 언어에서 어떤 확장과 상술의 배열이―가능한 모든 배열 가운데서, 그리고 언어적으로 그럴 듯 한 것 가운데서―관습적 지위를 얻었는가를 예측할 수 있는 방법이 없다. 한 낱말의 관습적 의미는 망상 조직 전체와 동일시되어야지 망상 조직 속의 어느 한 마디와 동일시되어서는 안 된다.

언어 표현의 특정한 뜻을 충분히 특징짓기 위해서 필요한 것은 무엇인가? 의미 구조 (또는 그가 말하는 서술)는 '인지 영역' 에 비추어서 기술된다. 그리고 여기서 말하는 영역은 모든 종류의 인지 과정일 수 있다: 지각 경험, 개념, 개념적 복합체, 정교한 지식 체계 등이다. 그러므로 어느 언어 표현의 의미 기술은 첫 시발점으로서 임의의 복잡성과 아마도 백과사전식 범위를 갖는 통합된 개념을 취한다. 이 견해를 뒷받침해 주는 기본 관찰은 어떤 개념화는 이것을 특징짓기 위해서 다른 개념화를 전제로 한다는 점이다. 그러므로 우리는 개념적 복합체의 계층을 설정할 수 있다. 한 계층의 구조는 그 아래에 있는 구조들 간의 여러 가지 연산을 통해서 생겨난다. 중요한 점은 언어 서술에 요구되는 인지 영역은 이러한 계층의 어느 수준에서도 있을 수 있다는 것이다.

몇 가지 예를 살펴보자. '지름' 이라는 개념은 원이라는 선행 개념이 주어지면 쉽게 특징이 지어지지만 그것이 없으면 불가능하다. 그러므로 원은 지름의 인지 영역으로 작용한다. '손목' 의 가치에서 중심적인 것은 '손목' 이 지시하는 개체가 인간 팔의 전체적인 모양에 비해서 갖는 위치이다. '밑' 은 높이가 있는 물체의 개념을 전제로 하고, '5월' 은 한 해의 흐름을 구분하기 위해 고안된 달력 순환의 개념을 전제로 한다. '쇼트스톱' 이나 '번트' 의 의미 있는 기술은 야구 규칙에 대한 상당한 지식을 전제한다. 이 견해가 암시하는 바는 명백하다. 어느 의미 구조의 완전한 특징은 이것이 속하는 영역의 기술과 궁극적으로 이 영역이 의존하는 좀더 기본적인 개념화의 계층에 대한 기술을 포함해야 한다.

무엇이 개념 계층의 가장 낮은 층이 되는가? Langacker는 개념 원소의 존재에 대해서는 중립적인 입장이다. 그러나 그는 여러 가지의 '기본 영역'들을 설정하는 것이 필요하다고 생각한다. 다시 말하면, 인지적으로 줄일 수 없는 표상 공간 또는 개념적 가능성의 밭을 설정한다. 이들 기본 영역 가운데는 시간 경험과 2차 및 3차의 공간적 꼴을 다룰 수 있는 우리의 능력이 있다. 또, 감각과 관련된 기본 영역도 있다. 시계의 확장과 조정되어 있는 색채 공간(가능한 색채 감각들의 배열), 음조의 영역, 가능한 체온 영역, 그리고 정서의 영역도 가정된다. 어떤 언어 서술은 하나나 그 이상의 기본 영역과 관련을 지어야만 기술될 수 있을 것이다. 예로서, '다음'은 시간, '노랑'은 색채 공간, '삐이' 소리는 시간과 음조 영역과 관련된다. 대부분의 서술은 완전하게 기술되려면 하나 이상의 영역을 필요로 하는데, 이러한 무리를 〈그림 2〉에서 칼로 예시된 것처럼 복합 모체라고 하겠다. '칼'이 갖는 특성의 한 차원은 모양 명시이다. 또 하나는, 음식을 자르는 과정에서 칼이 하는 원형적인 역할이다. 그 밖의 특성으로는 다른 식기류에서 칼이 차지하는 전형적인 위치, 모양, 무게, 그리고 소재 등 여러 가지가 있을 것이다. 물론 이들 여러 명시가 꼭 같지는 않다. 이들 명시는 중심성의 정도에서 크게 다

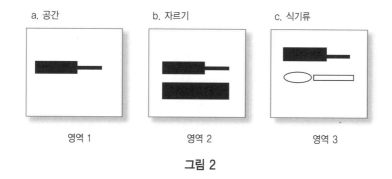

a. 공간	b. 자르기	c. 식기류
영역 1	영역 2	영역 3

그림 2

르다. 즉, 칼이라는 표현이 사용되는 특정한 경우에 어느 것이 활성화되느냐의 정도에 있어서 크게 다르다. 나아가 어떤 속성은 다른 속성의 성분으로 포함된다. 예로서 〈그림 2〉에서, 모양 명시는 복합 모체의 다른 영역을 이루는 개념에 전형적으로 포함된다.

Langacker는 의미의 백과사전식 견해를 채택한다. 언어 의미와 백과사전적 의미 사이에 분명한 한계선이 있어서 어느 한 쪽은 언어에 관련이 되고 다른 쪽은 분명히 관련이 되지 않는다고 보기는 어렵다. 어느 개체에 대해서 우리가 갖는 지식의 어떤 국면이라도 그 개체를 가리키는 표현의 언어 행동을 결정하는 데 (예: 의미 확장이나 다른 표현과의 결합) 있어서 나름대로의 역할을 할 수 있다.

2. 영상의 차원들

1) 모습과 바탕

모든 언어 서술에서 관찰되는 영상의 첫 차원은 '바탕'과 이에 부과되는 '모습'이다. 서술의 바탕은 그것이 속하는 영역 (또는, 복합 모체 안의 각각의 영역)이다. 모습은 바탕 안에서 현저성이 특별한 수준으로 높아진 하부 구조이다. 즉, 주어진 표현이 지시하는 하부 구조이다. 몇몇 예가 〈그림 3〉에 개략적으로 주어졌는데, 모습은 굵은 선으로 표시되어 있다. 지름의 바탕 (또는 영역)은 원의 개념이다. 삼촌의 바탕은 친족 관계로 이루어진 한 무리의 사람들이 된다. 바탕은 각 서술의 의미 가치에서 분명히 본질적이다. 그러나 그 자체는 가치가 되지 않는다. 지름은 원이 아니며, 삼촌은 친족망이 아니다. 원의 지름과 삼촌의 의미는 각각 모습의 특징이 되는 변별적 현저성을 얻을 수 있는 특정한 하위 구조의 선택에 의해서 주어진다. 어느 표현의 의미 가치는 바탕이나 모습의 어느 한 쪽에 있는 것이 아니라 이 둘 사이의 관계에 있다.

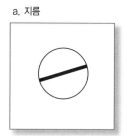

a. 지름

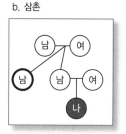

b. 삼촌

그림 3

몇 가지 추가적인 예를 들어보겠다. 먼저 〈그림 4-a〉에 도식화한 **go**의 특정한 의미를 살펴보자. 이것은 명사 서술이 아니라 관계 서술이며, 두 개체 사이의 상호 관계를 모습으로 나타낸다. 이들의 상호 관련성은 〈그림 4〉에 굵은 점선으로 나타나 있다. 이에 관련된 영역은 시간과 공간 영역이다. 시간이 지남에 따라 탄도체(trajector, tr)는 다른 개체인 지표(landmark, lm) 안쪽의 어느 위치에서 그 밖의 어느 위치로 벗어난다. 그림에서는 네 개의 상태만이 명시적으로 표시되었지만 이들은 연속적인 상태를 나타낸다. 탄도체들을 연결하는 점선은 각 상태에 나타난 탄도체들이 서로 상응함을 나타낸다. 즉, 각 탄도체들은 같은 것으로 풀이되며 지표도 마찬가지이다.

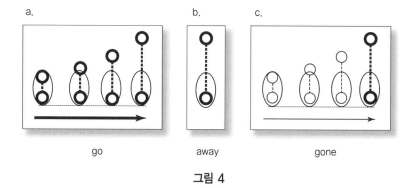

a.

b.

c.

go

away

gone

그림 4

(1) a. China is far away.
      중국은 멀리 떨어져 있다.

    b. When I arrived, he was already gone.
      내가 도착했을 때 그는 이미 떠나버렸다.

〈그림 4-b〉와 〈그림 4-c〉는 각각 문장 (1a)에 쓰인 **away**의 의미와 문장 (1b)에 쓰인 **gone**의 의미를 나타낸다.

Away는 go의 마지막 상태와 같은 관계를 모습으로 나타낸다. 이의 탄도체는 지표의 부근에서 벗어나 있다. 과거분사 **gone**도 같은 관계를 모습으로 나타내지만 그 바탕이 **away**와는 다르다. **away**의 바탕은 단순한 공간 영역이지만 **gone**의 바탕은 **go**에 의해 모습으로 드러나는 과정이다. 무엇이든 **go**의 과정을 거치지 않고서 **gone**이 될 수 없다. 과거분사의 의미상의 공헌은 어간 (여기서는 **go**)의 모습을 이의 마지막 상태에 국한시킨다는 것이다. 그러므로 **gone**은 이의 모습에 의해 **go**와 구별되고, **away**와는 바탕에 의해 구별된다.

2) 구체성

영상의 또 하나의 차원은 주어진 상황이 해석되는 구체성의 수준이다. 똑 같은 상황이 (2)에 있는 어느 문장에 의해서든지 묘사될 수 있을 것이다.

(2) a. 그 분은 키가 크다.
    b. 그 언어학자는 키가 크다.
    c. 그 인지언어학자는 키가 1m 80cm 이상이다.
    d. 그 미국 인지언어학자는 키가 1m 88cm이다.

이들 각각의 문장은 바로 다음에 오는 문장의 도식으로 간주될 수 있다. 다음에 오는 문장은 앞의 것의 명시를 상술하고 가능한 가치를 좀더 좁은 범위에 한정시킨다. 생각하고 있는 어느 개체를 도식성이 다른 수준에서 특징지을 수 있도록 여러 낱말이 존재한다는 것도 잘 알려져 있다. 예로서 '식물→나무→소나무→육송'을 들 수 있다. 도식 관계는 문법 구조에도 중요하다. 또 한 예로, '부수다'와 '유리잔'이 결합되어 합성 표현 '유리잔을 부수다.'를 이루는 것을 살펴보자. 술어 '부수다'는 내면 구조의 한 부분으로 도식적으로 두 개의 중심적 참가자를 갖는다. '부수다'와 '유리잔'의 결합은 술어 참가자 가운데 하나인 지표와 유리잔으로 모습이 드러나는 개체 사이의 대응을 통해서 이루어진다. 그런데 유리잔은 훨씬 더 상세하게 특징지어져 있다. 이렇게 보면 성분 표현의 하나는 다른 표현 속에 있는 도식적 하부 구조를 상술한다. 이러한 합성은 문법 구조에서 전형적인 것이다.

3) 규모와 범위

영상의 또 다른 차원은 서술의 규모와 범위에 관련된다. 서술의 범위는 관련된 영역에서 서술이 취급하는 범위이다. 서술의 범위는 늘 분명하게 한정되거나 명시적으로 표시되지는 않는다. 그러나 이 범위는 구조적 의의를 갖는다 (Casad & Langacker, 1985).

〈그림 5〉에 표시된 여러 가지의 범위와 관련하여 '섬'이란 개념을 고려해 보자. 바깥 네모인 범위 a는 주어진 땅을 섬으로 설정하기에 충분하다. 그러나 범위 b는 문제가 된다. 범위 b에 포함된 물만 보고서 이것이 육지 속에 있는 것인지 바다의 일부인지 알 수 없기 때문이다. 범위 c가 주어지면, 육지 부분은 반도로 풀이된다. 그러나 범위 d만이 주어질 때는 반도로 풀이되지 않는다.

신체부위 용어 역시 규모와 범위의 의미 및 구조적 의의를 예시한다. 머리, 팔과 발의 묘사를 생각해보자. 몸 전체는 이들 명사의 영역과 서술의 직접적 범위가 된다. 이 세 낱말의 각각은 좀더 작은 규모로 정의되는 신체 부위의 용어에 대한 서술의 직접 범위가 된다. 예로서, 팔은 손 · 팔굽 · 팔뚝

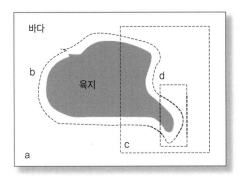

그림 5

의 직접 범위가 되고, 손은 손바닥 · 엄지손가락 · 손가락의 직접 범위가 된다. 또 손가락은 손마디 · 손끝 · 손톱의 직접 범위가 된다. 이러한 계층 조직은 구조적인 결과도 갖는다. 예로서 (3)에서와 같이, '가지고 있다(have)'가 부분-전체의 관계를 나타내는 문장에서 주어가 목적어의 직접 범위를 나타내면, 이 문장은 가장 좋은 문장이 된다(Bever & Rosenbaum, 1970; Cruse, 1979).

   (3) a. 손가락 하나에는 세 마디와 하나의 손톱이 있다.
        b. ?팔 하나에는 14개의 손가락 마디와 5개의 손톱이 있다.
        c. ??몸에는 56개의 손가락 마디와 20개의 손톱이 있다.

   비슷한 제약을 복합 명사에서도 관찰할 수 있다. 우리는 손톱, 발톱, 눈꺼풀, 눈썹과 같은 많은 용어를 발견하는데, 이들의 첫 요소들은 둘째 요소의 직접 범위이다. 이 낱말들을 위와 같은 신체 부분을 나타내기 위해서 존재하지 않는 이상한 표현(팔톱, 다리톱, 얼굴꺼풀)과 비교하여 보면 그 차이를 곧 알 수 있다.
   특정한 문법 구조에서는 서술의 범위가 특정한 구조의 역할도 한다. 그

한 예가 (4)의 새집 구조 모양의 처소 구조이다.

(4) a. 그 이불은 윗층 침실 벽장 맨 위 선반에 있다.
    b. 그 갈퀴는 정원 뒤 울타리 문 가까이에 있다.

각 처소 표현은 주어를 특정한 '탐색 영역'에 한정시키는데, 각 영역은 그 다음 처소 표현을 위한 서술의 범위가 된다. 그래서 (4a)에서 윗층은 이불을 윗층에 국한시키고 윗층과 관련지어서 침실이 풀이된다. 둘째 처소 표현으로 부과되는 탐색 영역은 다시 벽장을 위한 서술 범위가 된다. 형식적으로 말하면, 이들 관계는 각 처소 표현의 탐색 영역과 다음 처소 표현의 서술 범위 사이의 상응 관계를 설정함으로써 다룰 수 있다. 관련된 개체들의 추상성을 제외하면 이 상응 관계는 문법 조합의 어떤 예에서든지 찾아볼 수 있는 것 같다 (예: drop의 지표와 cup의 모습 사이의 대응 관계).

4) 현저성

서술의 하부 구조들의 상대적인 현저성은 영상의 또 다른 차원이 된다. 현저성이란 물론 매우 일반적인 개념이므로 이의 기술상의 의의는 현저성을 가져오는 여러 가지 요소를 가려내는 우리의 능력에 달려 있다. 한 가지 요소는 앞서 고려한 모습짓기와 관련된 특별한 현저성이다. 그 밖의 여러 가지도 가려낼 수 있으나 여기서는 첫째, 관계 술어의 참가자들 사이의 상대적 현저성과 둘째, 명시적으로 언급된 요소의 고양된 현저성만을 주로 논하도록 하겠다.

관계 서술은 언제나 관계 참가자를 비대칭적으로 묘사한다. 이 비대칭은 서술의 내용에 엄격히 의존하는 것은 아니어서 대칭 관계를 나타내는 표현에서도 찾아볼 수 있다. 예로서 '닮다'를 생각해 볼 수 있는데, 'X는 Y를 닮았다.'와 'Y는 X를 닮았다.'는 다르다. 첫째 표현은 Y를 기준으로 X를 특징짓고, 둘째 표현은 X를 기준으로 Y를 특징짓는다. 마찬가지로, 똑같은 어느 상황을 묘사하기 위해서 우리는 'X는 Y 위에 있다.'나 'Y는 X 밑에 있다.'를 쓸 수 있다. 이들도 주어진 상황을 어떻게 해석하느냐에 따라 차이가 난다. 첫째 표현에서 Y는 지표로서 X의 위치를 나타내는 참조점이 된다. 둘째 표현에서는 X와 Y 사이의 관계가 첫째 표현과 반대이다. 이들 서술 사이의 대조는 미세하지만 이 미세함이 이들의 언어 의미와 문법 구조의 의의를 줄이지는 않는다. 비대칭은 '가다, 치다, 들어가다, 다가가다'와 같은 경우에 더욱 뚜렷하다. 이들 서술에서 한 참가자는 정지해 있는 다른 개체에게로 움직인다.

이러한 내재적 비대칭은 모습-바탕의 조직에 그 원인이 있다. 모든 관계 서술은 참가자 중 하나를 모습의 지위로 승격시킨다. 이 참가자는 탄도체라 불리고 다음으로 현저한 참가자는 지표라 불린다. 이 용어에는 원형적인 행동 동사가 바탕이 되는데, 이러한 동사에서 탄도체는 일반적으로 움직이는 개체이다. 그러나 위의 정의는 구체적인 움직임만을 언급하지는 않으므로 다른 모든 관계 표현에도 적용될 수 있다. 탄도체/지표의 비대칭은 주어/목적어 구분은 물론, 더 넓게도 적용된다.

동사 '읽다'는 (5)에서 모두 탄도체와 지표를 갖는다. 그러나 (5a)에서만 이 두 개체가 명시적으로 표현되어 있다.

(5) a. 영희는 새 책을 읽는다.
     b. 영희는 또 읽고 있다.
     c. 배우는 최선의 방법은 읽는 것이다.

주어와 목적어라는 용어는 절의 수준에서 탄도체와 지표의 관계를 표현하며 일반적으로, 실제로 표현된 명사구를 가리키는 데 사용된다. 이와는 대조되게 탄도체/지표의 비대칭은 문법 조직의 모든 수준에 있는 관계 서술의 특징이다. 그러나 어떤 경우에는 이들이 실제로 표현되지 않을 수도 있다.

명시적으로 표현된 요소의 높은 현저성은 다음과 같이 짝진 표현의 의미상의 대조에서 예시될 수 있다.

- 제육과 돼지고기
- 육송과 육송소나무
- 삼각형과 세 변을 가진 세모꼴

논의를 위해서 이들 짝진 표현들은 내포나 정보 내용이 같다고 생각하자. 그러나 이러한 짝진 표현들의 의미가 다르다고도 주장할 수 있다. 왜냐하면 각 짝의 둘째 표현들은 명시적으로 어떤 의미 성분을 언급하는데, 이 성분들은 둘째 표현을 더 현저하게 만든다. 제육이 돼지고기라는 사실을 아는 화자에게도, 돼지고기라는 표현은 이의 출처를 더욱더 현저하게 만든다. 마찬가지의 방식으로 세 변을 가진 꼴은 삼각형보다 세 변을 가진 점을 더 강조한다.

언어상으로 적합한 의미의 특징화는 이러한 차이도 수용해야 할 것이다. 인지문법에서 합성 표현의 의미는 구성 성분의 의미를 나타내는 의미 구조뿐만 아니라, 이의 합성 경로를 포함하는 것으로 정의된다. 즉, 성분 표현의 의미로부터 점차적으로 크게 조합되는 과정을 나타내는 길을 포함한다. 예로서, 제육과 돼지고기의 합성 의미 가치가 같다고 생각하자. 한자를 잘 모르는 사람들에게 분석될 수 없는 형태로서 제육은 이 개념을 직접적으로 나타낸다. 그래서 이의 합성 경로도 제육이라는 하나의 의미 구조로 되어 있다. 그런데 돼지고기는 분석될 수 있다. 다시 말하면, 화자는 이를 이루는 성분 형태소의 의미의 기여를 인식한다. 그러므로 돼지고기의 의미는 합성 구조 제육뿐만 아니라 개개로 상징화된 돼지와 고기, 그리고 이들이 합성 구조의 가치와 갖는 관계도 포함한다. 위의 두 표현은 같은 합성 구조의 가치에 이르지만 그들의 합성 경로는 다르고 따라서 그들의 의미도 다르다.

이러한 의미의 개념은 단순 표현과 합성 표현 사이의 의미 대조를 표현할 뿐 아니라, 진리치 의미론의 전통적인 문제를 해결하는 장점을 갖는다. 이 문제는 '통찰력 있는 중성자' 나 '표독한 숟가락' 과 같이 의미상 변칙적인 표현에서 제기된다. 이들 표현은 진리 조건이 없으므로 무의미하여, 이 두 표현은 의미상으로 같은 값이어야 할 것이다. 이것은 우리의 직관과 다를 뿐만 아니라, 변칙적인 구성 성분이 들어있는 (6)과 같은 문장의 의미상의 변칙을 매우 부정확하게 예측한다.

(6) a. 통찰력 있는 중성자와 같은 물건은 없다.
    b. 표독한 숟가락에 대해서 말하는 것은 무의미하다.

인지문법의 틀에서 변칙적인 표현들은 의미가 있고 그래서 동의적이지 않다. 통찰력 있는 중성자에 대해서는 일관성 있는 합성 인지 과정이 일어나지 않지만, 이것은 의미 가치가 있고 이의 의미 가치는 구성 성분들의 의미와 이들이 특정한 방법으로 결합되는 데에 있다. 표독한 숟가락에 대해서도 마찬가지의 얘기를 할 수 있다. 이 표현도 일관성 있는 합성 의미가 없으므로 이들 의미는 결함이 있지만, 그럼에도 불구하고 의미는 의미이다. (6)과 같은 문장들은 어느 성분 구조의 변칙에 대해서 하는 평이므로 의미상으로는 적격하다.

5) 배경 가정과 예상

아래에서 간단하게 영상의 두 가지 차원을 더 살펴보자. 한 가지는 서로 다른 배경 가정과 예상에 비추어서 어느 상황을 해석한다. 한 가지의 예만 들어보면, (7a)나 (7b) 중 어느 것이나 똑같은 상황을 묘사하는 데에 쓰일 수 있다.

(7) a. He has few friends in high places.
그는 높은 지위에 있는 친구들이 거의 없다.

b. He has a few friends in high places.
그는 높은 지위에 있는 친구들이 몇몇 있다.

c. Few people have any friends in high places.
높은 지위에 있는 친구를 지닌 사람은 거의 없다.

d. *A few people have any friends in high places.

직관적으로 말하면, **few**와 **a few** 사이의 차이는 전자는 부정적이고 후자는 긍정적이라는 것이다. 이것은 (7c)와 (7d)에 의해 입증된다. 부정의 맥락을 요하는 **any**는 **few**와는 양립할 수 있으나, **a few**와는 양립할 수 없다. 분석적으로 말하면, **few**는 명시된 양이 어떤 암시적인 표준보다 적은 것으로 해석하고, **a few**는 주어진 양을 영의 기준선에 비추어서 풀이한다. 그러므로 이들 각각의 서술은 부정과 긍정 쪽에 있는 암시적 참조점으로부터 떨어져 있음을 나타낸다.

6) 원근법

영상의 마지막 차원은 원근법이다. 이는 여러 가지 구체적 요인을 포함한다. 방위와 관점은 8a와 같은 문장의 중의성에 의해서 잘 알려져 있다. (8b)와 (8c) 사이의 대조는 방향의 중요성을 보여주는데, 이것은 움직임을 내포하지 않는 상황에 대해서도 그러하다.

(8b), (8c), (8d)는 모두 추상적인 의미에서 움직임을 내포함을 시사한다. (8d)에 묘사된 것은 객관적으로 풀이된 움직이는 개체의 물리적 이동이다. 객관적으로 풀이된 움직임이란, 인지자와 최대한으로 구별되는 인지 과정의 대상이다. 비슷한 탄도를 따른 움직임이 8c에 암시되어 있으나, 이 경우

의 움직임은 추상적이고, 움직이는 개체는 인지 과정의 대상이 아니라 바로 행위자로서의 인지자이다. 물리적 움직임과 추상적 움직임 사이의 여러 등급과 마음속에 생각되는 개체의 객관적 및 주관적 풀이는 여러 가지 언어 현상의 분석에 있어 중요하다.

(8) a. 철수는 창수의 왼쪽에 앉아 있다.
   b. 그 산은 천천히 내려뻗힌다.
   c. 그 산은 천천히 강둑에서 위로 뻗힌다.
   d. 풍선이 빨리 올랐다.

3. 영상으로서 문법

어휘부와 문법은 상징 단위의 연속변차선을 이룬다. 어휘부와 마찬가지로 문법은 개념 내용의 구조화와 상징화를 부여하므로 그 성격에 있어서 영상적이다. 특정한 형태소나 문법 구조를 사용할 때, 우리는 의사소통 목적상 마음속에 생각하고 있는 상황을 구성하기 위해서 특정한 영상을 선택한다. 언어마다 문법 구조가 다르기 때문에 화자가 언어 관습을 따를 때 그들이 사용하는 영상도 다르다. 한 언어의 상징 자원은 어느 주어진 장면을 묘사하는 데 쓰일 여러 가지의 영상을 제공한다. 그리고 우리는 한 문장 안에서도 힘들이지 않고 한 영상에서부터 다른 영상으로 옮아간다. 언어 표현을 위한 관습적 영상은 우리의 사고를 한정하거나 제약하지 않는다.

한 장면의 해석에 문법이 가장 현저하게 공헌하는 것은 지시와 관계된 경우이다. 문법 구조는 특정한 모습을 합성의미 값에 부과하는 효과를 갖는다. 예로서, 머리어가 수식어와 결합하면 합성 구조 수준에서 우세한 것은 머리어의 모습이다. 램프가 식탁 위에 걸려 있는 간단한 상황을 고려해 보자. '램프, 탁자, 위, 아래'와 같은 간단한 표현으로 시작하여, 우리는 이들을 여러 가지 방법으로 결합하여 같은 장면의 다른 면이 모습으로 드러나게 하는 합성 표현을 만들 수 있다. 탁자 위의 램프란 표현은 자연히 램프를 지시한다. 탁자를 머리어로 선택하고 전치사구의 수식을 적당하게 조정함으로써, 우리는 램프 밑의 탁자를 얻게 되는데, 이 표현은 탁자를 모습으로 드러낸다. 또 다른 선택은 전치사구에 '있다' 동사의 적당한 형태를 더하여 어느 일정 기간 동안 위의 처소 관계가 지속됨을 나타내는 과정 서술로 바꾸는 것이다. 예로서 '탁자 위에 있다.'를 생각할 수 있다. 문장 '그 램프는 식탁 위에 있다.'는 시간상 존재하는 처소 관계를 모습으로 드러낸다.

문법은 관습적인 영상을 포함한다는 점을 9의 두 문장 사이의 의미 대조를 고려함으로써 탐색해 보자.

(9) a. Bill sent a walrus to Joyce.
       빌은 해마를 조이스에게 보냈다.

    b. Bill sent Joyce a walrus.
       빌은 조이스에게 해마를 보냈다.

이들 문장의 표준 변형분석은 이 두 문장의 뜻이 같다고 생각하여 이들을 공통의 심층 구조에서 끌어낸다. 심층 구조의 특정한 선택에 따른 변형에 의해 **to**는 생략되기도 하고 삽입되기도 한다. 그리고 주어가 아닌 두 명사구는 (9a)나 (9b)의 형태로 자리바꿈을 한다. 인지 문법은 추상적인 심층 구조를 설정하지 않고 또 어느 한 문장을 다른 문장에서 유도하지 않는다. 반면, 이 두 문장은 같은 사건의 서로 다른 해석을 표현하는 것으로 주장된다. (9a)와 (9b)는 마음속에 품은 똑같은 상황을 구성하는데 미미하나마 서로 다른 영상을 쓰기 때문에 의미가 다르다. 〈그림 6〉에 위 두 문장의 분석 개요가 표시되어 있다.

위 그림에서 작은 원은 Bill, Joyce, 그리고 해마(walrus)를 나타낸다. 그리고 큰 원은 Bill과 Joyce가 각각 지배하는 영역을 나타내며 굵은 선은 상

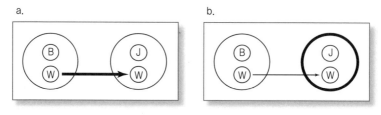

그림 6

대적인 현저성의 특정한 정도를 나타낸다. 어느 정도까지는 위 두 문장의 의미가 같다. 각 문장은 '해마'가 Bill이 지배하는 영역에서 출발하여 결국 Joyce가 지배하는 영역 안의 장소로 간다는 생각을 나타낸다. 의미상의 대조는 이 복합적인 장면의 특정한 어느 면을 상대적으로 더 현저하게 만드냐에서 비롯된다. (9a)에서 문법형태소 **to**는 해마가 간 길을 특정하게 지시하므로 〈그림 6–a〉에 표시된 것처럼 이 부분을 더 현저하게 만든다. 반면 (9b)에서는 **to**가 쓰이지 않았다. 그러나 이 표현에는 동사 뒤에 두 명사구가 병렬되어 있고, 이 병렬은 첫째 명사구와 둘째 명사구 사이의 소유 관계를 상징한다. 그러므로 (9b)는 '해마'가 소유 이동을 끝냈을 때 나타나는 꼴에 더 큰 현저성을 부여한다. 즉, (9b)에서 표시된 것과 같이 '해마'가 Joyce의 소유가 된 점을 부각한다.

위의 두 개념 중 어느 하나에 들어있는 내용은 다른 내용에 있는 것으로 생각할 수 있다. 서로 다른 것은 하부 구조의 상대적 현저성이다. 영상에 있어서 이러한 미세한 차이는 특정한 유형의 상황에 **to**가 있는 구조나 **to**가 없는 구조가 적절하게 쓰이도록 한다. 10에 있는 예를 살펴보자.

(10) a. I sent a walrus to Antarctica.
　　　　 나는 남극대륙에 해마를 보냈다.

　　 b. ?I sent Antarctica a walrus.
　　　　 ?나는 남극대륙에 해마를 보냈다.

c. I sent the zoo a walrus.
나는 동물원에 해마를 보냈다.

(10a)는 **to**가 '해마'가 간 길을 강조하기 때문에 완전히 적합한 문장이다. 여기에서 대륙은 어떤 길의 종점으로 풀이될 수 있다. 그러나 어느 대륙이 다른 개체에 통제를 행사하는 소유주로 풀이되기는 어렵다. 그러므로 (10b)는 남극을 소유주의 위치에 놓으므로, 용인성이 완전하지 못하다. (10c)도 (10b)와 같은 이유로 의심스럽다. 그러나 동물원은 기관이고 영어에서는 기관을 사람과 유사한 것으로 취급하기 때문에 행위자나 소유자 등으로 기능하도록 허용된다. 그러므로 (10c)는 '동물원'이 소유자로 해석되는 정도까지는 적격형이다. 현재의 틀에서 보면, 적격형에 대한 판단은 영상의 상호작용과 양립성이나 맥락의 미세한 차이와 의도된 의미 또는 어느 화자가 어느 상황을 어떻게 구성하도록 하느냐에 달려 있다.
다음에 있는 예들이 좀더 많은 보기를 제공한다.

(11) a. I gave the fence a new coat of paint.
나는 울타리에 새 페인트를 입혔다.

b. ?I gave a new coat of paint to the fence.

(12) a. I cleared the floor for Bill.
나는 빌을 위해 바닥을 치웠다.

b. ?I cleared Bill the floor.

c. I cleared Bill the floor to sleep on the floor.
나는 빌이 바닥에서 잠을 잘 수 있도록 바닥을 치웠다.

(13) a. I baked her a cake.
나는 그녀에게 케이크를 구워주었다.

b. ?I mowed her the lawn.

영어에서는 관습적으로 부분·전체의 관계를 소유 표현으로 나타낸다. 그래서 (11a)에서와 같이 '울타리'를 새로 칠한 페인트의 소유주로 해석하는 것은 자연스럽다. 그러나 페인트가 길을 따라 움직여서 '울타리'로 간다고 보기는 어렵다. 그래서 (11b)에서는, **to**가 결과로 나타나는 소유 관계보다 길을 더 현저하게 만들기 때문에 부자연스럽다. (12)와 (13)의 분석은 또 다른 결과를 드러낸다. 이 두 문장 구조는 서로 독립적이고 (한 구조가 다른 구조에서 유도되지 않으므로) 의미상으로도 구분이 분명하다. 이중 목적어 구조는 **to**와 내재적인 관련이 없으므로 **to**와 다른 전치사와의 대체 문장으로 쓰일 수 있을 것임을 예상할 수 있다. 변형의 연구에서 이중 목적어 구문은 **to**는 물론 **for**와도 교체된다 (이 문제는 변형문법에도 오랫동안 문제가 되어오고 있다). 전치사 for에 대해서도 이중 목적어 구문은 첫째 목적어가 둘째 목적어의 소유주로 풀이되는 예에 국한된다. 예로서, (12)에서 내(I)가 마루(floor)를 청소한다고 Bill이 그 마루를 소유하게 되는 것이 아니다. 그래서 (12b)는 이상하다. (12c)는 완전히 용인 가능한 문장인데 그 이유는 뒤에 오는 문맥이 문제의 장소가 청소됨으로써 Bill의 통제 영역에 드는 것을 분명하게 해주기 때문이다. (13)의 자료도 마찬가지로 설명될 수 있다. 누구에게 케이크를 구워준다는 것은 그 케이크를 그 사람의 처분에 맡긴다고 할 수 있다. 그러나 정원의 잔디(lawn)를 깎는다고 해서 일반적인 경우에 그 정원이 어느 사람의 처분 대상이 되는 것은 아니다.

4. 문법 조직

언어 기술의 궁극적 목적은 인지면에서 현실적인 방법으로 언어 관습에 대한 화자의 이해를 이루는 구조와 능력을 특징짓는 것이다. 화자의 '언어'를 나타내는 내면화된 '지식'은 관습적 언어 단위의 구조화된 목록이다. 여기서 단위(unit)란 용어는 완전하게 습득된 구조, 다시 말하면 화자가 내면 구조의 특정 사항에 주의를 기울이지 않고 조립되어 있는 전체로서 쓸 수 있는 구조를 가리키기 위해서 전문적인 뜻으로 사용된다. 그러므로 단위는 인지상의 틀에 박힌 절차로 간주될 수 있다. 관습 단위의 목록은 구조지어져 있는데, 그 이유는 어떤 단위는 다른 단위의 성분으로 기능을 하기 때문이다.

언어의 문법은 비 생성적이고 비 구성적임을 가리키기 위해서 관습적 단위의 목록이란 말이 쓰인다. 다시 말하면, 한 언어의 문법은 출력으로 잘 정의된 표현 (한 언어에서 오로지 문법에 맞는 문장만)을 만드는 연산 장치로 올바로 간주될 수 있다는 표준적인 개념을 이 문법에서는 받아들이지 않는다. 언어를 연산장치로 생각하면, 이 장치는 언어 구조의 범위에 임의적인 한계를 부과하고, 언어 구조의 특징에 쓸데없는 가정을 해야만 살아남을 수 있다. 특정한 가정의 몇 예로서 문법성의 판단은 정도의 문제가 아니라 절대성의 문제이고, 의미는 완전히 합성적이고 은유 언어는 언어 기술의 영역에서 제외되고 의미론과 화용론 사이에는 이유 있는 구분이 있다는 가정 등이다. 이와 같은 가정은 언어가 자족적이고 인지적으로 독립적이라는 생각을 뒷받침하지만 이러한 가정을 받아들이게 하는 사실적 기반은 거의 없다.

한 언어의 문법은 상징 자원의 목록을 화자에게 제공하는 것으로 생각된다. 이 자원 가운데는 복합적인 상징 단위의 조합에 쓰이는 도식적 형판도 있다. 화자는 이러한 상징 단위를 그들 자신이 만들거나 다른 사람이 만든 새 표현과 그 용법의 관습성 평가를 위한 비교 표준으로 사용한다. 이러한 방식으로 평가된 새 상징 구조는 미리 정해진 무리가 아니어서 자동 문법의 제한된 기제로서 연산적으로 유도될 수 있는 것이 아니다. 새로운 표현의 구성은 언어사용자의 입장에서 보면 문제해결 활동과 같은 것으로 생각된다. 이 일을 하는 화자는 언어 관습의 이해뿐만 아니라 맥락, 자신의 의사소통 목적, 미적 감수성, 그리고 관련성이 있을 것으로 판단될지 모르는 그가 갖는 일반 지식의 모든 국면을 이용할 것이다. 결과적으로 생겨나는 상징 단위는 언어 단위만으로 계산할 수 있는 어떤 것보다 더 특정하여, 가끔 관습적인 예상과 어긋난다 (예: 은유와 의미 확장). 새 표현의 관습성 (예: 적격성)의 판단은 범주화 문제이다. 범주화 판단은 새 표현을 도식 단위의 상술로 인가하거나 현재의 언어 관습에서 벗어나는 것으로 인정한다.

인지문법에서는 오직 의미, 음운, 상징의 세 유형 단위만이 설정되어 있다. 상징 단위는 '양극'을 가지고 있어서 한 극은 의미 단위이고 다른 극은 음운 단위이다 ([의미]/[음운]). 낱말 단위가 이 양극 단위 성격을 갖는다는 사실은 자명하다. 예로서 연필은 [연필]/[yenpil]의 형태를 갖는데, 여기서 [연필]은 (미지의 내면의 복잡성을 갖는) 의미 구조를, 그리고 [yenpil]은 음운 구조를 나타낸다. 인지문법의 핵심적 주장은 문법 단위도 내재적으로 상징적이라는 점이다. 다시 말하면, 문법 형태소, 문법 범주, 문법 구조는 상징 단위의 형태를 취하며, 그 밖에 다른 것은 문법 구조 기술에 필요하지 않다는 주장이다.

상징 단위는 복잡성과 구체성의 매개 변수에 따라서 다양하다. 복잡성 면에서 보면, 어느 한 단위는 구성 성분으로 다른 상징 단위를 포함하지 않으면 최소 단위 (형태소)이다. 예로서, 의미와 음운 면에서 내면 구조가 복잡하지만 형태소 '깎(다)'는 상징적 관점에서 최소 단위인 반면, '깎이' 그리고 '연필깎이'는 점진적으로 더 복잡하다. 구체성 면에서 상징 단위는 매우 구체적인 것에서 최대한으로 도식적인 것까지 있다. 예로서, 〈그림 1〉에 묘사된 ring의 각 의미는 음운 단위 [ring]과 결합하여 상징 단위를 이룬다. 이들 의미 가운데 어떤 것은 다른 것에 비해 도식적이다. 그래서 문제의 상징 단위는 의미의 극에서 구체성이 다르다. 기본 문법범주 (예: 명사, 동사, 형용사, 부사)는 의미와 음운 극에서 최대한 도식적인 상징 단위로 표현된다. 예로서 명사는 도식 [물건]/[X]의 예가 되고, 동사는 도식 [과정]/[Y]의 예가 된다. [물건]과 [과정]은 아래에서 기술될 추상적인 개념이다. [X]와

[Y]는 매우 도식적인 음운 구조로서 어떤 음운 내용의 존재만을 명시한다.

문법 규칙이나 구조는 복잡하고 도식적인 상징 단위에 의해 문법 속에 표현된다. 예로서, '깎이, 닦이, 밀이'와 같은 동사 유래 명사에 의해서 예시되는 형태 규칙은 동사 도식 [과정]/[Y]와 문법 형태소 [이]/[i]를 성분으로 포함하는 복합 단위로 되어 있다. 어미 '-이'에는 알맹이가 있으나 이것은 도식적 의미 내용만을 갖는다. 이 단위는 구성성분 구조가 어떻게 개념적으로나 음운적으로 통합되어 합성상징 구조를 이루는가를 좀더 상세하게 명시한다. 이 통합을 가리키기 위해서 '-'를 써서 우리는 구성 도식을 '[과정]/[Y]-[이]/[i]]'과 같이 쓸 수 있다. 이의 내면 구조는 이의 실례가 되는 구조와 유사하다. 예로서, 다음 '[깎]/[kkakk]-[이]/[i]'에는 특정 통사가 쓰였으나 위의 구성 도식에는 동사 어간 범주의 도식이 들어 있다.

한 구성 도식은 다른 것의 성분으로 포함될 수 있다. 위에서 묘사된 도식은 〈그림 7-a〉의 명사 도식 [물건]/[X]와 결합하여 좀더 높은 수준의 구성 도식을 이룬다. 이 도식은 화자가 연필깎이, 등밀이, 옷걸이 등의 공통성을

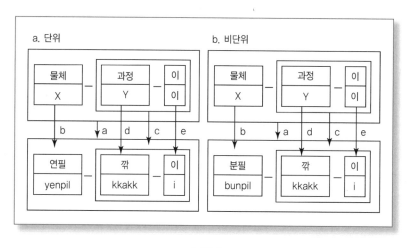

그림 7

나타내기 위하여 뽑아낸 것이다. 〈그림 7-a〉의 아랫부분은 낱말 단위 연필 깎이를 나타내는데, 이것은 주어진 도식의 명시에 맞고 또 이것을 크게 상 술한다. a라고 표시된 화살표는 위의 구조 모두가 전체 표현의 도식임을 가 리킨다. 이 범주 관계는 주어진 표현이 주어진 도식이 특징짓는 부류에 구 성 성분이 됨을 명시한다. 이 전체 범주 관계는 성분구조 사이의 국부적 범 주 관계에 바탕을 둔다. 관계 b는 연필을 명사류의 구성원으로 식별하고, c 는 깎이가 '-이'에 의해서 동사에서 파생된 명사임을 식별하게 한다. d는 깎다를 동사로 식별해 준다. 이러한 종류의 범주화 관계의 완전한 무리가 표현의 구조 기술이 된다. 연필깎이는 이의 성분으로부터 합성되어 얻어질 수 있는 것보다 훨씬 더 구체적인 관습적 의미를 갖는다는 사실을 주목하 자. 연필깎이는 단순히 연필을 깎는 것이 아니다. 인지문법의 비 구성적 본 질을 가지고서 우리는 주어진 표현 연필깎이를, 예측할 수 없는 의미명시를 언어 외적 영역으로 밀쳐버림이 없이, 주어진 구성의 유효한 실례로 받아들 일 수 있다. 구성 도식은 표현을 만들어내는 것이 아니라 범주화의 지침이 된다.

〈그림 7-a〉에 있는 모든 구조와 범주화 관계는 단위의 지위를 갖는다. 단위 지위는 네모꼴이나 꺾인 괄호로 표시된다. 같은 모형을 따른 어느 새 표현의 예로서 분필깎이는 어떠한가? 이의 조직은 〈그림 7-b〉에 표시되어 있는데, 둥근 괄호는 아직 단위 지위가 못 된 구조를 나타낸다. 이와 같은 새 상징 단위의 조합은 구성 도식, '분필'과 '깎다' 같은 성분, 그리고 분필 을 명사로 분류하는 범주화와 같은 현존하는 단위에 의해서 그 꼴이 미리 제시된다. 전체로 볼 때, 전체 표현 분필깎이나 구성 도식에 의한 이의 범주 화는 단위 지위가 아니다. 화자는 현존하는 단위를 새 표현을 구성하는 데 쓰거나 이해하는 데 쓸 수 있다. 어느 경우든지 〈그림 7-b〉의 모든 구조와 관계가 새 표현의 구성과 구조 기술에 나타난다. 그리고 어느 경우든지 새 표현의 맥락 의미는 합성 표현의 영역으로 기능하는, 묘사되고 있는 상황으

로부터 명백하나 성분의 관습적 의미로부터는 제공되지 않은 세부적인 사항을 포함한다. 분필깎이와 같은 새 표현도 자주 쓰이게 되면 연필깎이나 풀깎이 등과 같은 관습적 단위가 된다. 이렇게 되면 이의 맥락 의미는 적당하게 도식화된 형태로 새 어휘 단위의 관습적 의미가 된다. 완전한 의미상의 구성성은 실제로 이해되는 표현이나 관습화에 의해서 생기는 고정된 표현들의 보증표는 아니다.

문법에 대한 이러한 생각은 다음 제한을 언어 분석에 더한다: 언어 문법에 허용되는 단위는, ① 언어 표현에 명시적으로 나타나는 의미 구조, 음운 구조, 그리고 상징 구조; ② 위 ①의 도식적인 구조; ③ 위 ①과 ②의 구조와 관련되는 범주화 관계이다. 이 조건을 '내용 요구 사항'이라 하는데, 이것은 연산 모형에서 부과되는 제약보다 어느 특정한, 비전문적인 의미에서 내재적으로 더 제한적이다. 이 제약이 하는 일은 임의적인 기술 장치 즉, 발음과 의미의 실체와 직접적인 바탕이 없는 장치를 배제한다. 이렇게 배제된 장치 가운데는 의미나 발음의 내용 없이 오로지 자동문법의 형식적 장치를 돌아가게 하기 위해서 도입되는 통사적 '허수아비', 임의적 표지, 내용 없는 자질, 실질적으로 다른 성질을 지니는 추상적 기저 구조로부터의 표면 구조의 파생 등이 있다 (예: 능동 구조에서 수동 구조의 파생. Langacker, 1982a 참조).

5. 품 사

내용 요구 사항은 단순히 구별을 위한 자질의 사용을 금한다. 그렇다면, 문법은 어떻게 전통적인 단위인 문법 부류의 행동과 구성원 관계를 가리키는가? 어떤 부류는 내재적인 의미나 발음, 또는 이 둘의 내용의 바탕으로 특징이 지어진다. 이 경우, 도식 단위는 공통되는 내용을 표현하기 위하여 추출되고 구성원 관계는 개개 구성원이 주어진 도식을 예시하는 판단을 반영하는 범주 단위에 의해서 지시된다. 예로서, 모음 [i]는 범주화 단위 [고모음]→[i]에 의해서 고모음으로 분류된다. 그리고 [고모음]은 한 고모음을 다른 고모음으로부터 구별지어 주는 특징을 중화시키는 도식적 음운 단위이다. 마찬가지로 〈그림 7-a〉에 묘사된 범주화 단위 가운데 b와 c의 관계는 '연필' 과 '깎다' 를 명사와 동사로 각각 식별한다. 그리고 a는 연필깎이를 전체 도식으로 특징지어진 문법 구조의 한 예로 식별한다. 실제 의미와 음운 내용을 갖는 상징 구조만이 이들 관계에서 나타난다.

　물론 많은 문법 부류의 구성원 관계는 의미나 음운 특성의 바탕으로 완전히 예측할 수 없다. 예로서, 영어명사 가운데 복수형의 'f' 를 유성화시키는 부류, 그리고 동사 가운데 이중 목적어를 취하는 동사들의 부류는 예측할 수가 없다 (Green, 1974; Oehrle, 1977 참조). 형태나 통사 행동을 완전하게 예측할 수 없다는 사실은 언어 구조의 별개의 한 국면으로서 문법의 독립성을 설정하는 것으로 생각된다. 그러나 이 결론이 위의 관찰에서 나올 수 있는 것은 아니다. 이 결론의 뒤에 있는 묵시적 이유는 뚜렷이 구별되는 두 가지의 문제점을 혼동한다: ① 어떤 '종류' 의 구조가 있느냐 ② 이들의 행동의 예측성. 인지문법은 임의적인 변별 자질이나 규칙 자질을 설정하지 않고 예측할 수 없는 행동을 수용한다. 굽다 'roast' 는 [구운]이 되지만 굽다 'bent' 는 [구운]이 되지 않는다. 이것은 [구운]이 문법의 관습 단위에 포함된다는 말이다. 마찬가지로, 동사 'send' 가 이중 목적어 구조를 갖는다는 것은 구조 도식 [send NP NP]를 설정하는 것과 같다. 이 도식에서 동사는 특정하지만 두 명사구는 도식적으로 특징지어져 있다. 동사 'transfer' 가 이 구조에 안 쓰이는 것은 유사한 상징 구조 [transfer NP NP]가 문법에 없음을 의미한다.

　문법 구조는 상징 단위에만 존재한다는 주장에 핵심적인 것은 기본 문법범주, 특히 명사와 동사에 개념상의 특성을 줄 수 있는 가능성이다. 문법범주를 의미상으로 특징지을 수 없다는 것이 현대 언어학의 교리였다. 그러나 이 견해를 지지하는 표준적인 논거에는 비판의 여지가 없지 않다. 첫째, 제시된 논거는 의미의 객관적인 견해를 전제하며, 생각하는 상황을 여러 가지로 풀이할 수 있는 우리의 능력을 인정하지 않는다. 예로서 '끌다'와 '끌기'라는 같은 과정을 가리키는 동사/명사의 짝에 바탕을 둔 논거를 생각해 보자. 이러한 짝의 낱말은 우리가 이 둘의 의미가 같다고 한다면 개념적 정의가 불가능함을 보여 준다. 그러나 이것은 의미가 주관적인 현상으로 취급될 때에는 필요한 가정이 아니다. '끌다'의 명사화는 지시된 과정의 개념적 실체화를 포함한다고 주장해보는 것은 조금도 어색한 점이 없다. 다시 말하면, 명사와 동사는 주어진 과정을 대조적인 영상의 수단으로 풀이하는 것이다. 개념적 특징화를 반대하는 또 한 유형의 논거는 '원형'과 '추상적인 도식'을 혼동하는 데 있다. 예로서 명사의 경우, 이의 개념상의 정의에 대한 논의는 주로 물리적 개체(아마도 사람, 장소, 물건)에 일반적으로 초점이 주어졌다. 이러한 개체는 분명히 원형적이다. 끌기와 같은 명사—이것은 원형적이 아닌데—는 의미상으로 정의될 수 있는 부류가 아님을 보여주는 것으로 생각된다. 분명히, 어느 부류의 의미상의 특징화—주어진 부류의 구성원의 명사들과 양립할 수 있는 특징화—는 전형적인 실례를 대표하는 범주 원형과 동일시될 수 없다. 만약 도식적 특징화가 가능하다면 이 도식은 물리적 개체뿐만 아니라 특별한 경우로서 다른 많은 종류의 개체를 포함하게 되므로 추상적이어야 할 것이다.

인지문법은 모습의 성질이 다른 여러 가지의 기본 부류를 설정한다. 앞서 지적된 바와 같이, 명사는 물건을 가리키는 상징 구조인데 물건은 아래에서 설명될 전문 용어이다. 관계표현은 명사와 대조가 되는데, 이것은 비 시간적 관계나 과정을 모습으로 드러낸다. 과정을 가리키는 상징 구조는 동사의 부류와 동일시된다. 형용사, 부사, 전치사, 그리고 다른 부류는 여러 가지의 비 시간적 관계나 과정을 모습으로 드러낸다.

물건은 어떤 영역 안의 어느 국부로 정의된다. 가산 명사의 경우, 모습으로 드러나는 국부는 나아가서 '한계가 있는' 것으로 더 명시된다. 물리적 개체는 차원 공간에 한정된 장소를 차지하기 때문에 이러한 개체를 가리키는 표현은 가산 명사가 된다. 사실에 있어서 '한계가 있는' 국부는 이의 공간적 기원을 극복하기에 충분할 정도로 추상적으로 풀이되어야 할 것이다. 아래에서는 몇 개의 대표적인 경우에만 위에서 말한 정의의 적용성을 예시하여 보겠다.

기본 영역과 관련시켜서 보면, 순간이나 기간은 시간 속의 한계가 있는 국부를 가리키고, 점·선·원은 2차원 공간 속의 국부를, 구·원추·원통은 3차원 공간 속의 국부를 가리킨다. 색채어 빨강은 색채 공간에서 한계가 지어진 국부를 가리키고, 점·줄무늬는 시야 속에서 제한된 영역에 대한 감각을 가리킨다. 삐이 소리는 음조 영역을 차지하며 시간 속에 제한되어 있다. 섬광은 시각 영역을 차지한다.

대부분의 서술은 비 기본영역, 다시 말하면 좀더 기본적인 인지 과정으로 특징이 주어진다. 호(arc), 직각삼각형의 빗변, 큰 원은 기하학 형태의 개념을 전제로 하며 그 속에 제한된 영역을 모습으로 한다. 팔, 다리, 몸통은 몸에서 제한된 영역을 가리키며, 팔꿈치, 앞팔, 손은 팔의 개념을 그들의 영역으로 취한다. 1월, 화요일, 시간, 초와 같은 명사는 그들의 영역을 시간이 아니라 시간의 흐름을 추적하고 측정하기 위해서 고안된 추상적인 참조점이다. 비슷한 방법으로 음조의 기본 영역은 C-반올림, B-반내림 그리고 F와 같은 표현의 의미에 간접적으로 드러난다. C-반올림, B-반내림 그리고 F는 그들의 영역으로 음조를 불러 일으키며, 음조 내의 특정한 영역을 모습으로 한다.

가산 명사는 특징짓는 한계는 반드시 객관적이거나 지각적인 요소에 의해서 결정되지는 않는다. 이러한 요소는 그 영역이 추상적인 명사와는 관련성이 없다. 예로서 〈그림 8-a〉에 예시된 화요일을 들 수 있다. 7일의 순환에 대한 개념이 이의 영역으로 쓰이고 굵은 선으로 표시된 이의 모습은 추

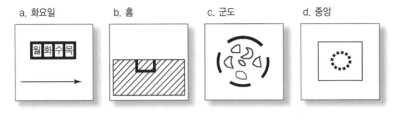

a. 화요일   b. 홈   c. 군도   d. 중앙

그림 8

상적인 개념 구조를 이루는 여러 부분 가운데 하나이다. 좀더 구체적인 예를 들어 보면, 한계는 객관적으로 주어지는 것이 아니라 부과된다. '움푹 들어간 곳(dent)'의 경우, 〈그림 8-b〉에 그림이 제시되어 있는데, 부여된 한계의 한 부분은 실제적인 것으로 이것은 한 물체의 예상된 전형적인 표면을 이어서 얻어지는 것이다. 〈그림 8-c〉에서 군도의 한계도 이의 개략적인 위치는 바깥 섬들의 위치로 표시가 되지만 전체로 봐서 실제적인 것으로 생각될 수 있다. 마루나 양탄자의 중앙은 지시된 물체의 다른 부분과 구별해 주는 지각적인 기반은 없지만 한계가 있는 것으로 생각된다. 〈그림 8-d〉에 지시된 실제적인 한계는 이것이 지표 대상 안에 중심이 있고 가장자리까지 뻗치지 않는 한 그 크기는 자유로이 변할 수 있다.

　　요약하면, 한 국부의 존재와 이의 있을 수 있는 한계는 특정한 종류의 인지 사건을 반영하는데, 이것은 어느 정도 객관적인 요인과 독립되어 있다. 인지 과정의 중요성은 우리가 명사에서 관계서술로 주의를 돌리고 이의 하위 유형을 찾아보려고 하면 더욱 더 명백해진다. 관계 서술은 마음속의 개체들 사이의 상관 관계를 모습으로 드러내는 것이다. 개체(entity)란 용어는 최대한 일반적인 뜻으로 쓰여서 물건, 관계, 한계, 척도상의 눈금 등 분석 목적상 우리가 지시하게 될 모든 것을 포함한다. 상호 관계는 서술의 범위 안에 있는 개체들의 상대적인 위치를 평가하는 인지 작업이다. 인지 영역이 제대로 기술되어 있다고 가정한다면 포함, 동재 동소, 분리, 근접 네

가지 유형의 평가만이 필요한 것으로 추측된다. 관계 개념을 정의하는 상호 관련 연산은 탄도체와 이의 일차적인 지표와 같은 주요한 관계자가 아닌 개체들을 연관지어 주거나, 이들 주요 참가자를 구별되지 않는 전체로서가 아니라 이들의 선택된 국면을 관련시키는 점에 의의가 있다.

예시로서 〈그림 9〉에 간단히 그려진 술어 **ABOVE**를 생각해 보자. 이의 영역은 수직과 수평 차원으로 조직된 공간이다. 이에는 수직의 원점인 묵시적 참조점 Ov도 포함된다. 주된 관계 참가자는 둘 다 물건이고, 이들은 도식적으로 특징이 지어져 있다. 이 중 하나는 탄도체로 더 자세하게 식별된다. 이 술어의 명시로 불러일으켜지는 개체들에는 탄도체와 지표의 수평과 수직의 투영 (h_t, v_t)과 (h_l, v_l)이 있다. **ABOVE**의 표현은 탄도체와 지표의 수평 투영이 동소 동재일 때 최적으로 쓰인다. 즉 [h_t 동소 동재 h_l]일 때 최적이다. 그러나 서로 근접해 있어도 허용이 된다: [h_t 근접 h_l]. 수직 차원과 관련하여, 탄도체와 지표는 동소 동재해서는 안 된다. 즉 [v_t 분리 v_l]은 의무적이다. **ABOVE**의 핵심적 명시는 좀더 추상적인 개체를 연결하는 인지 작용에 의해 제공된다. [Ov ⟩ v_t]는 탄도체가 원점에서 이탈되어 있음을 표시하는 작용이라 하고, [Ov ⟩ v_l]은 지표가 원점에서 이탈되어 있음을 가리키는 작용이라고 하자. 문제의 명시는 성분이 되는 작용의 상대적 크기를 평가하

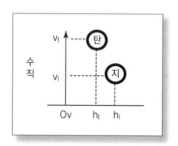

* t는 trajector를, l은 landmark를 가리킴.

그림 9

는 상위 인지 작용에 있다: [(Ov 〉 v₁) 포함 (Ov 〉 v₁)].

  개략적으로 이러한 종류의 상호 관련 작용이 관계 개념의 인지 표상에
드러나야 한다. **ABOVE**는 단순한 비 시간적 관계 (또는, 상태 관계)인데, 이
의 세부 명시는 하나의 내적으로 일관성 있는 모습을 그린다. 우리는 복잡
한 비 시간적 관계도 인식해야 한다. (14a)와 (14b)의 대조를 살펴보자.

  (14) a. There is a tree **across** the river.
      b. A hiker waded **across** the river.

  ACROSS의 관습적으로 고정된 세 가지 의미가 예시되어 있다. (14a)는
〈그림 10-a〉와 〈그림 10-b〉에 표시된 뜻을 다 가질 수 있는 중의적인 표현
이다. 〈그림 10-a〉에서 탄도체 (이 경우 the tree)는 일차적인 지표인 강의
한 쪽에서 다른 쪽에 이르는 길의 모든 점을 동시에 차지한다. 반면 〈그림
10-b〉에서 탄도체는 이러한 길의 마지막 점만 차지한다. 다른 한 점은 참
조점으로 기능하는 덜 현저한 이차적인 지표가 된다. 〈그림 10-a〉와 〈그림
10-b〉에 묘사된 서술은 모두 비 시간적인 관계이다. 왜냐하면 모습으로 나
타난 관계가 하나의 꼴로 되기 때문이다.

  (14b)에 해당하는 〈그림 10-c〉는 다르다. 여기서 탄도체는 지표의 한 쪽
에서 다른 쪽에 이르는 길의 모든 점을 차지하나, 시간의 경과와 함께 점진

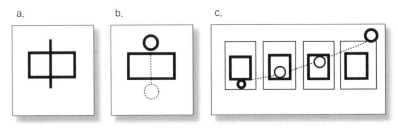

그림 10

적으로 차지한다. 모습으로 드러난 부분은 수없이 많은 서로 다른 꼴을 만드는데, 이 가운데 몇 개만이 도식에 나타나 있다. **Across**의 이 뜻은 결과적으로 '복합적인 비 시간적 관계' 이다.

비 시간적 관계들은 과정과 대조가 된다. 과정은 동사의 부류를 정의한다. 그런데 정확히 말해서 이 대조는 무엇인가? 동사를 다른 관계 술어로부터 구별해 주는 개념적인 요소를 생각해 보자. 우리는 동사는 관계적인 하나의 꼴이 아니라 일련의 꼴을 모습으로 드러내는 것으로 볼 수 있다 (그림 4 참조). 그러나 이것도 동사를 복합적 비 시간적인 관계와 구별지어 주지 않는다. 시간은 분명히 관련된 요소이기는 하지만 동사가 아닌 다른 요소도 시간을 중요하게 참조한다. 예로서, 〈그림 8-a〉의 명사 화요일 그리고 전과 후 같은 관계 표현이 시간과 관련이 된다. 동사는 연속되는 시간 속에 분포되어 있는 것으로 생각되는 일련의 관계 꼴을 모습으로 드러낸다고 특징짓는 것도 만족스러운 것이 아니다. 이 정의는 (14b)와 〈그림 10-c〉에 예시된 **across**의 의미와 양립할 수 있다. 그러므로, 동사가 의미상으로 정의되려면, 우리가 아직도 식별하지 않는 다른 요소가 있어야 한다. 동사 **cross**를 전치사 **across**의 셋째 뜻과 구별해 주는 것은 무엇인가?

과정과 복합적 비 시간적 관계 사이의 구분은 연속(sequential) 살핌과 요약(summary) 살핌과 관계가 있다고 제안된다. 연속 살핌은 우리가 영화를 보거나 야구공이 날아가는 것을 볼 때 쓰는 인지 과정의 양상이다. 마음 속에 생각하고 있는 사건의 연속적인 상태는 순차적이고 순간적으로 나타난다. 그래서 한 상태가 사라지면서 다음 상태가 시작된다. 요약해서 말하면, 우리는 사건이 전개됨에 따라서 주어진 사건의 한 상태에서 다음 상태로 따라간다. 반면, 요약 살핌은 공이 날아간 탄도를 정신적으로 재구성할 때 우리가 사용하는 방법이다. 성분이 되는 상태는 차례로, 그리고 누적적으로 나타난다. 따라서 결국에 가서 구성 상태 모두는 동시에 볼 수 있는 것으로 함께 나타난다. 그러므로 **across**와 같은 복합 비시간 상태와 **cross**와 같은 동사 사이의 차이는 그들의 내재적인 내용에 차이가 있는 것이 아니라, 이들을 생각할 때 사용되는 살핌의 방법에 있다. 즉 이것도 관습적 영상의 문제이다. 그러므로 〈그림 10-c〉는 이를 풀이하는 데 연속 살핌이 쓰이느냐 요약 살핌이 쓰이느냐에 따라 동사 **cross**나 전치사 **across**의 그림으로 적당할 수가 있다. 나아가서 과정은 시간적인 반면, 다른 관계는 비 시간적이라는 의미가 분명해진다. 이들 용어는 서술 안의 시간과 관련되는 것이 아니라 처리 과정 시간과 관계가 있고, 또 구체적으로 성분 상태들이 처리 과정 시간의 경과와 함께 연속적으로 활성화되느냐 아니면 전체로서 한꺼번에 활성화되느냐와 관계가 있다.

동사가 연속 살핌으로 특징지어짐을 증명할 수는 없지만, 이 분석은 자연스럽고 이렇게 하지 않으면 문젯거리가 되는 언어 현상에 일관성 있는 설명을 할 수는 있다. 이 분석은 자연스러운데 그 이유는 요약 살핌과 연속 살핌의 차이가 비언어적 근거에 바탕을 두고 있고, 이것은 또 동사는 다른 요소보다 더 동적이라는 우리의 평범한 직관을 설명하는 데 도움이 된다. 언어학적으로 이 분석은 기본적 문법 범주 사이의 필요한 구분을 짓고 범주들 사이의 같은 점과 다른 점을 설명하고, 그들의 행동에 대한 통찰력 있는 일반화를 만들 수 있게 해 준다. 예로서 단순한 비시간 관계와 복합적 비시간 관계는 살핌의 양식에 의해 구별된다. 동시에 (14b)의 **across**와 같은 복합적 비 시간적 관계는 내용에 있어서 동사와 비슷하므로, 여러 언어에서 같은 형태가 동사나 전치사로 쓰일 수 있는 것은 놀라운 일이 아니다. 살핌의 방법을 바꾸면, **across**를 의미하는 표현은 **cross**를 의미하게 할 수도 있다. 우리는 또 부정사나 동명사와 비 한정적 형태의 동사적 성질을 설명할 수가 있다. 이들은 동사 어간이 지시하는 과정이 그들의 바탕이 되고 또 동사에서 파생되었기 때문에 동사와 같다. 그러나 부정사나 분사를 파생시키는 데 쓰이는 문법 형태소는 동사 어간의 연속 살핌을 정지시키는 효과를 갖는다. 그러므로 이 합성 표현은 비 시간적 관계로 분류된다. 연속 살핌에서 요약 살핌으로의 바뀜이 부정사 표지 (to)의 의미상의 공헌이다. 현재 분사와 과거 분사의 형태소는 또 상적 의미를 갖는다.

이제 우리는 문법 구조에 대한 특정한 일반화를 만들어서, 이 일반화와 관련하여 여러 가지의 분포 사실을 설명할 수 있다. 일반화 중의 하나는 '한정절은 언제나 과정을 모습으로 드러낸다' 는 것이다. 이것이 영어에 적용되면 이 요구 사항은 전체로서 절에 과정 모습을 주는 동사의 존재를 필요로 한다. 한정절 (또는 단순문)로서 풀이되면 (15)의 표현들은 주어 다음에 오는 관계 서술이 비 시간적이기 때문에 문법에 맞지 않는다.

(15) a. * That boy tall(s).
      b. * The lamp above(s) the table.
      c. * The running along the beach.
      d. * A traveler attacked by bandits.
      e. * Alice seen the results.

(16) a. The boy is tall.
      b. The lamp is above the table.
      c. The dog is running along the beach.
      d. A traveler was attacked by bandits.
      e. Alice has seen the results.

(17) a. Rachel appreciates flattery.
      b. * Rachel is appreciate(s) flattery.

그러나 (16)의 문장은 조동사 **have**나 **be**가 비 시간적 서술과 결합하여 필요한 연속 살핌을 도와주기 때문에 문법에 맞는다. 필자는 조동사가 의미상으로 매우 도식적 과정을 나타내는 것으로 분석한다. 진리 조건이나 정보의 관점에서 보면 크게 중요하지 않으나, 그들의 의미상의 공헌은 위에서 진술한 문법 일반화에 중요하다. 조동사는 덜 도식적인 동사가 있으면 필요하지 않다는 점을 주목하자. 그래서 (17)에 예시된 분포는 자연스럽다.

또 하나의 일반화는 '명사 수식어는 언제나 비 시간적이다' 이다. 명사 구로 해석되면 (18)의 표현은 결과적으로 적형이다.

(18) a. the tall boy.

　　　 b. the lamp above the table.

　　　 c. the dog running along the beach.

　　　 d. a traveler attacked by bandits.

　　　 e. the person to see about that.

(19) a. * the be tall boy.

　　　 b. * the lamp be above the table.

　　　 c. * the dog be running along the beach.

　　　 d. * a traveler be attacked by bandits.

　　　 e. * the person to see about that.

(20) a. that woman **resembles** my cousin.

　　　 b. * that woman **resemble** my cousin.

　　　 c. that woman **resembling** my cousin.

예상대로 (19)의 명사구는 비 문법적인데 그 이유는 **be**가 더해짐으로써 수식어가 과정 서술로 바뀌기 때문이다. (20)의 분포가 좀더 많은 예시를 제공한다. 동사 **resemle**은 (20a)에서와 같이 한정절에 필요한 과정 서술을 제공한다. 그러나 이의 과정적 특성은 (20b), (20c)에서 볼 수 있는 것처럼 '-ing' 와 같은 것이 이의 연속 살핌을 중단시키고 이것을 비 시간적 관계로 만들지 않으면, 이의 과정적 특성 때문에 **resemble**은 명사 수식어로서는 부적당하다.

요약하며 서술의 기본 종류를 소개하기 위해서 〈그림 11〉에 제시된 표기법을 설명하겠다. 단순한 비 시간적 (또는 상태) 관계는 두 개나 그 이상

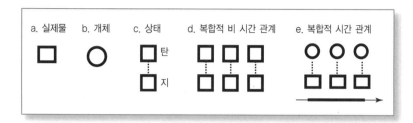

그림 11

의 마음속의 개체 사이의 상호 관련성을 모습으로 드러낸다. 여기서 말하는 개체는 물건이나 다른 관계일 수 있다. 복합적인 비 시간 관계는 요약 형식으로 살핀 상태 관계의 연속으로 되어 있다. 과정은 관계 꼴을 모습으로 드러내는 데 있어서 복합적 비 시간적 관계에 비교될 수 있으나, 다른 특성도 갖는다: ① 성분 상태는 시간 경과와 함께 분포되어 있다. ② 이러한 상태는 연속적으로 살펴진다. ③ 탄도체는 언제나 물체이지 관계가 아니다. 〈그림 11-e〉의 화살표는 마음속의 시간을 가리키고, 이 화살표와 병행하는 굵은 선은 성분 상태가 처리 시간과 함께 연속적으로 살펴짐을 가리킨다.

③의 제약 외에 관계 서술은 탄도체와 일차적인 지표를 위해서 물건이나 관계의 어떤 조합도 허용함을 주목할 수 있다.

(21) a. The plane is **above** the clouds.
　　　b. She left home **before** I arrived.
　　　c. The children played **in** the park.
　　　d. The milk finally **turned** sour.

(21a)에서 **above**는 탄도체와 지표가 물체이다. (21b)에서 **before**의 탄도체와 지표는 모두 관계이다. (21c)에서 **in**의 탄도체는 과정이나 지표는 명사이다. 마지막으로 (21d)에서 **turn**의 탄도체는 명사이지만 지표는 상태

관계이다.

6. 문법 구조

문법은 좀더 정교한 상징적 표현을 만들기 위해서 상징 구조를 연속적으로 조합하는 데 쓰일 본(pattern)에 있다. 문법은 문법 구성의 구조가 있는 목록에 의해 묘사된다. 하나하나의 문법 구조는 두 개나 그 이상의 성분 구조 사이의 관계와 성분 구조의 통합에서 오는 합성 구조를 명시한다. 문법 구성의 본절적인 구조와 관계는 〈그림 12〉에 상세하게 명시되어 있다. 이 도표에서 [의미 3/음운 3]은 성분 표현 [의미 1/음운 1]과 [의미 2/음운 2]를 통합함으로써 형성된 합성 구조이다. 〈그림 12〉의 두 그림은 표기상의 변이형이다. 〈그림 12-b〉는 〈그림 12-a〉의 확대된 형으로서 성분과 합성 구조를 양극에서 따로따로 보여 준다.

네 가지의 상징 관계가 〈그림 12〉에 나타나 있다. S1과 S2로 명칭이 붙은 것은 각 성분 구조의 의미극과 음운극 사이에 있는 관계이고, S3는 합성 음운 구조가 합성 의미 구조를 상징함을 가리킨다. 네 번째 관계인 Si는 문

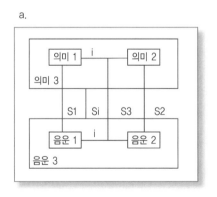
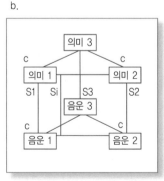

그림 12

법이 내재적으로 상징적이라고 말해지는 의미를 나타낸다. 음운극에서 성분 구조의 통합은 의미극에서 음운극에 상응하는 성분 구조의 통합을 상징화해 준다. 복수 명사 'walls'를 생각해 보자. 음운극에서 성분 구조는 접미사 '-s'를 wall에 붙임으로써 통합된다. 이 통합은 적당한 시간상의 순서짓기, 음절 조직, 그리고 발음상의 작은 조정을 필요로 한다. '-s'가 나타내는 복수가 다른 명사가 아니라 wall과 관계가 있음을 나타내는 것은 '-s'가 wall의 접미사가 된다는 사실이다. 다르게 표현하면, 상징 관계 Si는 의미 구조와 음운 구조 자체 사이에 있는 것이 아니라 의미 구조와 음운 구조 사이의 관계를 연합시킨다.

통합과 합성은 의미극과 음운극에서는 본질적으로 같은 방법으로 작용하지만 우리는 합성 관계에만 주의를 기울이겠다. 두 성분 구조의 통합은 하부 구조의 특정 부분 사이에 대응 관계가 이루어져야 한다. 대응하는 하부 구조는 성분 서술 사이의 겹치는 점을 제공한다. 이 겹치는 부분은 일관성 있는 합성 구조가 나타나기 위해서 필요하다. 합성 구조는 대응하는 하부 구조의 명시를 겹침으로써 얻어진다. 하부 구조의 명시에 약간의 불일치가 있는 경우 완전히 일관성 있는 합성 구조가 만들어질 수 없으므로 그 결과는 의미상의 변칙으로 우리가 지각한다.

전형적인 구조의 의미극이 〈그림 13-a〉에 개략적으로 그려져 있다. 이에는 전치사구 **above the table**을 만들기 위해서 **above**와 **the table**의 통합을 표시한다 (여기서 정관사의 의미상의 기여는 무시하겠다). **ABOVE**는 방위가 있는 공간에서 두 물체 사이의 정적인 관계를 모습으로 드러내는데, 두 개체는 도식적으로 특징이 지어져 있다. **TABLE**은 여러 가지 영역에서 훨씬 상세하게 특징이 지어진 물건을 모습으로 드러내지만 여기서는 도식을 편리하게 하고 기억하기 좋도록 그렸다. 이들 성분 서술의 통합은 **ABOVE**의 지표와 **TABLE**의 모습 사이에 이루어진 대응 관계로 생긴다 (대응 관계는 점선으로 표시되어 있다). 대응하는 하부 구조의 명시를 겹치고,

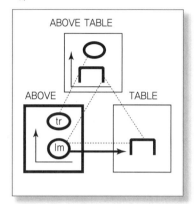
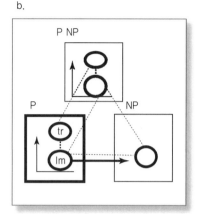

그림 13

ABOVE의 관계 모습을 택함으로써, 우리는 합성 서술 [ABOVE–TABLE]을 얻는다. 이 합성 서술은 도식적 탄도체와 구체적인 지표를 관련시키는 상태 관계를 지시한다. 이 구성 과정은 대응하는 성분을 연결시키는 수평적 대응 관계 외에 성분 요소와 합성 구조 사이에 수직적 대응 관계도 됨을 주목하자.

의미가 완전히 합성적인 것은 아니다. 처음 조합될 때, 한 표현의 합성 구조는 관습적 단위로부터 예측할 수 없는 명시를 포함할 수도 있다 (예: 책상의 방위). 이러한 명시는 주어진 표현이 맥락에서 어떻게 실제로 쓰이느냐는 것의 일부이고, 또 그 표현이 단위로서 확립되면 관습적 의미 가치에 포함될 수 있기 때문에 이것을 의미 분석 영역에서 제외시키는 것은 임의적이다. 하지만 합성 구조 조직의 중심적 국면을 결정하는 합성의 관습적 본이 있다. 이것은 문법에서 구성 도식으로 표현되는데, 이 도식의 내면 구조는 이것을 예시하는 구체적인 표현의 구조와 유사하다. 예로서, 영문법은 전치사구 구성에 대한 도식을 포함한다. 이의 음운극은 전치사와 명사구 목적어의 연속성과 선형적 순서를 명시하고, 이의 의미극은 〈그림 13–b〉에 주어진 바와 같이, 성분과 합성 구조가 구체적이 아니라 도식적이라는 점을 제외하면 〈그림 13-a〉와 유사하다. 첫 성분은 전치사류의 도식이다. 기본적으로 말하면 이것은 탄도체와 일차 지표가 둘 다 물건인 정적인 관계로 식별된다. 둘째 성분은 명사구 도식이다. 이것은 물건을 모습으로 드러내고, X로 이름 붙여진 다른 내용을 암시한다. 그러나 이 자체가 그 내용을 명시하지 않는다. 〈그림 13-a〉의 구체적인 구조에서와 같이, 전치사 P의 지표와 명사구 NP의 모습 사이에 대응 관계가 있고, 합성 구조는 이들 대응물의 명시를 겹치고 P의 관계 모습을 채택함으로써 형성된다. 화자는 새로운 표현의 계산과 평가에 있어서 이 구성 도식을 쓴다. 이렇게 사용될 때 이 도식은 이것이 범주화하는 모든 표현의 구조 기술로 쓰인다.

〈그림 13〉의 구조는 원형적이라 간주될 수 있는 여러 가지 구조를 갖는다. 여기에는 두 성분 구조만 있다. 하나는 관계이고 다른 하나는 명사이다. 두 개의 현저한 하부 구조, 즉 명사 서술의 모습과 관계 서술의 일차적 지표 사이에 대응 관계가 성립한다. 나아가서, 서술이 대응하는 요소를 특징짓는 정도에 있어서 많은 비대칭이 있다. **ABOVE**의 지표는 도식적이고, 이와 비교해서 **TABLE**의 모습은 매우 상세하게 명시되어 있다. **ABOVE**의 지표와 명사 서술 전체 사이가 화살표로 표시되어 있다. 마지막으로 이 합성 구조에 그 모습을 주는 것은 관계이다 (예: above the table은 물건이 아니라 관계를 가리킨다). 그래서 〈그림 13-a〉의 **ABOVE**는 '모습 결정소'라 불리고 이 주위의 네모를 굵은 선으로 두름으로써 이 역할이 뚜렷하게 표시된다.

위에서 말한 특성의 어느 것도, 성분들의 하부구조 사이에 있는 하나의 대응 관계를 제외하고는 불변이 아니다. 이들 속성을 절대적인 필요사항으로 부과하는 대신, 원형적인 특성으로 인정함으로써 우리는 모든 영역의, 실제로 쓰이는 구성 유형을 수용하는 데 필요한 융통성을 얻는다. 구성 구조 조합의 특정한 수준에서 두 개 이상의 성분 구조의 허용이 필요할지 모른다 (예: X, Y and Z와 같은 등위 구조). 그리고 성분 가운데 하나는 관계이고, 하나는 명사일 필요가 없다. 사실에 있어서 관계 성분이 전혀 필요 없을 수도 있다. my good friend Geraldine Ferraro와 같이 두 개의 명사 서술을 갖는 동격 구조는 두 개의 명사 모습 사이에 설정된 대응관계로 이 문법 틀에서는 쉽게 수용된다. 지금까지 인용된 예에서 대응되는 요소는 성분 구조의 모습을 이루거나 이 안에 포함된 물건이다. 그러나 종종 대응되는 요소는 관계 하부구조이고 또 모습으로 드러날 필요가 없다. 〈그림 4-c〉에 그려진 '간'의 의미를 다시 한번 생각해 보자. 이의 성분 구조들은 과정을 나타내는 '가다'와 과거분사 형태소의 특정한 의미의 변이형이다. 이 과거분사형은 이의 바탕이 되면서 모습으로 드러나지 않는 과정의 마지막 상태를 나타낸다. 과거분사 형태소는 동사의 과정을 아주 도식적으로만 특징짓는다. 그래서 동사의 어간과 결합되어야 과정의 성질이 구체적으로 된다. 두 성분 사이의 통합은 '가다'에 의해 모습으로 나타나는 특정한 과정과 분사 서술 안의 바탕으로 기능하는 도식적 과정 사이의 대응으로 이루어진다. 이들의 명시를 겹치고 문법 형태소가 주는 모습을 취함으로써, 우리는 과정 '가다'의 마지막 상태를 모습으로 드러내는 합성 구조를 얻는다.

아직까지 우리가 고려하지 않은 하나의 요소는 성분 구조 조합인데, 이것은 상징 표현이 단계적으로 결합되어 점점 더 큰 합성 표현이 되는 순서와 관계가 있다. 분명히, 구성의 어느 한 층에서 성분 구조가 통합되어 생기는 합성 구조는 다음 단계의 성분 구조로 사용될 수가 있다. 예로서 〈그림 14〉에서, 〈그림 13-a〉에서 생긴 합성 구조 [ABOVE-TABLE]은 성분 구조로 쓰여서 lamp와 결합하여 명사구 the lamp above the table의 합성 의미 가치를 만든다. 이 둘째 단계에서 명사 서술의 모습과 대응되는 것은 관계 서술의 도식적 탄도체이다. 그리고 주어진 구조에서 모습 결정소로 쓰이는 것은 명사 서술이다. 합성 구조 [LAMP-ABOVE-TABLE]은 결과적으로 lamp를 가리키는 것이지 식탁에 대한 이의 처소 관계를—물론 이 관계는 바탕의 현저한 국면으로 포함되지만—가리키는 것은 아니다.

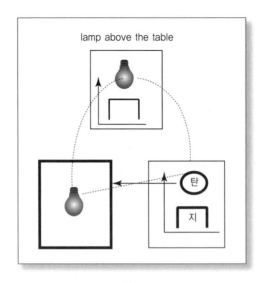

lamp above the table

그림 14

　　이러한 예들의 바탕 위에 몇 가지 문법적으로 중요한 관찰을 할 수가 있다. 첫째, 관계 서술이나 명사 서술은 어느 구조에서 모습 결정소로 쓰일 수 있음을 알 수가 있다. 〈그림 13〉에서는 합성 구조의 모습에 기여하는 것은 관계 **ABOVE**인 반면, 〈그림 14〉에서는 명사 **LAMP**이다. 나아가서 우리가 쓸 수 있는 개념들은 오랫동안 문제시되어 온 기본적인 문법 개념들, 즉 머리어, 수식어 그리고 보어에 대해 실제로 쓸 수 있고 통찰력을 주는 특징을 만들 수 있게 해 준다. 조직의 어느 주어진 수준에서, 어느 구조의 머리어는 이의 모습 결정소와 동일시될 수 있다. 그러므로, above는 전치사구 above the table에서 머리어이고, lamp는 명사구 the lamp above the table에서 머리어이다. my good friend Geraldine Ferraro와 같은 동격 표현에서, 어느 한 쪽 명사구를 머리어로 가려낼 바탕은 없다. 그러나 이것이 바로 우리가 기대하는 바이다. 이들의 모습은 대응하고, 각각은 합성 구조의 모습과 대응하므로 전체의 모습이 합성 구조의 어느 하나에서 모습을 물려받는다고 말하는 것은 임의적이다.

하나의 성분 구조 전체가 다른 구조의 어느 현저한 하부 구조를 상술하는 데 쓰이는 한도까지 생각하면, 우리는 상술하는 구조를 '개념상 독립적'이고, 상술되는 성분을 '개념상 의존적'이라고 할 수 있다. 〈그림 13-a〉에서 **TABLE**은 **ABOVE**의 도식적 지표를 상술하기 때문에 개념상 독립적이다. 〈그림 14〉에서 **LAMP**는 의존 서술 [ABOVE-TABLE]의 도식적 탄도체를 상술하기 때문에 독립적이다. 이제 수식어와 보어의 개념들이, 이들 전통적 용어의 정상적인 용법을 재구성할 수 있는 방법으로 명시적으로 특징지어질 수 있다: 수식어는 머리어와 결합하는 개념적으로 의존적인 서술이고, 보어는 머리어와 결합하는 개념적으로 독립적인 서술이다. 그러므로 the table은 above the table에 쓰인 above의 보어이고, 전치사구 above the table 전체는 lamp의 수식어이다. 동격 구조는 어떠한가? 어느 한 쪽의 구조를 머리어로 인식할 이유가 없으므로, 주어진 정의는 적용할 수가 없다. my good friend Geraldine Ferraro에서 my good friend나 Geraldine Ferraro도 다른 것의 수식어나 보어로 생각되지 않는다.

문법 구조에 대한 이러한 생각은 여러 가지 기술상의 장점을 갖는다. 결론으로, 이들 장점의 몇 가지만 주목해 보겠다. 하나의 장점은 구성 성분 조합의 가변성을 쉽게 수용할 수 있다. 이러한 가변성은 매우 흔하다. 여기서 제안된 모형에는 변형 연구에서 흔히 볼 수 있는 수형도를 설정하지 않고 문법 관계의 정의를 위해서 구절구조 꼴에도 의존하지 않는다. 구성 성분 조합은 성분 상징 구조들이 점차적으로 결합되어 좀더 정교한 합성 표현이 만들어지는 순서이다. 조합의 특정한 순서는 흔히 유일한 순서로 관습화되지만 대안의 구성 성분 조합들이 꼭 같은 합성 구조가 유도되도록 해 주기 때문에 내재적으로 중요한 것이 아니다. 나아가서 문법 관계는 형상으로 정의되는 것이 아니기 때문에 유일한 구성 성분 조합은 꼭 필요하지 않다. 예로서 above the table에서 the table을 above의 목적어로 식별해 주는 것은 주어진 명사구가 전치사의 지표를 상술한다는 사실이다. 이 경우 구성 성분 조합은 불변이지만, 전치사-목적어 관계를 정의하는 데 중요한 요소는 전치사의 지표와 명사구의 모습 사이에 설정된 대응이다.

우리는 (22)에 있는 문장과 같은 것과 관련하여 이 점을 좀더 잘 파악할 수 있다.

(22) a. Alice likes liver.
      b. Liver Alice likes.
      c. Alice likes, but most people really hate, braised liver.

(22a)는 영어절의 특별한 지시가 없는 정상적인 경우의 NP + VP의 구성 성분 조립 과정을 나타낸다. 구성 성분 조립 과정의 첫 단계에서 liver는 likes의 도식적 지표를 상술하여 특정한 지표와 도식적 탄도체를 갖는 과정 서술을 낳는다. 그런데 구성 성분이 반대 방향 즉, Alice가 likes의 도식적 탄도체를, 그리고 liver가 Alice likes의 도식적 지표를 상술하는 방향으로 결합되어도 같은 합성 구조가 결과로 나올 것이 분명하다. 이 대안의 구성 성분 조립은 문법 관계에는 아무런 영향을 주는 것 없이, 특별한 요인들이 정상적인 배열에서 멀어지게 될 때는 이용될 수 있다. (22b)에서 우리는 목적어 명사구의 주제화를 볼 수 있는데, 이것은 보통 이동 변형으로 기술된다. 인지문법에서는 이것을 변형으로 끌어낼 필요가 없다. 이것은 대안의 구성로를 통해 직접 조립될 수 있다. 둘째 유형의 상황은 (22c)에서와 같이 두 개의 동사가 주어는 다르지만 목적어가 같을 때 생긴다. 정상적인 NP + VP 구성의 접속절로부터 이러한 유형의 문장을 파생하는 '오른쪽 마디 올림'의 변형 과정 대신 우리는 표면에 나타난 과정을 직접 구성할 수 있다. 두 개의 주어는 동사 구성 성분이 먼저 짜여지고 그 다음 동위 접속된다. 직접 목적어 NP가 그 다음에 더해져서 이의 모습과 접속 부분의 관계 지표의

대응을 통해서 각각의 접속 부분과 동시에 통합된다.

또 이 문법들에서 제거할 수 있는 것은 (23)에서와 같이 주어와 조동사 사이의 일치를 다루기 위해서 어떤 특정 변형 기술에 필요로 되는 올림 규칙이다 (Keysel & Postal, 1976 참조).

(23) a. The lamp is above the table.

올림 규칙에 대한 이유는 다음과 같다: ① 동사는 자신의 주어와 일치되는 것으로 간주된다; ② the lamp는 be의 논리적 주어가 아니다 – be는 기저 주어로 절을 갖는다; 그러므로 일치를 설명하기 위해서는 어떤 규칙이 있어서 the lamp를 above의 주어 위치에서 be의 주어로 만들어야 한다. 그러나 이러한 규칙의 필요성은 be를 바로 분석하고 문법 구조에 대한 유연성 있는 생각을 갖게 되면 없어진다.

(23)의 의미극이 〈그림 15〉에 개략적으로 그려져 있다. 이 분석에 핵심이 되는 것은 be에 주어진 의미 가치이다. 이 가치의 주된 세 가지 특징이 여기서 다루는 문제와 관계가 있다. 첫째, be는 실제 동사로서 과정을 모습으로 드러낸다. 둘째, 지시된 과정의 모든 성분 상태는 같은 것으로 풀이된다. 이것은 명시적으로 표현된 세 상태를 이어주는 BE 안의 점선의 대응으로 표시된다. 그 밖의 대응선은 탄도체와 지표가 각각의 상태에서 같음을 명시한다. 셋째, 이 동일성의 명시 외에, 모습으로 드러난 과정은 최대한 도식적이다. **BE**는 안정된 상황이 시간 속에 지속됨을 표시하는 영어의 많은 동사 가운데 하나이다 (Langacker, 1982b; Smith, 1983). 이러한 동사에는 have, resemble, like, know, contain, slope, exist 등이 있다. 그러나 **BE**는 위의 동사들을 서로 구별해 주는 특정한 내용이 없다. 요약하면, **BE**는 안정되고 관계 특성 밖에는 다른 명시가 없는 것으로 풀이되는 상황의 전개를 연속 살핌으로 시간의 흐름과 함께 따라간다.

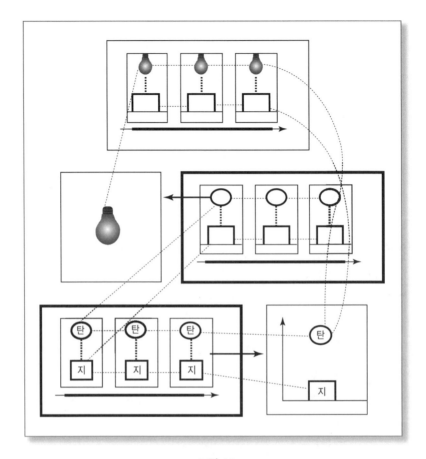

그림 15

    BE의 어느 한 성분 상태는 도식적 상태 관계가 된다. 〈그림 15〉의 구성 성분 조직의 첫 단계에서 좀더 구체적인 상태 관계 [ABOVE-TABLE]가 **BE** 의 어느 대표적인 상태와 대응된다. 그리고 **BE**가 모습 결정소로 쓰인다. 이 결과는 합성 서술 [BE-ABOVE-TABLE]인데, 이것은 [ABOVE-TABLE]로 부터 물려받은 모든 명시가 시간상 연속적으로 계속된다는 것 외에는 **BE**와 마찬가지이다.

이제 [BE-ABOVE-TABLE]의 지표는 구체적인 반면, 이의 탄도체는 도식적이다. 성분 구조 조직의 다음 단계에서, 이 도식적 탄도체는 LAMP가 상술되어 합성 구조 [LAMP-BE-ABOVE-TABLE]을 낳고, 이것은 전체 문장의 합성 의미가 된다. 이것은 램프와 식탁이 어느 특정한 처소 관계를 이루는 안정된 상황의 시간 속의 존재를 모습으로 드러낸다.

위의 문장은 이의 표면 구조에 따라서 직접 조립됨을 주목하자. 특히 주어 NP의 문법 관계를 바꿈으로써 가상의 기저 구조에서 이 문장을 도출하는 '올림' 규칙도 없다. 그러나 the lamp는 일치가 요구하는 것과 같이 BE의 주어로 쓰이는 것인가? 이 모형에서 문법관계가 정의된 대로라면, the lamp는 확실히 주어로서 기능한다. 주어 NP는 탄도체와 이의 모습 사이에 설정된 대응 관계에 의해서 관계 서술의 도식적 탄도체를 상술하는 명사구이다. 〈그림 15〉와 관련하여 보면, 사실에 있어서 BE는 도식적 탄도체를 갖는데, 이것은 물건과 관계 참여자로 동시에 특징이 지어진다. 나아가서 BE의 탄도체는 '수평'과 '수직' 대응 관계가 고려되면 the lamp의 모습과 대응한다. LAMP의 모습은 [BE-ABOVE-TABLE]의 탄도체와 대응하고 이것은 수직적으로 또 BE의 탄도체가 된다. 그러므로 이 분석에서 BE는 비절(nonclausal) 주어를 갖지 않는다거나 (23)에서 the lamp는 논리적 주어가 아니라고 주장하는 것은 옳지 않다. 아무런 특별한 장치 없이도 이 분석은 the lamp와 be 사이의 관계를 설정하는데, 이는 일치의 기반으로 충분하다.

마지막으로, 주어진 분석은 (24b)와 같은 문장을 간단하고 자연스럽게 설명할 수 있다. (24b)에서는 조동사가 대용형으로 쓰인다.

(24) a. Q: What is above the table?
     b. A: The lamp is.

매우 도식적인 과정 서술로서 조동사는 이 역할에 잘 들어맞고 이런 유형의 문장은 생략 변형이 없이도 만들어질 수 있다. 구성 성분 조립도 이들에서는 가변적이기 때문에 우리는 (24b)를 the lamp와 be를 직접 결합해서 만들 수 있다. the lamp의 모습과 be의 도식적 탄도체 사이에 대응이 이루어진다. BE는 모습 결정소이다. 그래서 이 합성 구조는 안정된 상황이 시간 속에 전개되는 과정을 가리킨다. the lamp로 확인된 탄도체를 제외하면, 이 상황은 도식적으로 특징지어져 있다.

지면 제한 관계로, 인지문법의 이 소개 자체도 매우 도식적이다. 이 몇 페이지에서 이 문법의 유효성이 입증되었거나 어느 특정한 영역의 자료가 확정적으로 제공되었다고는 주장할 수 없다. 그러나 현재 지배적인 언어학 이론들이 언어 구조의 본질과 언어 탐구의 유일한 방법이 되지 못함을 보여주었기를 바란다. 의미와 문법에 대해서 근본적으로 다른 원근법을 택함으로써, 단지 언어의 견지에서 충족하고 통찰력이 있는 것이 아니라, 인지 과학의 발견 및 개념과 양립될 수 있는 일관성 있는 기술의 틀을 공식화하는 것도 가능하다.

R. W. Langacker 교수는 Cognitive Science (1986)에 An Introduction to Cognitive Grammar 이란 제목아래 인지문법을 소개한 바 있다. 필자는 Langacker 교수의 허락을 받고, 이것을 번역하여 한글에 발표한 바 있다. 여기에 실린 이 글은 한글에 발표한 글을 다시 가다듬고 고친 글이다.

제**2**장

영어 구절동사의 일반적 특성

제2장
영어 구절동사의 일반적 특성

영어에는 구절동사로 불리는 다음과 같은 구조가 있다.

(1) a. Let's **turn off this busy road** and find a quieter one.
이 복잡한 길을 벗어나서 좀더 조용한 길을 찾자.

b. Let's **turn off** and find a quieter road.
(이 길을) 벗어나서 좀더 조용한 길을 찾자.

(2) a. His rude manner of speech turned me **off him**.
그의 거친 말씨가 나를 그에게서 정이 떨어지게 했다.

b. His rude manner of speech turned me **off**.
그의 거친 말씨가 나를 (그에게서) 정이 떨어지게 했다.

위에 쓰인 구절동사의 특징은 다음과 같다. 이 구조에는 동사 그리고 전치사나 전치사적 부사 (전치부사로 줄여서 씀)로 이루어져 있다. 동사 turn은 (1)에서는 자동사로 쓰였고, off는 (1a)에서는 전치사로, (1b)에서는 전치부사로 쓰였다. 또 (2)에서 turn은 타동사로 쓰였고, off는 (2a)에서는 전치사로, (2b)에서는 전치부사로 쓰였다. off는 전치사나 전치부사로 쓰이는데, 그 기능을 생각하지 않고 이들을 가리킬 때에는 불변사라는 용어를 쓰겠다.

이 장의 목적은 구절동사의 일반적인 특징을 살펴보는 데에 있다. 따라서 구체적으로 구절동사의 구조, 구절동사와 단순동사 사이의 차이, 신조 구절동사 및 판에 박힌 표현의 문제를 개략적으로 살펴보겠다.

1. 구절동사의 개관

이 절에서는 구절동사의 특성을 살펴보는 하나의 방법으로 이를 [동사+전치사] 구조와 [동사+전치부사] 구조로 비교하고 또, 구절동사와 단순동사 사이의 차이를 비교해 보겠다.

1) [동사+전치사]와 [동사+전치부사]

영어 구절동사는 [동사+전치사]와 [동사+전치부사]의 두 구조가 있다. 이 두 구조는 형태상 비슷한 점이 있으므로 이 둘을 먼저 구별하여 보겠다. 다음에서 볼 수 있는 바와 같이 불변사는 구절동사에 전치사나 전치부사로도 쓰인다.

(3) a. He ran **up** the hill from the station.
      그는 그 산 위로 그 역에서부터 달렸다.

   b. He ran **up** the list of the figures.
      그는 그 숫자들의 목록을 합산했다.

(3)의 두 문장에는 모두 up이 쓰였다. 그러나 up의 기능은 두 문장에서 서로 다르다. (3a)에서 up은 전치사로 쓰였고, 따라서 run은 자동사이다. (3b)의 up은 전치부사로서 the list of the figures는 동사의 목적어가 된다. 그러므로 (3b)에서 동사 run은 타동사이다. 이와 같은 근본적인 차이는 다음에서 분명히 드러난다.

첫째, (3a)의 전치사인 up은 이의 목적어인 the hill 앞에서만 쓰인다. 그러나 (3b)의 전치부사 up은 the list of the figures의 뒤에서도 쓰일 수 있다. (3b)의 up과 같이 부사로 쓰이는 것을 '전치부사'라고 부르겠다. 이것은 이들 낱말이 원래는 전치사인데 부사로 쓰임을 나타내기 위한 이름이다.

(4) a. *He ran the hill **up** from the station.

   b. He ran the list of the figures **up**.

둘째, 대명사가 쓰이면 통상 전치사는 그 앞에 쓰이나, 부사의 경우는
그 뒤에 쓰인다.

(5) a. He ran **up** it. (it=the hill)
      (그는 그것 위로 뛰어갔다.

   b. He ran it **up**. (it=the list)/(*He ran up it.)
      그는 그것을 합산했다.

위와 같은 차이는 구절동사에 포함되는[동사＋전치사]와 [동사＋전치
부사]의 구조를 갈라 주는 절대 기준으로 생각되기도 하지만, 이것이 절대
적인 것은 아니다. 대명사가 강조를 받고 강하게 발음되는 경우에는 전치부
사가 대명사의 앞에 올 수도 있다.

(6) a. You will never take in **her**.
      너는 그녀를 절대로 속일 수 없다

   b. We could put up **him**.
      우리는 그를 재울 수 있다.

   c. Fancy taking on **her**.
      그녀를 상대한다는 생각을 해 보아라.

   d. I bade them take away **you**.
      나는 그들에게 너를 데리고 가라고 명령했다.

다음과 같이 통상 문장의 마지막 자리에서 전치사는 강세를 받지 않으
나, 부사는 강세를 받는다.

(7) a. He's not the person I was looking **at**.
그는 내가 보고 있던 사람이 아니다.

b. He's not the person I was looking **up**.
그는 내가 찾고 있던 사람이 아니다.

그러나 두 개의 전치사가 대조되는 경우에는 전치사도 문장의 마지막 자리에서 강세를 받을 수 있다. 또 두 개의 대명사가 and로 접속될 때에는 이들은 전치부사의 뒤에 올 수 있다. (8a)에서 up은 down과 대조가 되고, (8b)에서 along은 대명사의 앞쪽에 있다.

(8) a. This is the hill he ran **down**, not the hill he ran **up**.
이것은 그가 내려간 언덕이지 그가 올라간 언덕이 아니다.

b. Bring **along** him and her.
그와 그녀를 데리고 오너라.

그리고 전치사 가운데는 강조가 되는 경우가 아니라도 마지막 자리에서 강세를 받을 수 있는 것이 있다. 전치사 after가 그 한 예이다.

(9) He's not the person I was looking **after**.
그는 내가 돌보고 있던 사람이 아니다.

위에서 살펴본 바와 같이 [동사＋전치사]와 [동사＋전치부사] 구조는 비슷한 점이 많으므로, 강세라든지 문맥의 도움이 없으면 적어도 두 가지의 뜻으로 풀이될 수가 있는 경우가 있다. 다음 (10)의 예를 살펴보자.

(10) a. The man flew in the plane.
그 사람은 그 비행기를 타고 왔다.

b. The man flew **in** the plane.
그 사람은 그 비행기를 조종해서 왔다.

(10a)에서는 주어가 비행기의 승객으로서 어느 비행기를 탔다는 뜻이다. (10b)에서는 주어가 조종사로서 어느 비행기를 비행장으로 조종해 왔다는 뜻이 된다. the plane 대신에 대명사 it을 쓰면 다음과 같이 표현된다.

(11) a. The man flew in it.
      그 사람은 그것을 타고 왔다.
   b. The man flew it **in**.
      그 사람은 그것을 조종하고 왔다.

(11)의 두 문장을 the plane을 수식하는 관계절로 만들면 다음과 같다. (11a)에서 in은 전치사이므로 강세를 받지 않고, (11b)에서 in은 전치부사이므로 강세를 받는다.

(12) a. This is the plane he flew in.
   b. This is the plane he flew **in**.

위에서 살펴본 바와 같이 타동사인 경우에 전치부사는 동사 뒤나 목적어 뒤에 올 수 있다. 이들의 어순은 정보가치에 의해 결정된다. 정보가치가 높은 요소는 문장의 맨 뒤로 가는 경향이 있다. 따라서 대명사와 같이 이미 언급되어 정보의 가치가 별로 없다고 생각되는 요소는 동사 바로 뒤에 나타나고, 정보가치가 있다고 판단되는 요소는 문장의 마지막 자리에 나타나는 경향이 있는 것이다. 다음 문장에서 목적어는 문장의 끝에 쓰여서 전치사구나 관계절로 수식을 받는다. 이러한 명사구는 화자가 판단할 때 청자가 어떤 지시물을 식별하는 데 어려움을 갖게 될 것임을 미리 짐작하고 주어진 지시물의 묘사를 자세하게 하는 것으로 볼 수 있다.

(13) a. He picked **up** a wallet with 10 dollars in it.
그는 10달러가 들어있는 지갑을 주었다.

b. He called **up** the woman who was going out.
그는 나가고 있는 그 여자를 불렀다.

c. They found **out** who I was.
그들은 내가 누구인지 알아냈다.

대명사는 통상 이미 언급된 개체를 가리키므로, 정보가치가 적다. 그래서 [대명사+전치부사]의 순서로 나타나는 것으로 볼 수 있다. 대명사가 아니라도, 정보가치가 크지 않은 명사 things, both, nothing, matter, business 등은 전치부사의 왼쪽에 나타나는 경향이 있다.

(14) a. Let's talk **things** over.
사정을 토의해 봅시다.

b. He took **the matter** up with boss.
그는 그 문제를 사장과 논의했다.

이 밖에 타동사 구절동사에 쓰이는 불변사의 위치는 몇 가지의 추가적 사항이 고려되어야 한다. 첫째, 구절동사에 쓰이는 불변사의 위치가 동사 바로 뒤나 목적어 뒤에 굳어져 있는 예이다. 다음에서는 불변사의 위치가 동사 바로 뒤에 굳어져 있다.

(15) a. My neighbor always put **on** airs. (*My neighbor always put airs **on**.)
내 이웃은 언제나 잘난 체 한다.

b. He threatened to put **on** the heat if we did not agree to his demands. (*He threatened to put the heat **on** if we did not agree to his demands.)
그는 우리가 그의 요구에 동의하지 않으면 압력을 가하겠다고 위협했다.

c. He plucked **up** courage. (*He plucked courage **up**.)
그는 용기를 내었다.

다음에서는 불변사가 목적어 다음에만 나타난다.

(16) a. I had to put my best face **on**. (*I had to put **on** my best face.)
나는 즐거운 척 해야 했다.

b. Let me put my thinking cap **on**, and I will give you an
answer tomorrow. (*Let me put **on** my thinking cap, and I
will give you an answer tomorrow.)
좀 생각을 한 다음 나는 내일 너에게 대답을 하겠다.

c. She does occasional teaching to keep her hand **in**.
(*She does occasional teaching to keep **in** her hand.)
그녀는 가끔 가르쳐서 기술을 잃지 않으려고 한다.

둘째, 같은 동사와 불변사가 쓰인 경우 그 의미에 따라서 위치가 달라진
다. 구절동사는 그 의미에 따라서 Frazer(1976)가 말하는 직설적인 용법과
비유적인 용법이 있다. 불변사가 장소이동의 뜻을 갖는 직설적인 용법에서
불변사는 다음 (17)에서와 같이 전치가 가능하다.

(17) a. **Down** he fell.
아래로 그는 떨어졌다.

b. **Away** they went.
멀리 그들은 갔다.

c. **Up** she came.
위로 그녀는 왔다.

그러나 불변사가 비유적으로 쓰이면 전치가 불가능하다.

(18) a. *__Down__ he broke.
　　　　그는 파산했다.

　　　b. *__Up__ he gave.
　　　　그는 포기했다.

　　　c. *__Out__ they found.
　　　　그들은 알아냈다.

　셋째, 장소이동의 뜻이 강한 불변사는 다음 (19)와 같이 부사와 쓰일 수 있으나, 비유적으로 쓰인 불변사는 (20)에서와 같이 부사를 허용하지 않는다.

(19) a. The tanks rattled noisily __along__.
　　　　그 탱크들은 덜거럭 거리며 소란스럽게 갔다.

　　　b. The troops thumped briskly __on__.
　　　　그 부대는 쿵쿵거리며 활발하게 걸어갔다.

(20) a. *She caught quickly __on__.
　　　　그녀는 빨리 이해했다.

　　　b. *The plane blasted thunderously __off__.
　　　　그 비행기는 우레 같이 폭발했다.

　다음으로 불변사가 동사의 바로 뒤에 올 때에는 비유적인 뜻으로 풀이되는 경향이 있다.

(21) a. The police covered the body __up__.
　　　　그 경찰은 그 시체를 완전히 덮었다.

　　　b. The police covered __up__ the murder.
　　　　그 경찰은 그 살인을 완전히 은폐했다.

(22) a. He threw the towel **in**.
        그는 그 수건을 던져 넣었다.

     b. He threw **in** the towel.
        그는 항복했다.

    (21a)에서는 주어가 시체를 완전히 덮는 과정을 나타내고, (21b)에서는 주어가 비밀 같은 것을 덮어서 드러나지 않게 한다는 비유적인 표현이다. (22a)에서는 주어가 수건을 던져 넣는 과정을, 그리고 (22b)에서는 항복의 뜻으로 쓰였다.

2) 전치사와 전치부사의 관계

    구절동사는 움직임을 나타내는 동사와 다음 (23)에 실린 어느 하나의 불변사와 결합된다. (23)에 실려 있는 불변사는 모두 장소이동과 그 결과의 뜻을 공통적으로 담고 있다. 그래서 움직임의 뜻을 갖는 동사인 pull, push, get, move, run 등은 불변사와 자유롭게 같이 쓰여서 구절동사를 이룰 수 있으나, 움직임의 개념이 포함되지 않는 동사인 remain, love, hate, hear, see 등은 구절동사에 쓰이지 않는다. 만약 hear이나 see가 다음에 실린 불변사와 쓰이게 되면 이들 동사의 의미는 상태적인 것이 아니라 동적인 개념과 관련되는 것으로 볼 수 있다.

(23) a. 전치사로만 쓰이는 불변사
        at, against, from, into, of, with

     b. 전치부사로만 쓰이는 불변사
        ahead, aside, away, back, forth, out

     c. 전치사와 전치부사로 쓰이는 불변사
        about, across, along, around, by, down, in, off, on, over, through, under, up

위의 불변사 가운데는 (23a)와 같이 전치사로만 쓰이는 것, (23b)와 같이 전치부사로만 쓰이는 것, 그리고 (23c)와 같이 전치사나 전치부사로도 쓰이는 것이 있다. 전치부사는 원래 전치사의 목적어가 생략되어 쓰이는 것으로 볼 수 있다. 예로서, 다음 (24a)에는 전치사 off의 목적어인 the table이 명시되었으나, (24b)에는 전치사 off의 목적어가 명시되지 않았다. 그러나 (24b)의 목적어는 문맥이나 세상일의 지식으로부터 생략된 목적어인 the table을 쉽게 파악할 수 있다. 이와 같이 목적어가 없이 쓰이면 off는 전치부사이다.

(24) a. He has knocked the glass **off the table** and broken it.
      그는 그 유리잔을 쳐서 그 식탁에서 떨어지게 하여 깨었다.

      b. I had put the glass safely on the table but the cat jumped up
         and knocked it **off**.
         나는 그 유리잔을 식탁 위에 안전하게 놓아두었는데, 고양이가 뛰어
         올라가서 그 잔이-식탁에서-떨어지게 했다.

다음 (25)에서도 문맥을 통해 전치부사의 암시된 목적어를 헤아려 낼 수 있다.

(25) a. He came to the water and jumped **in**.
      그는 그 물에 다가와서 뛰어들었다.

      b. He came to the table and crawled **under**.
      그는 그 식탁까지 와서 그 밑으로 기어 들어갔다.

      c. He caught with the parade and walked **behind**.
      그는 그 시위행렬에 다가와서 그 뒤에서 걸었다.

(25a)에서 the water가 in의 목적어로 풀이될 수 있고, (25b)에서는 the table이 under의 목적어로 풀이될 수 있으며, (25c)에서는 the parade가 behind의 목적어로 풀이될 수 있다.

다음 (26)도 위와 마찬가지로 풀이된다.

(26) a. He pulled the door **to** (the door post).
      그는 그 문을 –문설주까지– 끌어 당겼다.

   b. The play was so popular that they held it **over** (the time
      limit).
      그 연극은 너무 인기가 좋아서 그들은 그것을 연장했다.

   c. She looked at us laughingly and walked **off**.
      그녀는 웃으면서 우리를 보고는 걸어가버렸다.

(26a)에서 to의 목적어는 문설주로 풀이될 수 있고, (26b)에서 over의 목적어는 처음 .설정된 공연기간으로 풀이될 수 있다. (26c)에서는 off의 목적어가 화자가 있던 장소로 풀이될 수 있다.

이에 더 나아가서 전치부사가 쓰인 구절동사는 다음과 같이 두 종류의 목적어를 가질 수 있다.

(27) a. She brushed the dust **off** the suit.
      그녀는 그 먼지를 그 양복에서 솔질해서 털어내었다.

   b. She brushed **off** the dust.
      그녀는 그 먼지를 털어내었다.

   c. She brushed **off** the suit.
      그녀는 그 양복을 솔질해서 먼지를 털었다.

(27a)에서는 양복에 묻어있는 먼지를 솔로 털어 내는 과정이 나타난다. 즉 전치사 off의 목적어는 먼지가 붙어 있는 옷이다. 이것은 off의 원형적인 용법이다. (27b)에서는 off의 목적어는 명시되지 않았지만 문맥이나 세상일의 지식으로부터 먼지가 붙어 있는 옷임을 헤아려 낼 수 있다. (27c)에서 동사의 목적어는 환유적으로 쓰었다. 목적어 the suit는 그 자체가 아니라 그

것에 묻어있거나 붙어 있는 개체를 가리킨다. 이러한 표현은 다음과 같은 원칙에 의해서 가능하다. 언어에는 전체로서 부분을 나타내는 과정이 있으므로 옷만 언급해도 여기에는 묻어있는 먼지나 실 보푸라기가 추리될 수 있다.

이를 다음과 같은 몇 개의 예를 통해 더 살펴볼 수 있다. (28c)와 (29c)에서 제시된 목적어는 모두 환유적으로 쓰이는데 이들은 그릇 속에 있는 개체를 지시한다.

(28) a. I wiped the dirt **out** of the bottle.
      나는 그 병에서 때를 닦아 내었다.

    b. I wiped the dirt **out**.
      나는 그 때를 닦아 내었다.

    c. I wiped **out** the bottle.
      나는 그 병을 닦아 내었다.

(29) a. We flushed the leaves **down** the floor of the garage.
      우리는 그 낙엽들을 그 차고바닥에서 물로 씻어 내렸다.

    b. We flushed the leaves **down**.
      우리는 그 낙엽들을 씻어 내렸다.

    c. We flushed **down** the floor of the garage.
      우리는 그 차고바닥을 씻어 내렸다.

(28)에서 wipe가 나타내는 과정에는 씻는 사람, 씻기는 그릇, 씻겨나가는 개체가 있는데, (28a)에서는 이 세 참가자가 다 반영되어 있다. (28b)에서 wipe의 목적어는 닦여지거나 씻기는 the dirt이다. (28c)에서 목적어는 the bottle이다. 그러나 이것이 실제 씻겨나가는 일이 없으므로 실제 씻겨나가는 것은 병에 묻거나 붙어 있는 찌꺼기로 추리될 수 있다. (29c)에서도 목적어가 the floor이지만 씻겨내려 가는 것은 바닥에 깔려있는 먼지나 때 같은

것임을 알 수가 있다.

3) 구절동사와 단순동사의 비교

어느 동사가 전치부사와 쓰이지 않고 홀로 쓰일 때와 구절동사의 구조에 쓰일 때와의 차이를 살펴보기로 한다. 어떤 동사의 경우는 전치부사가 쓰이든지 안 쓰이든지 간에 그 공기제한이 마찬가지이다. 다음에 쓰인 bolt down과 drink down은 그 공기제한이 마찬가지인 경우이다.

(30) a. The hungry boy bolted his food.
　　　그 배가 고픈 소년은 그의 음식을 급히 먹었다.

　　　b. The hungry boy bolted **down** his food.
　　　그 배가 고픈 소년은 그의 음식을 급히 먹었다.

(31) a. Drink your medicine.
　　　너의 약을 마셔라.

　　　b. Drink **down** your medicine.
　　　너의 약을 마셔라.

위에서 살펴본 (30)과 (31)의 경우 단순동사와 구절동사 사이에는 공기제한에 차이가 없다. 그러나 그 의미는 전혀 다르다. 그 이유는 전치부사는 그 의미가 방향과 결과를 나타내기 때문에 전치부사가 쓰인 구절동사는 자연히 결과의 의미를 내포한다. 어느 동사가 나타내는 과정은 여러 단계로 나누어 볼 수가 있다. drink가 나타내는 과정에는 누가 무엇을 마시기 시작하는 부분, 마시는 부분, 또 다 마셔서 마신 것이 위에서 내려가 있거나, 그릇이 비어 있는 부분 등이 있다. 전치부사는 어느 동사가 나타낼 수 있는 과정의 마지막 부분에 초점이 주어진다. 예로서 다음 두 표현을 비교하여 보자.

(32) a. She ate our bread.
      그녀는 우리의 빵을 먹었다.

   b. She ate **up** our bread.
      그녀는 우리의 빵을 다 먹었다.

up이 쓰인 (32b)는 그녀가 우리의 빵을 다 먹어서 조금도 남지 않았다는
결과의 뜻을 나타낸다. 그러나 up이 쓰이지 않은 (32a)에는 이러한 뜻이 있
을 수도 있고 그렇지 않을 수도 있다.

이와 같은 차이는 다음 (33)에서와 같이 명령문에서 더욱 뚜렷하게 나타
난다.

(33) a. Don't eat our bread!
      우리의 빵을 먹지 말아라!

   b. Don't eat **up** our bread!
      우리의 빵을 다 먹지 말아라!

(33a)는 우리의 빵을 먹지 말라는 명령이고, (33b)는 우리의 빵을 다 먹
지 말라는 명령이다.

다음으로 어떤 동사의 경우에는 단순동사와 구절동사 사이에 공기제한
이 다름에 따라 의미차이가 있는 경우를 살펴볼 수 있다. 다음 (34)~(37)은
그러한 경우를 보여 준다.

(34) a. The bell chimed. (*The girl chimed.)
      그 종이 울렸다.

   b. The girl chimed **in** on the discussion.
      그 소녀가 토의에 끼어들었다.

(35) a. She answered me.
      그녀는 나에게 대답했다.

b. She answered **back** to me.
그녀는 나에게 다시 대답했다.

(36) a. They usually box her ears as punishment.
그들은 보통 벌로서 그녀의 귀를 때린다.

b. Please box **up** my gift.
내 선물을 상자 안에 넣어서 주세요.

(37) a. They cracked the case with the hammer.
그들은 그 상자를 망치로 부수었다.

b. He really cracked **up** and was unable to work for a year.
그는 신경쇠약이 되어 일 년 동안 일을 할 수 없었다.

한편, 보통 자동사로 쓰이는 동사가 전치부사와 쓰이면 타동사로 쓰이는 예도 있다.

(38) a. He slept **off** the effects of the drug.
그는 잠을 자서 그 약의 영향을 없앴다.

b. She looked **up** her name in the phone book.
그녀는 그 전화번호부에서 그 어지의 이름을 찾았다.

c. The students laughed **off** the failure.
그 학생들은 그 실수를 웃어넘겼다.

많은 경우에 구절동사에 쓰이는 동사는 명사에서 전성된 것이 있는데 동사만으로 쓰이지 않고, 전치부사와 함께 쓰인다.

(39) a. Sympathy welled **up** in her.
동정심이 그녀의 마음속에 우러났다.

b. They cordoned **off** the ramp.
그들은 비상선을 쳐서 그 경사 진입로를 차단했다.

c. She mulled **over** the problem.
그녀는 그 문제를 숙고했다.

well은 명사로 '샘'을 뜻하고, cordon은 명사로 '비상경계선'을 뜻한다. 또 다음에서와 같이 타동사로 쓰이는 동사 가운데에는 구절동사일 때는 자동사로 쓰이는 것도 있다.

(40) a. The severed leg grew **back**.
그 잘린 다리가 다시 자라났다.

b. She caught **on** quickly.
그녀는 재빨리 이해를 했다.

c. The unhappy couple slip **up**.
그 불행한 부부는 헤어졌다.

2. 전치부사

위에서 우리는 [동사＋전치사] 구조와 단순동사를 구절동사와 비교하면서, 구절동사의 특성을 몇 가지 살펴보았다. 다음에서는 전치부사의 특성을 좀더 상세하게 살펴보고자 한다.

1) 전치부사의 특징

전치부사는 다른 부사와 구별되는데 이것은 다른 부사와 비교해 봄으로써 좀더 명확하게 알아볼 수 있다. 전치부사는 다른 종류의 부사, 양태부사나 시간부사와는 달리 그 위치가 보다 자유롭다. 다음 예문을 살펴보자.

(41) a. *He built well the fire.

b. He built **up** the fire.
그는 불을 확 피웠다.

(42) a. *She stitched carefully the rip.

    b. She stitched **up** the rip.
       그녀는 찢긴 부분을 완전히 기웠다.

(43) a. *I bought yesterday the stocks.

    b. I bought **up** stocks.
       나는 그 증권을 다 샀다.

보통 부사는 동사와 목적어 사이에 쓰일 수 없으나, 전치부사는 (41)~
(43)에서 볼 수 있는 바와 같이 이러한 위치에서도 자유롭게 쓰인다.

의미상으로 전치부사는 공간 속의 이동과 그 결과를 나타낸다. 그 한 예
로 away의 경우 어느 개체가 주어진 어느 기준점에서 멀어져 나가는 전 과
정을 한눈으로 보여주거나 움직인 다음 그 결과로 원래의 위치에서 떨어져
있는 관계를 나타낸다. 이것을 그림으로 나타내면 〈그림 1〉과 같다.

〈그림 1-a〉에서는 탄도체가 큰 원이 나타내는 주어진 장소에서 멀어지
는 과정이, 〈그림 1-b〉에서는 탄도체가 움직인 결과로 원래의 장소에서 떨
어져 있는 관계가 나타나 있다. 또 한 예로, up의 경우도 마찬가지이다. 〈그
림 2〉에서와 같이 탄도체는 기준이 되는 개체 (지표)의 낮은 곳에서 위쪽으

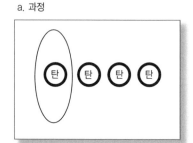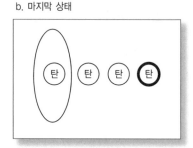

a. 과정   b. 마지막 상태

그림 1

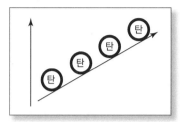

a. 과정

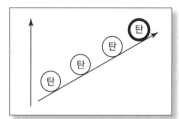

b. 마지막 상태

그림 2

로 움직이는 전 과정이나 이러한 움직임의 결과를 나타낸다.

그러므로 전치부사는 방향만을 나타내는 다음과 같은 부사와는 구별된다. 다음 (44)에 쓰인 부사는 방향만을 나타내는데 이들 부사는 동사와 목적어 사이에 나타나 있기 때문에 문법적으로 맞지 않다. 하지만, 전치부사 up은 43b에서와 같이 동사와 목적어 사이에 나타날 수 있다.

(44) a. *He tossed upward the ball.
      b. *She pulled downward the blinds.

구절동사에 쓰이는 전치부사는 방향과 결과의 의미를 가지고 있으므로 일종의 유사동사로 명령문에 쓰일 수 있다. (45a)에 실린 것은 명령문에 쓰일 수 있으나, (45b)에 실린 것은 움직임의 뜻이 포함되어 있지 않으므로 명령문에 쓰일 수 없다.

(45) a. Out! Back! Away with you! Down! Over! Heal up!
*With! *To! *Toward! *Against! *Upward!

전치부사가 나타내는 결과의 의미는 다음과 같은 표현에서도 찾아볼 수 있다.

(46) a. I drove them **off**, and they are **off**.
　　　나는 그들을 쫓아 버렸다. 그래서 그들은 여기에 없다.

　　b. I threw it **up** and it was **up**.
　　　나는 그것을 위로 던져 올렸다. 그래서 그것은 위에 있다.

　　c. I tossed it **over**, and it was **over**.
　　　나는 그것을 건너편으로 던졌다. 그래서 그것은 건너편에 있다.

　　d. I turned the light **on**, and it was **on**.
　　　나는 불을 켰다. 그래서 불이 켜져 있다.

　　e. I turned the light **off**, and it was **off**.
　　　나는 불을 껐다. 그래서 불이 꺼져 있다.

(46)에서 and 다음에 나오는 전치부사는 목적어가 새로이 위치해 있는 결과를 나타낸다.

2) 전치부사와 형용사

「Longman Dictionary of Phrasal Verbs」에 실린 구절동사 가운데에는 구성 요소가 전치부사가 아니라 형용사로 되어 있는 것이 있다. (47)에서는 자동사가 형용사와 같이 쓰이고, (48)에서는 타동사가 형용사와 같이 쓰인 예를 보여주고 있다.

(47) a. The supplies have come **short** of our needs.
　　　그 보급품은 우리의 필요에 부족했다.

　　b. May all your dream come **true**!
　　　너의 모든 꿈이 이루어지길 빈다.

　　c. It came **apart** in my hands.
　　　그것은 내 손 안에서 부서졌다.

　　d. The prisoner came **clean**.
　　　그 죄인은 자백을 했다.

e. Make sure that you all fly **right** when you get to the party.
너는 그 파티에 가면 행동을 잘 하도록 하여라.

f. Two lions got **free** from their cages yesterday.
사자 두 마리가 우리에서 어제 풀려났다.

g. She will get **well** soon.
그녀는 곧 건강하게 될 것이다.

h. He fell **sick**.
그는 갑자기 병이 났다.

i. He let his mind go **blank**.
그는 그의 마음을 멍하게 했다.

(48) a. He cut the boat **free**.
그는 그 배를 풀었다.

b. The child fell and cut his face **open**.
그 아이는 넘어져서 그의 얼굴을 깨었다.

c. The barber cut the child's hair **short**.
그 이발사는 그 아이의 머리를 짧게 깎았다.

d. The experiences drove the girl **crazy**.
그 경험들이 그 소녀를 미치게 했다.

위에 쓰인 형용사가 불변사로 취급되는 이유에는 몇 가지가 있는데 첫째로 이러한 형용사가 불변사와 마찬가지로 결과를 나타내기 때문이다. 다음에 쓰인 불변사와 형용사는 결과를 나타낸다.

(49) a. He knocked his opponent **out/cold**.
그는 그의 상대를 쳐서 의식을 잃게 했다.

b. The conference is **over/finished**.
그 회의는 끝났다.

c. The robber got **away/loose**.
그 강도는 도망을 갔다.

둘째, 구절동사에 쓰인 형용사는 불변사와 마찬가지로 동사 뒤나 목적어 뒤에 쓰일 수 있다.

(50) a. Let the dog **loose**.
그 개를 풀어주어라.

b. Let **loose** the dog.

(51) a. They cut the speech **short**.
그들은 그 연설을 짧게 했다.

b. They cut **short** the speech.

(52) a. I held the door **open**.
나는 그 문을 잡아서 열어놓았다.

b. I held **open** the door.

3) 의미의 투명성

동사와 불변사로 이루어지는 구절동사는 구성 요소의 의미상의 투영성에 따라서 다음과 같이 몇 가지로 분류된다.

첫째, 구절동사에 동사와 전치부사의 의미가 모두 뚜렷이 반영된 경우가 있다. 예로서, 다음 문장에 쓰인 go와 out은 각각의 뜻을 갖는다.

(53) He **went out** an hour ago.
그는 한 시간 전에 나갔다.

위에 쓰인 동사 go는 어느 개체가 어떤 기준점에서 멀어지는 움직임을 나타내고 out은 어느 개체가 어떤 영역의 안에서 밖으로 움직이는 방향과 결과를 나타낸다. 그러나 다음에 쓰인 go out은 'stop being popular'의 뜻으로 쓰였는데, 이 경우에는 go나 out의 장소이동의 뜻은 찾아볼 수 없는 것으로 생각될 수 있다.

(54) The long skirt **went out** after a short period of popularity.
롱 스커트는 짧은 기간 다음에 유행이 지났다.

(54)에서와 같이 go out이 나타내는 전체의 의미에 이것을 이루는 부분의 의미가 반영되지 않는다고 생각되는 예들은 통상 관용어라고 부른다. (53)과 (54)로 예시되는 두 극단 사이에는 다음과 같은 중간단계에 있는 예도 있다.

(55) a. Drink your medicine.
너의 약을 마셔라.

b. Drink your medicine **down**.
너의 약을 마셔라.

(55b)는 동사의 의미는 분명하나 down의 의미는 분명하지 않는 것으로 생각되는 예이다.

이러한 현상을 두고 학자들마다 그 분류를 다르게 하는데, 다음에서 Fraser(1976)와 Kennedy(1920) 및 Bolinger(1971)의 분류를 살펴보겠다. 우선 Fraser는 위와 같은 현상을 정리하기 위해서 구절동사를 다음과 같이 분류하고 있다.

(56) a. [동사-부사 조합]
b. [동사-불변사 조합] (관용구) (불변사는 전치부사임.)
① 체계적 결합
② 비체계적 결합

불변사가 구절동사의 의미에 기여하는 것으로 판단될 때 Fraser는 이것을 부사라 부르고, 그렇지 않을 때에는 불변사라 부른다. 그리고 의미 기여의 기준은 동사와 쓰이는 불변사가 장소이동을 나타내는 뜻으로 쓰이느냐 또는 그렇지 않느냐에 달려있다. 전치부사에 장소이동의 뜻이 분명하면 부사로 그렇지 않으면 불변사로 간주된다.

Fraser는 다시 동사-불변사의 결합을 체계적 결합과 비체계적 결합의 두 가지로 나누고 있다. 체계적 결합은 동사에 일관성 있는 의미변화를 가져오는 것으로, 이에 대한 예는 bolt down, swallow down, drink down 등이 있다. 비체계적 결합에서 불변사는 동사에 체계적인 의미변화를 가져다 주지 않는다. 비체계적 결합은 굳어버린 형태로 간주된다. 이를 figure out, look up 등과 같은 예에서 발견할 수 있다.

요약하면 Fraser의 분류는 구절동사에서 동사와 결합하는 전치부사의 의미 기여에 의존하는데 이 때 의미는 전치부사가 갖는 문자 그대로의 장소이동의 의미이다. 이러한 장소의미가 구절동사에 반영되면, 전치부사는 의미를 기여하는 것으로 생각되어 부사로 판단되고, 그렇지 않고 전치부사가 확장되어 비유적으로 쓰이면 의미 기여가 없는 것으로 판단된다. 그러나 Lindner(1982)는 Fraser가 불변사라고 분류한 것들도 분석에 따라서는 모두 체계적인 것으로 나타낼 수 있음을 보여주고 있다. 또한 부사와 불변사 사이의 차이는 절대적인 것이 아니라 이들이 연속변차선을 이루고 있음을 보여주는 학자들도 있다.

Kennedy와 Bolinger 같은 학자들은 전치부사의 장소이동의 뜻과 이들의 비유적인 뜻이 서로 완전히 다른 것이 아니라, 비유적인 뜻도 장소이동의 뜻과 관련되어 있음을 지적한다. 예로서 Kennedy(1920: 20-5)는 up이 장소이동의 의미가 강한 것부터 약한 의미 (비유적)로 쓰인 예를 다음과 같이 제시하고 있다.

(57)   up의 의미로 가장 흔한 것은 '위로의 움직임' 인데, 다음 표현 57a에 쓰인 up은 거의 필요가 없을 정도로 동사에 '위로' 의 의미가 주어져 있다.

    a. bank up   flame up   heave up   spring up   swell up   kick up

    다음에서는 '위로' 의 의미가 숨어있기는 하지만, 이것은 양이나 정도의 증가를 나타내는 비유적인 의미로 쓰인 예이다.

    b. add up   blow up   call up

    다음에 쓰인 up은 '앞으로' 또는 기준점으로의 접근을 나타낸다.

    c. back up   pull up   jog up   move up   give up   set up

    다음에 쓰인 up은 어떤 위치나 표준에 이르는 움직임을 나타내고 행위의 완료를 암시한다.

    d. connect up   fetch up   bring up   join up   lead up   match up

    다음에 쓰인 up은 무엇을 현저하게 만드는 내용을 갖는다.

    e. look up   open up   show up   speak up   strike up   think up

    다음에 쓰인 up은 조임과 완성의 의미를 갖는다.

    f. bind up   bottle up   buckle up   fasten up   lock up   screw up

    다음에 쓰인 up은 연결시키거나 집합시키는 의미를 갖는다.

    g. collect up   double up   gather up   heap up   bundle up   stock up

    다음에 쓰인 up은 완료를 나타낸다.

    h. heat up   black up   clean up   dust up   fix up   mix up

위에서 구절동사가 열거된 차례는 전치부사가 장소이동의 뜻에서 확대되어 점점 비유적으로 쓰인 순서를 나타낸다고 Kennedy는 주장한다. Kennedy는 up이 갖는 여러 의미를 충실하게 나열하면서, 이들 의미에는 장소의미가 내포되어 있다고 본다. 그러나 왜 up이 이렇게 주어진 많은 뜻을 가지게 되었는지는 밝히지 못하고 있다.

Bolinger(1971: 92-102)는 전치부사의 장소이동의 의미와 비유적인 의미는 연속차선을 이루며, 이들은 서로 관련되어 있음을 주장하면서 up의 의미를 다음과 같이 제시하고 있다.

첫째, up은 '위로'의 방향 의미를 갖는데, 이러한 방향은 '완성'의 비유적 의미와 연관을 갖는다. 그는 이러한 의미의 연관성이 우리의 경험에서 나오는 것으로 보고 있다. 예로서, 컵에 물을 채우면 수면이 점점 높아지다가 가장자리에 오면 물의 오름은 멈춘다. 이러한 관계에서부터 up은 멈춤과 완성의 의미로 확대된다.

또 한 가지 확대의 예로서, 멀리 있는 사람이 가까이 오면 점점 커져 보이는데 이러한 관계에서 up은 접근의 의미를 나타내게 된다.

(58) a. He filled **up** the glass.
　　　　그는 그 잔을 채웠다.

　　　b. He came **up** to me.
　　　　그는 나에게 다가 왔다.

　　　c. Pull **up** a chair and join the game.
　　　　의자 하나를 끌어당겨서 게임에 참여하세요.

위에서 살펴본 예를 바탕으로 Bolinger(1971: 99)는 up의 의미를 다음과 같이 크게 다섯 가지로 나누고 있다.

① 직접적이거나 비유적인 방향의 의미
② ('위'로 올라오는 것은 '보인다'와 같은) 확장된 방향의 의미
③ 결과상태로 나타나는 완성의 의미
④ 완료나 시작과 같은 완성의 의미
⑤ 높은 강도를 취하는 의미에서의 완성의 의미

(59)에는 위의 다섯 가지의 의미가 예시되어 있다.

(59) a. The work piled **up**.
      그 일이 쌓여있다.

      It holds **up** under stress.
      그것은 압력 아래에서도 버틴다.

   b. Has he turned **up** yet?
      그는 나타났습니까?

      He grew **up**.
      그는 자랐다.

   c. It shriveled **up**.
      그것은 완전히 오그라졌다.

      The ice broke **up**.
      그 얼음은 완전히 깨졌다.

   d. He clammed **up**.
      그는 침묵을 지켰다.

      The rain let **up**.
      그 비가 그쳤다.

   e. They revived **up**.
      그들은 발동기의 회전을 늘였다.

      He speeded **up**.
      그는 속도를 높였다.

　요약하면, Fraser는 구절동사에 쓰이는 불변사에는 뜻이 있는 것과 없는 것이 있다고 생각했지만, Kennedy와 Bolinger는 Fraser와는 다른 생각을 가지고 있었다. Kennedy는 up이 갖는 여러 가지 의미 사이에는 관련성이 있음만을 암시하고 있는데 반해, Bolinger는 up이 갖는 여러 의미가 우리의 경험에 의해서 관련성이 맺어지고 있음을 보여주고 있다. 다음 절에서 우리는 Kennedy와 Bolinger가 가지고 있는 생각이 Lindner에 의해 좀더 체계적으로 연구되어 있음을 살펴볼 수 있다. Lindner는 불변사가 갖는 여러 의미 사이에는 관련성이 있음을 인지문법의 틀을 써서 체계적으로 보여주고 있다.

4) 망모형에 의한 불변사의 의미분석

구절동사에 쓰이는 불변사는 거의 다의어이다. 불변사의 뜻을 사전에서 찾아보면 이러한 다의성을 쉽게 찾아볼 수 있다. 그러나 사전에 풀이된 뜻을 보면, 불변사는 다의어라기보다는 동음이의어로 생각하게 된다. 이는 불변사가 갖는 한 뜻과 다른 뜻의 관련성이 제시되어 있지 않기 때문이다. 최근 인지문법에서는 다의어가 갖는 여러 뜻 사이의 관련성을 통찰력 있게 분석하는 방법이 제안되고 있다. 구체적으로 인지문법에서는 다의어가 갖는 여러 의미가 하나의 의미망을 형성하고 있음을 보여주고 있다. 여기서는 불변사 **over**와 **out**의 뜻을 살펴보면서 의미의 관련성을 간단하게 살펴보겠다.

이 분석에는 먼저 불변사가 갖는 여러 의미 가운데 원형적인 뜻을 찾고, 그 다음으로 이 뜻이 점차로 변이되는 모습을 추적한다. 불변사는 관계어이고 이 관계에는 현저한 두 참여자가 있다. 이 참여자는 탄도체와 지표로 먼저 [탄도체 over 지표]의 가장 원형적인 관계에서 탄도체는 지표의 위에 있고, 탄도체가 지표와 거의 같거나 크다.

다음은 **over**의 원형적인 관계를 나타낸다.

(60) He spread the sheet **over** the bed.
      그는 그 홑이불을 그 침대 위에 폈다.

(60)의 the sheet는 탄도체이고 the bed는 지표로 탄도체가 지표를 덮는다. 이 원형적인 관계는 변이되어 탄도체가 지표의 위가 아니라 옆에 있을 수 있다.

(61) a. He put his hands **over** his mouth.
         그는 그의 양손을 그의 입에다 대었다.

b. He put a board **over** the window.
그는 널빤지 한 장을 그 창문에 덮었다.

(61)에서 탄도체는 지표의 위가 아니라 옆에 있게 된다. 탄도체와 지표는 (60), (61)에서와 같이 서로 맞닿을 수도 있고, 다음 (62)에서와 같이 떨어져 있을 수도 있다.

(62) a. The clouds are **over** us.
그 구름들이 우리 위에 있다.

b. The balcony projects **over** the entrance.
그 발코니는 그 입구 위에 있다.

위에서 살펴본 탄도체와 지표는 평면적인 개체이다. 그러나 평면체도 멀리서 보면 선으로 보일 수 있다. 다음 (63)에서 over의 두 개체는 선형으로 나타나 있는데, 탄도체는 the railroad이고 지표는 200 miles로 뻗은 노면이다.

(63) The railroad stretches **over** 200 miles.
그 철도는 200 마일 이상 뻗어있다.

over의 관계에 참여하는 두 선형 개체는 직선일 필요가 없고, 다음에서와 같이 곡선일 수도 있다.

(64) The boy climbed **over** the wall.
그 소년은 그 벽을 기어서 넘어갔다.

다음 (65)에서 탄도체는 실물이 아니라, 탄도체가 지나간 자취이다.

(65) The plane flew **over** the mountains.
그 비행기는 그 산들을 날아서 넘어갔다.

다음 (66)과 같이 불변사 **over**가 be 동사와 같이 쓰이면, 탄도체는 이동해서 가 있는 결과를 나타낸다.

(66) He is over the river.
그는 그 강 너머에 있다.

위에서 살펴본 **over**의 공간관계는 시간관계와 상호작용 관계에도 비유적으로 확대되어 적용된다. 다음 (67)에서 시간은 공간으로 이해되고 표현된다. 즉 '시간은 공간이다'의 은유가 적용된 예로 이 은유에 의해서 시간은 공간과 마찬가지로 길이가 있는 것으로 이해된다.

(67) The war lasted **over** five years.
그 전쟁은 5년 이상 계속되었다.

(67)에서 **over**는 전쟁의 길이가 5년보다 길다는 것을 나타낸다.
또 탄도체가 지표의 위에 있고, 탄도체가 지표보다 크다는 관계는 힘의 관계에도 적용된다. 힘의 관계에서 탄도체는 위에 있고 힘이 더 크며, 지표는 밑에 있고 힘이 약하다.

(68) She reigned **over** the nation for many years.
그녀는 그 백성들을 여러 해 동안 지배했다.

(68)에서 간략하게 살펴본 **over**의 의미는 〈그림 3〉과 같이 망형태로 표시될 수 있다.

〈그림 3-a〉는 **over**의 원형적인 관계로 탄도체가 지표 위에 있고, 지표 보다 크다. 〈그림 3-b〉는 **over**의 원형적인 관계가 힘의 관계에 확대된 예로 탄도체는 지표보다 힘이 더 크다. 〈그림 3-c〉는 변이형으로서 탄도체가 지표의 옆에 있다. 〈그림 3-d〉는 탄도체와 지표가 선으로 풀이되는 예이고, 〈그림 3-e〉는 탄도체와 지표가 곡선으로 풀이되는 예이다. 〈그림 3-f〉에서

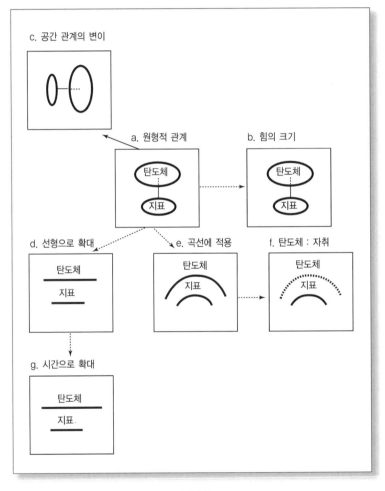

그림 3

탄도체는 자취로 풀이되고, 〈그림 3-g〉는 탄도체와 지표가 시간의 흐름으로 풀이된다.

한편, 불변사 **over**는 전치부사로도 쓰이는데 전치사와 부사의 차이는 지표의 명시에 있다. 전치사의 경우 지표가 명시되지만, 부사의 경우에는 지표가 명시되지 않는다. 지표가 명시되지 않은 경우 청자나 독자는 이 지표를 문맥이나 맥락에서 유추해야 하는데 이와 같은 몇 개의 예를 다음과 같이 볼 수 있다.

(69) a. When they reached the river, they tried to get **over**.
     그들은 그 강에 다다르자 그것을 건너려고 노력했다.

   b. The glass is brimming **over**.
     그 잔은 넘쳐흐르고 있다.

   c. Come **over** and have a drink.
     건너와서 한잔 하자.

   d. The message came **over** clearly.
     그 전언은 분명하게 전달되어 왔다.

Lindner(1983)는 박사학위 논문에서 전치부사 out과 up이 의미를 분류하면서 불변사는 서로 다른 의미를 다의적으로 가지고 있는 것처럼 보이나, 사실 이들은 공통점에 따라서 몇 개의 도식으로 무리지어질 수 있고, 이들은 또다시 상위도식으로 무리지어질 수 있음을 설득력있게 보여주고 있다. 〈그림 4〉는 **out**의 도식을 나타내고 있다.

위 〈그림 4〉가 의미하는 바는 다음과 같다. out[a], out[b], out[c]에서 공통점을 뽑아서 만든 것이 스키마 out[1]이고, 비슷한 방법으로 다른 실례들에서 공통점을 뽑아서 만든 스키마가 out[2]와 out[3]이다. 스키마는 이들을 이루는 실례보다 더 추상적일 수 있는데 그 이유는 어느 스키마에서는 이것을 이루는 실례의 차이점은 무시되고 공통점만 포착되기 때문이다. 위의 세 스키마

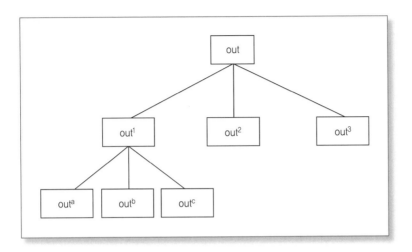

그림 4

는 다시 상위 스키마 out으로 묶여질 수 있다. 이렇게 볼 때 out은 여러 가지의 의미를 가지고 있으면서 또한 통일된 장을 이루는 것으로 볼 수 있다. (70)에서 out의 실례를 살펴보기로 하겠다.

> (70) a. She went **out**.
> 　　　　 그녀는 나갔다.
>
> b. The branch sticks **out**.
> 　　 그 가지는 나와 있다.
>
> c. The tunnel goes **out**.
> 　　 그 터널은 밖으로 간다.

(70)의 **out**은 두 개체 사이의 관계를 나타내는 관계어이다. 한편, 전통 문법에서 전치사는 선행사와 목적어를 갖는다고 설명된다. 여기서 소개되는 전치부사 **out**도 관계어로서 선행사와 목적어가 있다. 선행사는 바탕-모습의 대조에서 모습에 해당하는 것이고, 목적어는 통상 명시되지 않으나 암

시되는 것으로 바탕에 해당된다. 그리하여 (70)에서는 탄도체의 대표적인 성질을 세 가지로 보여준다. (70a)에서 탄도체는 어느 사람이 움직인 자취이고, (70b)의 탄도체는 자취가 아니라 실물이다. (70c)의 탄도체는 빈 공간이다. 이와 같이 (70)의 탄도체가 각각 다르지만, 어느 것이든 어떤 정해진 구역 안에서 밖으로 나가 있는 관계를 나타낸다.

다음 (71)에서는 지표의 여러 성질을 볼 수가 있다.

(71)　a. The cat clawed its way **out** (of the bag).
그 고양이가 그 자루에서 기어나갔다.

b. Pour that coffee **out**.
그 커피를 부어버려라.

c. Pluck the feather **out**.
그 깃털을 뽑아내어라.

d. The dog dug the bone **out**.
그 개는 그 뼈를 파내었다.

e. Wash this dirt **out**.
이 때를 씻어 내어라.

f. There are rocks in the sand; sift them **out**.
큰 돌들이 그 모래 안에 있다: 그들을 체로 쳐내어라.

g. Cut **out** that picture and save it.
그 그림을 오려내어서 간직해라.

h. Pound **out** the dent.
움푹 들어가 있는 그 부분을 펴내어라.

(71)에 암시되거나 명시된 지표는 다음과 같다. (71a)에서 지표는 사방이 둘러싸인 자루와 같은 입체적 개체이고, (71b)의 지표는 한쪽이 열린 컵과 같은 입체적 개체이다. (71c)의 지표는 전체적으로는 평면적인데, 그 일부에 탄도체가 꽂혀있는 관계이다. (71d)의 지표는 탄도체를 덮고 있는 땅이다. (71e)의 지표는 천과 같은 개체이다. (71f)의 지표는 모래와 돌이 이루는

무더기나 더미이다. (71g)의 지표는 탄도체가 오려져 나오는 전체이다. (71h)의 지표는 패인 곳이다.

다음 (72)에서 지표는 소유영역이다.

(72)   a. He threw **out** a few suggestions.
          그는 몇 개의 제안을 내어놓았다.

       b. He rents **out** his house at the beach.
          그는 그 해변에 있는 그의 집을 임대한다.

       c. The new play came **out** on Broadway.
          그 새 연극이 브로드웨이에서 상연되었다.

       d. He always picks **out** the most expensive clothes.
          그는 언제나 가장 비싼 옷을 고른다.

       e. In telling the story, she left **out** the part about Korea.
          그 얘기를 하면서, 그녀는 한국에 대한 부분은 빼버렸다.

(72a)의 지표는 주어의 소유영역이다. 이 때 **out**을 통해서 (72a)의 제안은 개인에서 밖으로 나가고, (72b)에서 집은 어느 개인의 소유영역 밖으로 나감을 잘 알 수 있다. (72c)의 지표는 개인영역이다. 연극이 공연된다는 것이 개인의 영역에서 대중의 영역으로 나감을 **out**이 나타낸다.

위에서 살펴본 바와 같이, **out**의 전형적인 의미는 어느 탄도체가 지표의 영역에서 벗어나 있는 관계인데, 이것은 다른 추상적인 관계를 나타내는 형판으로 쓰인다. 그러므로 전치부사가 관용적인 용법으로 쓰일 때에도 그 뜻은 비유적으로 확대되었지만, 그 근원적 의미는 그대로 있는 것으로 볼 수 있다.

이렇게 보면 전치부사의 뜻이 구체적이냐 추상적이냐를 이야기할 수는 있어도, 전치부사의 뜻이 있느냐 없느냐를 따지는 것은 합당한 일이 못됨을 알 수가 있다. 마찬가지로 어느 전치부사의 쓰임이 구체적인 장소이동과 관련되느냐 추상적인 상태변화와 관계되느냐를 물을 수는 있으나, 이 둘이 연속변차선을 이루기 때문에 어느 한 지점에서 이분될 수 있는 것은 아니다.

3. 구절동사에 쓰이는 동사

구절동사에 쓰이는 동사 가운데에는 find와 같이 뜻이 어느 정도 분명한 것도 있고, get과 같이 그 뜻이 일반적인 것도 있다. get과 같이 뜻이 일반적인 동사가 구절동사에 쓰이면 뜻이 없는 것으로 취급된다. 그래서 get over가 pass의 뜻으로 쓰이면, 이 뜻은 get이나 over의 어느 쪽에서도 끌어낼 수 없다고 판단되어 관용어(idiom)로 간주된다.

여기서 우리는 동사 get의 뜻을 살펴보면서, 이 동사의 뜻은 일반적이지만 장소이동을 나타내는 뜻이 있고 이것은 상태변화를 나타내는 형판구실을 하고 있음을 살펴보기로 하겠다. 먼저 다음 예를 살펴보자.

(73) a. Can you **get** the nail **in** the wall?
너는 그 못을 그 벽에 박을 수 있니?

b. Can you **get** the nail **out of** the wall?
너는 그 못을 그 벽에서 빼낼 수 있니?

c. A lighter bicycle will **get** you **over** the distance so much more easily.
가벼운 자전거는 네가 그 거리를 훨씬 더 쉽게 지날 수 있게 할 것이다.

d. We finally **got** the new law **through** Parliament.
우리는 마침내 그 새 법을 의회에서 통과시켰다.

e. This old car may not run very well, but it **get**s you **to** work.
이 낡은 차는 잘 구르지 않으나, 그래도 너를 일터에는 데려다 줄 것이다.

위의 예에서 주어는 목적어를 한 장소에서 다른 장소로 옮긴다. (73a)에서 주어는 못을 벽이 아닌 장소에서 벽에, (73b)에서 주어는 못을 벽에서 벽이 아닌 장소로 옮긴다.

동사의 의미를 살피는 한 가지의 방법은 주어진 동사의 개념바탕을 찾아서 이 바탕 안의 참여자가 어떻게 부각되는가를 조사하는 것이다. 동사 get이 나타내는 사건의 바탕에는 행위자(Agent), 행위자의 영향을 받는 피영향자(Patient), 피영향자의 출발지(Source), 피영향자가 움직인 다음의 위치, 즉 목적지(Goal)가 있다. 이 때 출발지는 L1으로, 목적지는 L2로 나타낸다. 이 바탕에 있는 것 가운데 get의 쓰임에 따라서 어떤 것은 모습이 드러나고 어떤 것은 모습으로 드러나지 않고 바탕에 깔려있다. 아래에서 바탕에 있는 참가자와 배경이 어떻게 서로 다르게 나타날 수 있는지 예문들과

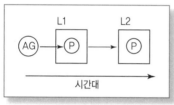
a. 개념바탕

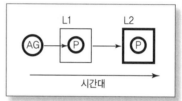
b. 행위자-피영향자-목적지

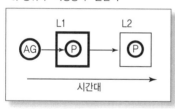
c. 행위자-피영향자-출발지

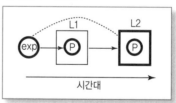
d. 경험자-피영향자

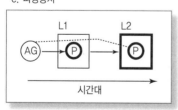
e. 피영향자

그림 5

〈그림 5〉를 통해 살펴보자.

다음 문장에서는 행위자, 피영향자, 그리고 출발지가 부각되어 있다 (그림 5-c).

(74) a. **He** got **his hand** off **the knob**.
그는 그의 손을 그 손잡이에서 떼었다.

b. **He** got **the nail** out of **the wall**.
그는 그 못을 그 벽에서 빼었다.

(74a)에서는 주어 (A)가 그의 손 (P)에 힘을 가하여 그의 손이 손잡이에 붙어 있다가 떨어져 있게 옮겨놓는 관계를 get이 나타낸다. (74b)에서도 주어가 못에 힘을 가하여 못이 벽에 꽂혀있는 상태가 되는 과정을 get이 나타낸다.

다음 (75)에서는 행위자, 피영향자, 목적지가 모습으로 드러난다 (그림 5-b).

(75) a. **He** got **the letter** to **the post**.
그는 그 편지를 우체국에 보냈다.

b. **The car** will get **you** to **work**.
그 자동차는 너를 일터에 데려다 줄 것이다.

c. **I** can't get **the cleaner** under **these chairs**.
나는 그 청소기를 이 의자들 밑에 넣을 수가 없다.

(75a)에서는 편지가 우체국에 가도록 주어가 편지에 힘을 가하는 관계를 get이 나타낸다. 나머지 문장에서도 주어는 목적어에 힘을 가하여, 목적어가 움직이게 되는데, 전치사의 목적어는 목적어가 옮겨간 목표를 나타낸다.

위의 관찰을 토대로 보면, 동사 get은 다음과 같이 주어가 목적어에 영향을 주어서, 목적어가 어느 한 장소에서 다른 장소로 움직이는 과정을 나타낸다. 위와 같은 관계는 다음과 같이 조금씩 변이가 되어 나타날 수 있는데 아래 (76)에서 주어 I는 경험자와 목적지의 역할을 포함한다. 주어는 목적어가 자신에게 오는 경험을 한다 (그림 5-d).

(76) a. **I** did not get **your last name**.
         나는 너의 성을 듣지 못했다.

      b. **I** did not get **your meaning**.
         나는 너의 뜻을 이해하지 못했다.

      c. **I** got **his joke**.
         나는 그의 농담을 이해했다.

위의 예에서 다음을 주목할 수 있다. 첫째, 피영향자가 추상적인 개체이다. 둘째, 주어가 경험자이면서 동시에 피영향자가 이르는 목적지가 된다. 예로서, (76a)의 경우 주어는 your last name이 이르게 되는 목적지이다. 한편, 위 〈그림 5-e〉는 행위자와 목적지 사이의 점선을 통해 주어와 목적어가 동일한 개체임을 가리킨다. 다음은 행위자와 피영향자가 분리되지 않고, 이두 개념이 주어에 다 포함되어 있는 문장이다 (그림 5-e).

(77) a. **We** got there at eight.
         우리는 그 곳에 8시에 도착했다.

      b. When did **you** get here?
         너는 언제 여기에 왔니?

      c. **He** got about a great deal.
         그는 이곳저곳 많이 다닌다.

      d. When did **you** get back from the country?
         너는 시골에서 언제 돌아왔니?

위 문장에서 주어는 움직임을 계획하고 또 동시에 실행하여 움직이는 사람이다. 구체적으로 (77a)의 경우, we는 움직임을 계획하고 실제 움직이는 사람이다. A와 P 사이의 점선은 이들이 별개의 개체가 아니라 동일 개체임을 가리킨다.

지금까지 살펴본 get은 어느 개체가 장소이동을 하는 과정이다. 이러한 장소이동을 나타내는 관계는 어느 개체의 상태변화를 나타내는 예에도 확대 적용된다. 즉, 주어가 목적어에 힘을 가하여, 이 목적어가 한 상태에서 다른 상태로 옮아가게 하는 과정을 get이 나타낼 수 있다. 다음 〈그림 6〉과 (78)은 '상태는 장소이다'와 '상태변화는 장소이동이다'의 은유가 적용된 예이다.

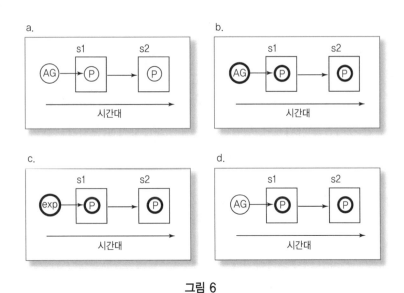

그림 6

(78) I can't get the car (**to go/going/gone**).
나는 그 차를 가게/가고 있게/가버리게 할 수가 없다.

(78)에서 주어 I가 the car에 영향을 주어서 괄호 안에 있는 상태에 이르게 하는 과정을 get이 나타낸다. to go는 자동차가 go의 과정을 시작하게 되는 상태를 나타내고, going은 자동차가 움직이는 과정 가운데 있음을 나타내고, gone은 자동차가 go가 나타내는 과정의 끝부분에 있음을 나타낸다.

다음에서는 목적어가 처하게 되는 새 상태를 형용사가 나타낸다.

(79) a. I must get the children **ready** for school.
      나는 아이들이 학교에 갈 준비를 해야 한다.

      b. I must get the breakfast **ready**.
      나는 아침을 준비해야 한다.

      c. He got his arm **sore**.
      그는 팔이 아프게 했다.

다음 문장에서는 행위자와 피영향자의 개념이 주어에 함께 들어있는 경우이다. 즉 어느 상태에 이르게 의도하는 개체와 이 상태에 이르는 개체는 같다.

(80) a. These women got **talking**.
      이 부인들이 말을 하기 시작했다.

      b. They soon got **to be** friends.
      그들은 곧 친구가 되었다.

      c. They got **drunk/tired/excited**.
      그들은 취했다/지쳤다/흥분했다.

      d. The food is getting **cold**.
      그 음식은 차가워지고 있다.

다음에서 주어는 사람에게 다가가서 영향을 준다.

(81) a. Her tears got me.
     그녀의 눈물이 나를 감동시켰다.

   b. It really got me.
     그것은 정말 나의 신경을 건드렸다.

   c. That gets me.
     저것이 나를 성가시게 한다.

(81)에서 get의 목적어는 목표인데, 이것은 사람이므로 감정적인 영향을 받는 것으로 풀이된다. 즉, 주어는 목적어와 접촉하면서 영향을 준다.

위에서 우리는 get이 장소이동을 나타내는 기본적인 과정을 설정하고, 이것이 어떻게 변이되는가를 살펴보았고, 또 나아가서 장소이동의 개념은 상태의 변화와 형판이 됨을 살펴보았다. 이러는 가운데 get의 뜻은 pull, push, drug, draw와 같이 뚜렷하지는 않으나 장소이동의 뜻이 분명히 존재함을 살펴보았다. 아래에서는 get이 전치사 및 전치부사와 쓰이는 예를 살펴보기로 하겠다.

1) get + 목적어 + 전치사

get의 기본의미는 장소이동이므로, 이 동사는 구절동사를 이루는 거의 모든 불변사와 함께 쓰임을 알 수가 있다. 다음에는 동사 get이 타동사로 쓰이면서 장소이동을 표시하는 전치사와 같이 쓰인 예를 살펴보겠다. 다음 문장에는 전치사 off와 out of가 쓰였는데 이들은 출발지를 나타낸다.

(82) a. They got their hands **off** the car.
     그들은 손을 차에서 떼었다.

   b. I can't get my boots **off** my swollen foot.
     나는 내 장화를 내 부은 발에서 벗길 수가 없다.

   c. His story is not original. He got it **out of** a book.
     그의 이야기는 독창적인 것이 아니다. 그는 그것을 어느 책에서 베꼈다.

d. You won't get much **out of** your book.
너는 많은 돈을 너의 책에서 벌 수 없을 것이다.

다음에 쓰인 전치사는 목적지를 나타낸다.

(83) a. He **got in** the car and drove away.
그는 그 차에 타고 가버렸다.

b. **Get on** my shoulder and a look over the fence.
내 어깨 위에 올라와서 그 울타리 너머로 한번 보아라.

c. The boy was unable to **get over**.
그 소년은 그 벽을 넘을 수가 없었다.

d. The fat man couldn't **get through** the door.
그 뚱뚱한 남자는 그 문을 지날 수가 없었다.

e. Where did you **get to**?
너는 어디에 도착했니?

(83)에 쓰인 전치사구는 주어가 움직여서 새로이 닿는 목적지를 나타낸다.
다음 두 문장을 비교하면, 동사 get은 장소이동뿐만 아니라 상태변화를
나타내는 데에도 쓰임을 알 수 있다. 다음을 살펴보자.

(84) a. He got **out of** the deep hole.
그는 그 깊은 구멍에서 나왔다.

b. He got **out of** the habit of smoking/debt/practice.
그는 담배 피우는 습관/빚/버릇에서 벗어났다.

(84a)에서 out of의 지표는 구체적인 장소이다. 그러나 (84b)에서 지표는
추상적인 개체이지만, 탄도체가 빠져있을 수 있는 것으로 생각되는 개체이
다. 다시 말하면, 습관이나 빚, 버릇은 개체로서 어느 그릇 속에 있는 것으
로 풀이된다. 다음도 마찬가지로, (85a)의 지표는 구체적이고, (85b)의 지표

는 추상적이다. 이것은 '상태는 그릇이다'의 은유가 적용된 예이다.

(85) a. He **got over** the wall/the road.
그는 그 벽/그 길을 넘어갔다.

b. He **got over** the trouble/the problem.
그는 그 어려움/그 문제를 극복했다.

(85a)의 지표는 구체적인 장소로서 주어탄도체가 이들 지표의 한쪽에서 다른 쪽으로 넘어간다. (85b)의 지표는 추상적이긴 하지만, 어려움·문제·벽·길과 같은 장애물로 관습적으로 개념화되는 개체이다.

2) get + 목적어 + 전치부사

위에서는 동사 get이 전치사와 쓰여서 구절동사를 이룰 때에도 동사와 전치사의 의미는 그대로 식별될 수 있음을 살펴보았다. 다음에는 get이 타동사로 쓰이며 전치부사와 함께 쓰인 예를 살펴보겠다.

(86) a. You'd better **get** the tree **down**.
너는 그 나무를 베어서 쓰러뜨리는 것이 좋겠다.

b. I knew this case is too small. I can't **get** all my clothes **in**.
나는 이 상자가 너무 작다는 것을 안다. 나는 내 옷을 그 속에 다 넣을 수가 없다.

c. The driver **got** the passengers **off**.
그 운전사는 그 손님들을 내려주었다.

d. I will **get** some clean sheets **out**.
나는 깨끗한 시트를 꺼내겠다.

e. You have to **get** the tree **up** by its root.
너는 그 나무를 뿌리째 뽑아 올려야 한다.

위 문장 (86)에 쓰인 전치부사는 전치사와는 달리 목적어가 없다. 그러나 우리는 세상지식이나 문맥에서 명시되지 않은 목적어를 추리해 낼 수 있다. (86a)에서는 중력에 의한 수직선이 down의 지표이다. 그래서 down은 주어가 나무에 힘을 가하여, 이 나무가 서있던 상태에서 넘어진 상태로 되게 한다. (86b)에서 in의 지표는 첫 문장에서 끌어낼 수 있다. 즉 상자가 in의 지표이다. (86c)에서 off의 지표는 운전사가 운전하는 버스와 같은 차량이 되겠다. (86d)에서 out의 지표는 이불이나 요를 넣어두는 장소가 되겠다. (86e)에서 up의 지표는 중력에 의한 수직선이 기준이 되고, 이것은 the tree가 땅속에서 땅위로 올라오는 과정과 그 결과를 나타낸다.

위에서는 비교적 구체적인 장소이동을 나타내는 구절동사의 예를 들어보았다. 그러나 어느 경우든지 좀더 추상적인 의미로 확대되어 쓰일 수 있다. 아래 (87)의 get down의 예를 들어보자.

(87) a. Did they **get** the enemy plane **down**?
      그들이 그 적군의 비행기를 추락시켰느냐?

   b. She **got down** every word he says.
      그녀는 그가 말하는 모든 낱말을 적었다.

   c. This wet weather is **getting** me **down**.
      이 습한 날씨가 나를 우울하게 하고 있다.

(87a)에서는 비행기가 공중에서 땅으로 내려오는 관계를 down이 나타낸다. (87b)에서는 소리를 타고 공중에 있는 말이 종이 위에 놓이게 되는 비유적인 과정을 down이 나타낸다. (87c)에서 me는 '나의 기분'을 뜻하고 이것은 기분이 수은주와 같이 위아래로 움직일 수 있는 것으로 비유된다. 위로 움직임은 기분이 좋아짐을 아래로 움직임은 기분이 나빠짐을 나타낸다. 여기서는 기분을 안좋게 한다는 의미이다.

다음 (88)에서는 get과 out이 쓰인다.

(88) a. I will **get** some money **out**.
　　　　나는 돈을 좀 꺼내야겠다.

　　　b. He **got out** a few words in spite of his fear.
　　　　그는 두려움에도 불구하고 몇 마디 말을 꺼내었다.

　　　c. We **got** two players **out**.
　　　　우리는 두 선수를 퇴장시켰다.

　　(88a)에서 get out은 은행과 같은 구체적인 장소에서 구체적인 돈을 꺼내는 과정을 나타낸다. (88b)에서 지표는 사람의 마음이고, 이 지표에서 나오는 것은 보다 추상적인 소리, 즉 낱말이다. (88c)에서 지표는 운동경기이고, 이러한 경기로부터 두 선수를 나오게 하는 과정을 get out이 나타낸다. 즉, 암시된 지표는 경기이고, 이 경기에서 누구를 나오게 한다는 것은 '선수들을 퇴장시키다' 라는 뜻을 가지고 있음을 알 수 있다.

　　다음에서는 get이 자동사로 쓰인 예를 살펴보기로 하자.

(89) a. **Get back**. The roof is falling.
　　　　뒤로 물러가거라. 그 지붕이 내려앉고 있다.

　　　b. The cat climbed the tree, but couldn't **get down**.
　　　　그 고양이는 그 나무에 올라갔으나, 내려오지 못했다.

　　　c. How many passengers **got out** at the last stop?
　　　　몇 명의 승객이 지난 버스 정류장에서 내렸나?

　　　d. I shall be glad to **get in**.
　　　　나는 들어가게 되면 기쁠 것이다.

　　　e. The plane **got off** safely.
　　　　그 비행기는 무사히 이륙했다.

　　　f. How can we **get over**? The traffic is so busy.
　　　　어떻게 건너갈 수 있을까? 교통이 너무 복잡하다.

　　　g. I tried to phone you, but I couldn't **get through**.
　　　　나는 너에게 전화를 하려고 노력했으나, 통화를 할 수 없었다.

h. The hill is so steep that the old car cannot **get up**.
이 언덕은 너무 가파르기 때문에 이 낡은 자동차는 올라갈 수가 없다.

동사 get의 기본적인 의미는 장소이동이므로, 위에서 볼 수 있는 바와 같이 모든 전치사나 전치부사와 자유로이 쓰일 수가 있다. 위에서 우리는 동사 get이 일반적이긴 하지만 이 동사에도 뜻이 있고, 또 이 뜻은 구절동사에도 있음을 살펴보았다. 이러한 주장은 get뿐만 아니라 모든 구절동사에도 그대로 적용될 수 있다.

4. 신조 구절동사

동사 가운데는 같은 전치부사와 쓰여서 비슷한 뜻을 나타내는 것이 있다. 그렇다면 이러한 동사 사이에는 어떤 의미상의 공통점이 있는가? 위에서 우리는 각각의 전치부사는 여러 개의 서로 관련된 뜻을 가지고 있음을 살펴보았다. 그러면 어떤 특정한 뜻을 갖는 전치부사와 결합되는 동사들 사이에는 어떤 의미상의 공통성이 있을 수 있는가? 다음과 같은 예를 살펴보면 그 대답은 자명한 것으로 보인다.

(90) a. bolt down, drink down, gulp down, swig down, swallow down
  b. beat up, mix up, shake up, stir up
  c. roll out, spread out, draw out
  d. give out, hand out, lend out, pass out, throw out

(90a)에서 down은 음식물이 아래로 내려가 있는 결과를 나타내고 down과 같이 쓰인 동사는 먹는 방법을 나타낸다. 그러므로 down이 가리키는 상태를 불러일으킬 수 있는 과정을 나타내는 동사는 down과 같이 쓰

인다고 볼 수 있다. (90b)에서 up은 어떤 개체가 들떠있는 상태를 가리키고, 동사들은 이러한 상태를 자아내는 과정을 나타낸다. (90c)에서 out은 어떤 개체가 원래보다 길어지거나 넓혀져 있는 상태를 나타내고, 동사들은 이러한 상태를 자아낸다. 그러나 여기에는 약간의 제약이 있는데, 주로 음운과 관련된 제약으로 보인다. 구절동사 구조에 쓰이는 동사는 주로 단음절 동사이다. 뜻이 거의 비슷한 동사의 경우 단음절은 전치부사와 자유롭게 쓰인다. 두 음절이나 그 이상의 음절로 된 동사는 구절동사에 잘 쓰이지 않는다.

(91) a. The general clouded/*confused **up** the issue.
그 장군은 그 문제를 모호하게 만들었다.

b. The chemist mixed/*combined **up** the solution.
그 화학자는 그 용액을 섞었다.

c. She will fix/*rectify **up** the error in the book.
그녀는 그 책의 잘못을 고칠 것이다.

위와 같은 제약이 있기는 하지만, 영어에 있는 구절동사는 그 수가 한정되어 있는 것이 아니라 언제나 새로운 것이 만들어 질 수 있다. 이러한 가능성은 현존하는 구절동사의 구성도식이 형판이 되어, 이 형판에 따라서 새로운 구절동사가 생겨나게 한다. 예로서, black out을 들어보자. 이것은 무엇을 검게 칠하여 보이던 것이 안보이게 되는 과정을 나타내는데, black은 이러한 과정을 나타내고, out은 이러한 상태변화의 결과를 나타낸다. 또 한 예로 white out은 무엇을 희게 칠하여 보이던 것이 안보이게 하는 과정과 그 결과를 나타낸다. 이러한 구체적인 실례가 이보다 추상적인 다음과 같은 도식을 만들 수 있는 바탕이 된다. 다음 〈그림 7-a〉와 〈그림 7-b〉는 구체적인 실례이고, 〈그림 7-c〉는 이러한 실례로부터 추출된 보다 추상적인 도식이다. 이 도식은 실례들에서 찾아 볼 수 있는 같은 점만 초점을 맞추고, 틀

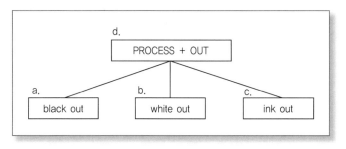

그림 7

린 점은 무시하여 얻어진 것이다.

위 〈그림 7-d〉와 같은 도식은 새로운 표현의 풀이나 인가에 쓰일 수 있다. 예로서 어느 간판에 적힌 글자를 누가 페인트를 칠해서 안보이게 했다고 하자. 이것을 표현하기 위해서 어느 화자는 paint out이라는 표현을 생각할 수 있다. 이 표현은 전에 쓰인 적이 없으므로 새로이 만든 표현이다. 그런데 이 표현이 위 그림의 도식과 일치된다고 생각되면 화자는 이 표현을 쓸 수 있을 것이다. 또 이러한 새 표현을 듣는 화자도 〈그림 7-d〉와 같은 도식이 언어지식의 일부가 되어 있으면 처음 듣는 표현이라도 이해할 수가 있을 것이다. 이러한 식으로 다음과 같은 표현도 생겨났을 것이다.

(92) chalk out, crayon out, ink out, paint out, pencil out 등

이러한 도식은 다른 전치부사에 대해서 마찬가지로 생각할 수 있다. 여기에서 또 down을 예로 들어보자. down의 한 의미는 자유롭게 움직이던 물건이 고정되어 있는 상태를 나타낸다. 그러므로 이러한 결과를 가져올 수 있는 동사는 down과 쓰일 수 있다.

(93) nail down, fasten down, bolt down, hold down, gum down, stick down 등

gum down이나 glue down과 같은 표현으로부터 아래 〈그림 8-d〉와 같은 도식을 추출할 수가 있다.

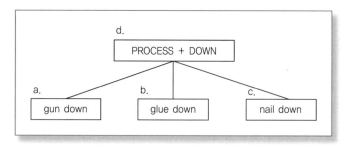

그림 8

위 〈그림 8-d〉와 같은 도식이 어느 화자가 갖는 언어지식의 일부가 되어 있으면, 그는 nail down, bolt down과 같은 표현을 필요하면 만들거나, 또 이것을 처음 듣게 되더라도 이해할 수 있을 것이다.

다음에서는 전치부사 over가 쓰인 예를 살펴보기로 하자. board over는 널빤지 같은 물건으로 다른 물건의 전체를 덮는 과정을 나타낸다. 이러한 실례나 이와 비슷한 실례는 다음과 같은 도식인 〈그림 9〉를 낳을 수 있다.

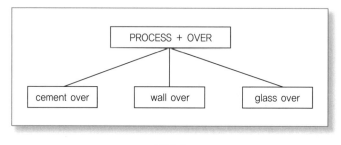

그림 9

위 〈그림 9〉와 같은 도식으로부터 화자는 다음과 같은 실례를 만들거나 이해할 수 있다.

(94) cement over, glass over, mortar over, wall over 등

위에서 살펴본 몇 가지 예에서, 영어가 모국어인 화자는 실례에서 어떤 구성도식을 뽑아내고, 이 구성도식을 써서 새로운 구절동사를 만들어 내거나 이해할 수 있음을 살펴보았다. 그러므로 구절동사는 그 수가 고정되어 있는 것이 아니라 필요에 의해 언제나 새로운 표현이 만들어질 수 있는 창의적인 면도 있다.

5. 의미의 고정화

두 요소가 결합되어 좀더 큰 단위를 이루게 되면, 이 큰 단위는 두 요소의 뜻만으로 풀이할 수 없는 특수한 뜻을 가지게 된다. 이러한 과정을 의미의 고정화라고 부르겠다. 다음 두 표현인 wheel-chair와 push-chair를 살펴보자. wheel-chair의 특징은 큰 바퀴가 달린 의자이다. 그러나 큰 바퀴가 달린 모든 의자가 wheel-chair는 아니다. 이런 낱말이 처음 생겨났을 때에는 바퀴가 달린 모든 의자를 이 낱말로 지시했을 수도 있다.

그러나 이 낱말의 지시는 좁아져서 오늘날에는 환자들이 쓰는 바퀴가 달린 의자에 국한된다. 그리고 push-chair는 미는 의자로서 아기들이 사용하는 의자를 가리키는 의미로 그 의미가 좁혀진다. 또 한 예로 trousers-suit의 뜻을 살펴보자. 이 낱말은 바지가 있는 양복을 가리킨다. 그러나 바지가 있는 모든 양복이 trousers-suit는 아니다. 이 옷은 여자가 입는 양복을 가리키는 데에 쓰인다.

명사유래 전성동사의 뜻에도 이러한 뜻의 특수화를 살펴볼 수 있다. 명

사 bag은 동사 bag으로도 쓰인다. 동사 bag으로 쓰일 때 이것은 '무엇(X)을 자루에 넣다'의 뜻이다. 그러나 이 때 X는 아무것이나 되는 것이 아니라 사냥물이나 노름판에서 딴 돈이라야 된다. bag이 명사로 쓰일 때 이 명사가 가리키는 물건에 들어갈 수 있는 것에는 제약이 없다. 그러나 bag이 동사로 쓰이면, 이 안에 들어갈 수 있는 물건에는 제약이 생긴다. 또다른 예로서 명사 corner는 동사 corner로도 쓰이는데, 동사로 쓰인 corner는 일반적으로 '누가 무엇을 구석에 몰아넣다'의 뜻이다. 하지만 실제로 이것은 '무엇이 도망을 가지 못하도록 구석에 몰아넣다'의 뜻으로 고정된다.

위에서 살펴본 의미의 고정화는 위에서 살펴본 복합명사나 전성어에서뿐만 아니라 파생어에서도 쉽게 찾아볼 수 있다. 어미 '-er'은 동사에 붙어서 어떤 행동을 하는 사람이나 어떤 행동을 하는 데 쓰이는 도구를 나타낸다. push와 '-er'로 이루어진 pusher의 의미를 살펴보면 다음과 같이 특수화되어 있다.

(a) a person who used every means and effort to gain success for himself
(b) a person who pushes unlawful drugs
(c) a small tool for pushing food onto spoon meals, used by a child who is too young to handle a knife and fork

위의 a와 b는 사람을 가리키나, 그 의미가 특수한 곳으로 가서 고정되어 있음을 알 수 있다. 즉 노력가나 마약을 억지로 파는 사람이 pusher이다. c의 의미는 도구를 가리키나, 음식을 미는 데 쓰이는 도구이다. 위에서 pusher는 그 지시가 특수한 상황에서 고정됨을 알 수 있다. 이러한 의미의 특수화는 몇 개의 예에 국한된 것이 아니고 looker, mover 등 거의 모든 파생어에서 찾아볼 수 있다.

구절동사도 예외일 수 없다. take X in 의 경우를 살펴보자. 이것이 구체적인 뜻을 나타낼 때에는 '누가 무엇(X)을 밖에서 안으로 가져오는 과정을 나타낸다.

(95) a. **Take** the washing **in**. It's raining.
그 빨래를 안으로 가져가라. 비가 온다.

b. When all letters have been opened, **take** them **into** the director.
그 편지를 모두 열어서 그 감독에게 가져가거라.

c. Please **take** the children **in**. It's too cold in here.
그 아이들을 데리고 들어가세요. 여기는 너무 추워요.

take in은 좀더 좁은 뜻으로 고정되어 쓰일 수 있다. 예로서 이 구절동사의 주어는 영리를 목적으로 어떤 일감이나 사람을 받아들이는 의미를 가질 수 있다. take in이 이러한 뜻으로 쓰이는 경우, 그 어순은 보다 덜 자유롭게 되는 경향이 있다. 뜻이 특수화되면 전치부사는 동사 바로 뒤의 위치로 굳어지는 경향이 있다. 그래서 문장 (96)에서 in은 동사 바로 다음에 나타나는 경향이 있다.

(96) a. Mrs. Gardner has **taken in** washing for many years now.
가드너 부인은 세탁물을 여러 해 동안 받아들이고 있다.

b. Some of the local **take in** students to add to their income.
그 지방 사람들 중 몇 명은 그들의 수입을 늘리기 위해서 하숙생을 받아들인다.

구절동사가 특정한 뜻으로 고정되어 쓰이게 되면, 의미는 물론 음운과 통사면에서 변화가 나타나는데 그 몇 가지는 다음과 같다. 다음은 그 중 음운변화의 한 예가 되겠다. 첫째, 자주 쓰이는 고정형에는 모음이 생략되는 경우가 있다.

(97) a. go on → gwan
      b. get up → gddap
      c. go away → gway

둘째, 자주 쓰이는 고정형에는 어미 '-ing'가 전치부사의 다음에 쓰이는 경우가 있다.

(98) a. going over the exercises → go overing the exercise
      b. setting aside the rule → set asiding the rule

이러한 과정에 의해서 생겨난 말로 doff (do off)와 don (do on)이 있다.

(99) a. do off → doff
      b. do on → don

동사면에서 고성화는 두 가시로 나타나는네, 첫째는 진치부사의 이동과 관계가 된다. 구절동사에 쓰인 동사와 전치부사의 뜻이 장소이동을 나타내는 경우에는 전치부사가 문장의 앞으로 이동될 수 있다.

(100) a. Down they sat.
           그들은 앉았다.
       b. Away he flew.
           그는 멀리 날아갔다.
       c. On they came.
           그들은 계속해서 왔다.

그러나 전치부사가 비유적으로 확대된 의미로 쓰이면 이동이 불가능하게 된다.

(101) a. He broke down → *Down he broke.
       b. He gave up → *Up he gave.

둘째, 구절동사가 비유적으로 확대되어 쓰이게 되면, 동사와 전치부사 사이에 삽입이 어렵게 된다. 다음 (102)에는 부사가 동사와 전치부사 사이에 들어올 수 있으나, (103)에는 그렇지 못하다. (102)에 쓰인 부사는 장소이동의 뜻을 나타내고, (103)에 쓰인 동사는 전치부사가 비유적으로 확대되어 쓰이고 있다.

(102) a. They clattered **noisily** on.
          그들은 시끄럽게 소리를 내면서 계속해서 움직였다.

       b. The cat purred **contentedly** away.
          그 고양이는 만족스럽게 계속해서 가르렁 거리는 소리를 내었다.

       c. The troops marched **briskly** in.
          그 군대는 활발하게 행군을 하면서 들어갔다.

       d. The plane soared **thunderously** off.
          그 비행기는 천둥 같은 소리를 내면서 이륙했다.

(103) a. *He caught **quickly** on. (understand)
          그는 빨리 이해했다.

       b. *The troops fell **briskly** in. (form ranks)
          군대는 활발하게 대열을 지었다.

       c. *The plane took **thunderously** off.
          그 비행기는 천둥 같은 소리를 내면서 이륙했다.

구절동사에 쓰인 동사가 타동사일 때에도 비슷한 결과를 볼 수가 있다.

(104)에서는 구절동사가 구체적인 장소이동의 뜻을 나타내고, (105)에서는 이들이 비유적인 뜻으로 쓰였다. 일반 부사는 동사와 전치사 사이에 (104)에서는 쓰일 수 있으나, (105)에서는 쓰일 수 없다.

(104) a. The money he gave **happily** away.
       그 돈은 그가 기분 좋게 주어버렸다.

       b. The problem he thought **steadily** through.
       그 문제는 그가 끈질기게 곰곰이 생각했다.

(105) a. *The subject he brought **angrily** up.
       그 문제는 그가 성이 나서 제기했다.

       b. *The information he handed **gladly** over.
       그 정보는 그가 기꺼이 건내 주었다.

       c. *The form they filled quickly out.
       그 서식을 그가 빨리 메꾸었다.

구절동사의 고정화가 최대로 진행되면, 전치부사가 동사 바로 뒷자리에서만 나타난다.

(106) a. He put **up** a good fight.
       그는 멋진 싸움을 한판 벌였다.
       (cf. *He put a good fight **up**.)

       b. He let **out** a yell.
       그는 큰소리를 한번 질렀다.
       (cf. *He let a yell **out**.)

어느 구절동사가 장소이동의 뜻과 비유적으로 확장된 뜻 두 가지 모두로 쓰일 수 있을 때, 전치부사가 동사의 바로 다음에 오면 비유적인 뜻으로 풀이되는 경향이 있다.

(107) a. They cut **short** the conversation.
       그들은 대화를 중단했다.

    b. They cut the stick **short**.
       그들은 그 막대기를 짧게 잘랐다.

(108) a. Why did the manager let **off** this employee?
       왜 그 지배인은 이 고용인을 해고했는가?

    b. Why did the manager let this employee **off**?
       왜 그 지배인은 그 고용인을 쉬게 했는가?

(109) a. They covered the body **up**.
       그들은 몸을 완전히 감쌌다.

    b. They covered **up** the crime.
       그들은 그 범죄를 감추었다.

그러나 모든 구절동사가 위와 같이 행동하는 것은 아니다. 다음에 쓰인 구절동사는 직설과 비유 양쪽으로 다 쓰이나 전치부사가 나타나는 위치에는 제약이 없다.

(110) a. He heaved his breakfast **up**.
       그는 아침을 토했다.

    b. He heaved **up** his breakfast.
       그는 아침밥을 토했다.

(111) a. He heaved **up** the load of coal.
       그는 석탄 한 바리를 끌어 올렸다.

    b. He heaved the load of coal **up**.
       그는 석탄 한 바리를 끌어 올렸다.

6. 두 개 이상의 불변사

다음에서 볼 수 있는 바와 같이 두 개 이상의 전치부사가 쓰이는 구절동사도 있다.

(112) a. We hurried on through.
　　　　우리는 계속해서 (~을) 통해 빨리 갔다.

　　　b. The cat crawled back in under.
　　　　그 고양이는 되돌아 안으로 들어와서 (~의) 밑으로 기어갔다.

　　　c. Come on back up over.
　　　　계속해서 뒤로 와서 위로 건너와라.

(112b)에서 back은 고양이가 처음 왔던 길과 반대되는 방향을 나타내고, in은 고양이가 어떤 구역 안에 들어옴을 나타내고, under는 그 안에 있는 어떤 물건의 아래에 있게 됨을 나타낸다. 이렇게 보면 여러 개의 전치부사의 순서는 이론상 다음과 같이 여러 가지가 있을 수 있다.

(113) a. Come **back up through** over.
　　　　뒤로 돌아 올라와서 (무엇을) 지나 건너와라.

　　　b. Come **back through up over**.
　　　　뒤로 돌아 (무엇을) 지나 위로 와서 건너와라.

　　　c. Come **back through over up**.
　　　　뒤로 돌아 (무엇을) 지나 (무엇을) 건너서 위로 와라.

(113a)의 경우, 청자는 오던 길을 뒤돌아서 밑에서 위로 올라와서 어떤 장애물 속을 지나서 또 다시 어떤 장애물을 건너와야 한다. (113b)에서 청자는 먼저 방향을 바꾸고, 장애물을 지나서 아래쪽에서 위쪽으로 오르면서 무엇을 넘어와야 한다.

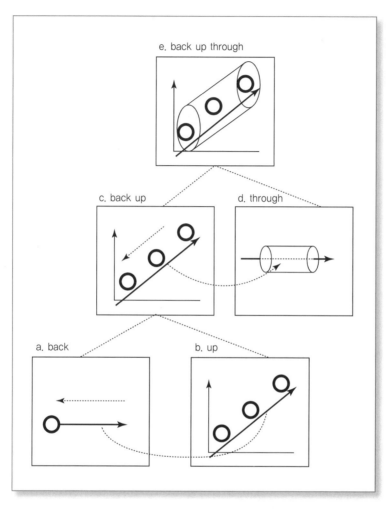

그림 10

　다음에서와 같이 두 개의 전치부사가 한 개체의 서로 다른 상태를 나타낼 수 있다. 어느 개체가 서로 다른 상태에 동시에 존재할 수 없는 것으로 생각되면 문법에 맞지 않게 된다.

(114) a. *They broke **down** the door **out**.

b. *We cut the line **away off**.

c. *He chopped **up off** the limb.

(114a)에서 down은 문이 서있던 상태에서 떨어져 있는 상태에 있음을 나타내고, out은 문 바깥에 떨어져 있는 상태를 나타낸다. 그러므로 문이 동시에 두 가지의 상태를 가질 수가 없다. (114b)에서는 선을 어디에서 잘라내어서 던져버리고 (away) 잘라내었다는 (off) 뜻이 한꺼번에 다른 전치부사로 표현되어 무리이다.

전치부사는 다음에서와 같이 접속사 and로 연결될 수 있다. 이것은 두 가지의 종류로 나누어 볼 수 있는데, 하나는 다음과 같이 사건의 순서를 나타낸다.

(115) a. They came **up** and **out**.
그들은 위로 그리고 밖으로 나왔다.

b. They walked **out** and **away**.
그들은 밖으로 나와서 멀리 걸어갔다.

c. They climbed **over** and **down**.
그들은 기어서 건너와서 내려갔다.

또 다른 하나는 다음 (116)과 같이 중복을 강조하는 데 쓰인다.

(116) a. He wrote it **over and over**.
그들은 그것을 반복해서 썼다.

b. They went **on and on**.
그들은 계속해서 갔다.

c. It soaked them **through and through**.
그것은 그들을 속속들이 적시었다.

d. The bird flew **up and up**.
   그 새는 위로 위로 날아올랐다.

e. It fell **down**, **down**, **down**.
   그것은 아래로 아래로 떨어졌다.

f. They flew **away and away**.
   그들은 멀리 멀리 날아갔다.

g. She ran **in and out** all day.
   그녀는 온종일 들락날락 뛰었다.

두 개의 전치부사가 어느 직접목적어와 관련하여 쓰이면, 이들 전치부사는 같은 장소에 나타나는 경향이 있다. (117a)에서는 두 전치부사가 서로 곁에 있어서 문법에 맞으나, (117b)에서는 이들이 떨어져 있어서 비문이 된다.

(117) a. I tried to push **back in** the catch-bolt.
         나는 그 빗장을 뒤로 돌려서 안으로 밀었다.

      b. *I tried to push **back** the catch-bolt **in**.

(118) a. Bring **on over** your friend.
         너의 친구를 데리고 건너오너라.

      b. *Bring **on** your friend **over**.

(119) a. They brought **back home** the children.
         그들은 아이들을 도로 집으로 데리고 왔다.

      b. *They brought **back** the children **home**.

이 장에서 우리는 구절동사의 일반적 특성을 살펴보았다. 구절동사의 구성성분이 되는 동사 가운데는 그 뜻이 비교적 분명한 것도 있고 그렇지 않은 것도 있다. 뜻이 분명하지 않는 동사의 예로 get을 살펴보았다. 이 동사는 그 뜻이 매우 도식적이기는 하지만 그래도 장소이동의 뜻을 가지고 있음을 밝혀내었다. 또 전치부사의 경우에도, 각각의 전치부사는 공간 속의 이동과 그 결과를 나타내는 뜻이 있고 이러한 뜻은 상태변화를 나타내는 형판이 됨을 살펴보았다. 이러한 분석에 비추어보면, 구절동사는 그 뜻을 성분구조로부터 어느 정도는 예측할 수 있음을 알 수 있다. 완전한 예측이 불가능한 이유는 구절동사의 뜻은 일반규칙으로 예측할 수 있는 것보다 특수한 뜻을 갖는 경우도 있기 때문이다. 그렇다고 하여, 구절동사가 생산성이 전혀 없는 표현은 아니다. 필요에 따라서 새로운 구절동사가 생겨날 수 있기 때문이다.

제 **3** 장

전치사와 전치사적 부사의 의미

제3장
전치사와 전치사적 부사의 의미

구절동사에 쓰이는 불변사는 뜻이 없는 것으로 풀이되지만, 이들에는 뜻이 있으며 나아가서 이들은 거의 모두 다의어이다. 이러한 점은 사전에서 어느 불변사의 뜻을 살펴보더라도 곧 드러난다. 예를 들어, 불변사 사전에서 불변사 up의 뜻을 찾아보면 크게 11가지가 실려 있다. 사전의 종류나 크기에 따라서 그 뜻은 더 많이 나타날 수 있다. 그러나 사전에는 뜻과 뜻 사이의 관련성은 드러나지 않는다. 따라서 이 장에서는 불변사 on과 off를 분석하면서 각각의 불변사는 뜻이 있고 여러 가지 뜻과 뜻 사이에는 관련성이 있어서 의미망을 형성한다는 것을 보여주려 한다.

1. 불변사 on의 의미

on은 관계어로서 두 개체 (탄도체와 지표)를 갖는다. on의 관계에서 이 두 개체는 서로 떨어져 있던 상태에서 접촉되는 상태에 이르게 된다. 접촉 상태의 원형적 관계는 탄도체가 지표의 위에 닿아 있는 관계이다. 이것을 그림으로 나타내면 다음과 같다.

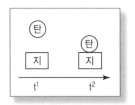 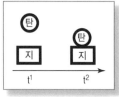 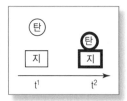

그림 1

어느 시점 t¹에서 탄도체와 지표는 떨어져 있다가 다른 시점 t²에서 닿아 있게 된다. 동사에 따라서 위 과정 전체가 부각되기도 하고 마지막 결과부분만 부각되기도 한다.

on은 전치사로도 쓰이고 전치부사로도 쓰이는데 먼저 전치사 용법부터 살펴보자. 전치사 on의 기본 의미는 어느 개체(탄도체)가 지표에서 떨어져 있다가 붙거나 연결되는 관계를 나타낸다.

1) 전치사적 용법

on이 전치사로 쓰일 때는 공간관계, 이것이 비유적으로 확대된 상호작용 관계, 그리고 시간관계를 나타내는데 이들을 차례로 살펴보자.

(1) 공간관계

탄도체가 지표의 위에 닿아 있는 〈그림 2-a〉가 나타내는 on의 관계는 원형적이다. 한편 이 원형에는 이에서 어느 정도 벗어나는 변이형이 있는데 탄도체가 지표의 위가 아니라 옆이나 밑에 있는 경우가 그것이다. 이러한 on의 관계는 〈그림 2〉와 같이 볼 수 있으며 다음에 나오는 예문을 통해 자세히 살펴보기로 하자.

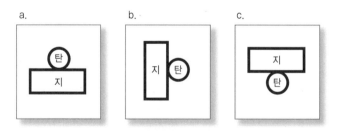

그림 2 공간관계에서의 on의 의미

다음에서 탄도체는 지표 위에 닿아 있다.

(1) a. The lid is **on** the box.
그 뚜껑이 그 상자에 붙어 있다.

b. There is a lamp **on** the table.
램프 하나가 그 식탁 위에 있다.

c. There is a lot of snow **on** the street.
많은 눈이 그 길 위에 있다.

다음에서 탄도체는 지표의 옆에 붙어 있다.

(2) a. Some pictures were **on** the wall.
몇 개의 그림이 그 벽에 걸려 있었다.

b. There is a large handle **on** the door.
큰 손잡이가 그 문에 붙어 있다.

다음에서 탄도체는 지표의 밑에 붙어 있다.

(3) a. There is a fly **on** the ceiling.
파리 한 마리가 그 천정에 붙어 있다.

b. Many apples are **on** the tree.
많은 사과가 그 나무에 달려 있다.

다음에서 탄도체는 지표의 수평면 옆에 닿아 있다.

(4) a. The school is **on** Wisconsin Avenue.
그 학교는 위스콘신 가에 있다.

b. The house is **on** the lake.
그 집은 그 호수에 접해 있다.

다음에서 지표는 선으로 생각될 수 있는 개체이다.

(5) a. The sun is **on** the horizon.
태양이 그 지평선 위에 있다.

b. The village is **on** the border.
그 마을은 그 국경선에 접해 있다.

위에서 살펴본 바와 같이 지표는 지표의 위나 옆에 닿아 있을 수 있으므로 다음과 같은 문장은 적어도 두 가지로 풀이될 수 있다.

(6) They live **on** the river.
a. 그들은 그 강 위에 산다.
b. 그들은 강과 연한 곳에서 산다.

(6)에서 풀이a는 그들이 사는 집이 강 위에 있는 관계이고, 풀이b는 그들의 집이 강과 연한 곳에 있는 관계이다.

위에서 살펴본 예에서는 탄도체와 지표가 별개의 개체이다. 그러나 다음에서는 탄도체가 지표로부터 분리될 수 없으나 분리될 수 있는 것으로 개념화되어 있다.

(7) a. There is a scar **on** his face.
그의 얼굴에 상처가 있다.

b. There are lines **on** his forehead.
그의 이마에 주름살이 있다.

c. **On** his face was a happy smile.
그의 얼굴에 행복한 미소가 있었다.

다음에서는 지표가 수송매체이고, 누군가 어떤 수송매체를 타면, 그가 그 매체에 닿아 있게 된다는 점에 초점이 주어져서 on이 쓰인다.

(8) a. There were not any passengers **on** the bus.
     승객이 한 명도 그 버스에 없었다.

   b. We travelled **on** the train.
      우리는 기차를 타고 여행했다.

   c. We stayed **on** the ship overnight.
      우리는 그 배에서 하룻밤을 지냈다.

다음에서 지표는 움직임 (과정)과 관계가 있는 낱말이다. 이 표현들은 '과정은 개체이다'의 은유가 적용된 예로 어느 개체나 사람이 이러한 지표와 연결되어 있다는 것은 이 개체가 움직이고 있다는 뜻으로 풀이된다.

(9) a. The enemy are **on** the move again.
     그 적들이 다시 움직이고 있다.

   b. The army is **on** the march.
      그 군대가 행군을 하고 있다.

   c. She is **on** a trip to America.
      그녀는 미국 여행중이다.

다음에서는 지표가 구체적인 물건이 아니라 추상적인 과정을 가리키는데, 어느 사람이 이러한 과정과 연결되어 있다는 것은 그 사람이 이러한 과정을 하는 것으로 풀이된다.

(10) a. They are **on** strike.
      그들은 파업중이다.

    b. They are **on** duty.
       그들은 근무중이다.

    c. He is **on** vacation.
       그는 휴가중이다.

    d. The picture is **on** show.
       그 그림은 전시중이다.

다음에 쓰인 동사는 상태가 아닌 과정을 나타내고, 탄도체는 어떤 과정을 거쳐서 on이 나타내는 관계를 가지게 된다.

(11) a. What time do you come **on** duty?
      당신은 언제 근무합니까?

    b. When do you go **on** holiday?
      당신은 언제 휴가를 떠나십니까?

    c. I go **on** duty in half an hour.
      나는 30분 후에 일을 시작한다.

    d. The theatre company has decided to take three plays **on** tour.
      그 극단은 세 개의 연극을 순회공연하기로 결정했다.

다음 탄도체는 어떤 과정을 거치고 나서 on의 관계를 가지게 된다.

(12) a. Most of the guests arrived by car, but Jane came **on** her horse!
      대부분의 손님들은 차를 타고 왔으나, 제인은 그녀의 말을 타고 왔다.

    b. Get **on** my shoulders and have a look over the fence.
      내 어깨에 올라타고 담장 너머를 살펴보아라.

    c. The children want to go **on** the wooden horses.
      그 아이들은 그 목마를 타고 싶어한다.

    d. The big meat dish goes **on** the highest shelf.
      그 큰 고기 요리는 가장 높은 선반 위에 있다.

    e. If we keep **on** our way for another hour we should reach the
      village.
      한 시간 더 가면, 우리는 마을에 도착하게 될 것이다.

다음 주어는 목적어를 움직여서 on의 지표와 접촉하게 한다.

(13) a. I can't get the lid **on** this box, come and help me!
　　 나는 그 뚜껑을 이 상자에 덮을 수가 없어요. 와서 도와줘요.

　　 b. Put the plates gently **on** the table, they are very delicate.
　　 그 접시들을 조심스럽게 그 탁자 위에 놓아주세요. 그것들은 매우 깨
　　 지기 쉽거든요.

보는 과정은 시선이 물체에 가 닿는 것으로 개념화된다.

(14) a. I came **on** this old photograph in the back of the drawer.
　　 나는 이 오래된 사진을 서랍 뒤쪽에서 우연히 발견했다.

　　 b. Fear came **upon** him as he stood in the empty house.
　　 그가 그 빈 집에 서 있을 때 두려움이 그를 사로잡았다.

　　 c. She looked back **on** their relationship with deep feelings of
　　 regret.
　　 그녀는 그들의 관계를 깊은 후회를 가지고 되돌아보았다.

무엇을 보는 과정은 시선이 대상에 가서 닿는 과정으로 개념화될 수 있
기 때문에 on이 쓰인다.

(15) a. They look down **on** her because she is poor.
　　 그들은 그녀가 가난하다고 깔본다.

　　 b. I always look **upon** Mary as a good pianist.
　　 나는 늘 메리를 훌륭한 피아노 연주가로 본다.

　　 c. He struck **on** a way of making diamond.
　　 그는 다이어몬드 만드는 법을 발견하였다.

　　 d. They hit **upon** a good solution.
　　 그들은 좋은 해결책을 찾았다.

e. The two policemen just looked **on**.
그 두 경관은 보고 있기만 했다.

다음과 같이 탄도체가 지표와 연결되어 있는 관계에서 지표는 탄도체의
원인으로 풀이될 수 있다.

(16) a. We congratulated her **on** her success.
우리는 그녀를 성공과 관련하여 축하했다.

b. He prides himself **on** his good French.
그는 자신을 불어를 잘 하는 것으로 자랑한다.

c. Last year the company lost **on** its motorcycles.
지난해에 그 회사는 오토바이로 손해를 보았다.

(16a)에서 on은 축하와 성공이 연결되어 있음을, (16b)에서는 자랑과 훌
륭한 불어가, 그리고 (16c)에서는 회사의 손실과 오토바이가 각각 연결되
어 있음을 나타낸다.

다음에서 on은 어떤 활동이 지표와 연결되어 있음을 나타내는데, 이 때
지표는 도구로 풀이된다.

(17) a. We had very good talks **on** the radio.
우리는 좋은 얘기들을 그 라디오를 통해 들었다.

b. John is going to play this music **on** the violin.
존은 이 음악을 그 바이올린으로 연주할 예정이다.

c. Is there anything interesting **on** television?
재밌는 무엇이 텔레비전에 있어요?

(2) 상호작용 관계

[탄도체 on 지표]의 원형적인 관계는 탄도체가 지표의 위에 있는 것이

다. 이러한 관계가 유지되기 위해서 탄도체는 아래로 지표에 힘을 가하고 지표는 위로 탄도체를 떠받치는 힘이 작용해야 한다. 이러한 관계는 탄도체가 지표에 의존하거나 영향을 미치는 관계로 확대되는데 〈그림 3〉을 통해 살펴볼 수 있다. 이러한 관계를 예문을 통해 살펴보자.

  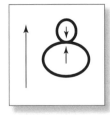

그림 3

① 의존관계

다음에서 주어는 전치사 on의 지표에 의존한다.

(18) a. The dogs live **on** bread and water.
그 개들은 빵과 물을 먹고 산다.

b. She lives **on** a few dollars a day.
그녀는 몇 달러를 가지고 하루를 산다.

c. I don't go **on** his idea; I think it's dangerous.
나는 그의 생각을 좋아하지 않는다; 나는 그것이 위험하다고 생각한다.

d. You can't go **on** what he says, he's very untrustworthy.
너는 그가 말하는 것으로 판단해서는 안 된다. 그는 매우 신용이 없는 사람이다.

e. The doctor says that Mother has to go **on** this special new drug for her heart.
의사는 어머니가 그녀의 심장을 위해 이 특별한 새로운 약을 복용해야 한다고 말한다.

② 영향관계

위에서는 지표가 탄도체를 떠받치는 관계가 부각되는 한편, 다음에서는 탄도체가 지표에 영향을 주는 관계가 부각된다.

(19) a. She shut the door **on** him.
         그녀는 그 문을 그에게 닫았다.

      b. She walked out **on** him.
         그녀는 그를 버리고 나갔다.

      c. She smiled **on** the children.
         그녀는 미소를 그 아이들에게 지었다.

(19a)는 두 가지의 풀이가 가능하다. 하나는 그녀가 문을 닫고, 닫히는 문이 그에게 닿게 되는 풀이이고, 다른 하나는 실제 문은 그에게 닿지 않았으나, 그녀가 문을 닫음으로써 그의 기분에 영향을 주는 관계이다. (19b)도 두 가지의 풀이가 가능하나 좀더 추상적인 풀이가 보통이다. 즉 그녀가 어느 남자를 버림으로써 남자가 영향을 받는 관계인 것이다.

(3) 시간관계

지금까지 우리는 on의 공간관계와 상호작용 관계를 살펴보았다. on은 공간관계와 상호작용 관계뿐만 아니라 시간관계를 나타내는 데에도 쓰인다. 다음에서는 어떤 활동이나 사건이 어느 특정한 날짜에 붙어 있음을 on이 나타내고 있다.

(20) a. They arrived **on** Monday.
         그들은 월요일에 도착했다.

      b. He was born **on** the 11th of May.
         그는 5월 11일에 태어났다.

      c. Your birthday falls **on** a Tuesday this year.
         너의 생일은 올해에 화요일이다.

(20a)에서 그들의 도착이 월요일의 어느 한 부분과 연결되어 있음을 on 이 나타내고, (20b)에서도 그의 탄생이 5월 11일의 어느 부분과 연결되어 있음을 on이 나타낸다. 이 표현들은 '시간은 공간이다' 의 은유가 적용된 예 이다.

다음에서는 두 사건이 서로 맞닿아서 그 사이에 틈이 없음을 on이 나타 내고 있다.

(21) a. **On** hearing the news, he shouted with joy.
그 소식을 듣자, 그는 기쁨의 환성을 질렀다.

b. **On** arriving at the station, he looked for a taxi.
그는 그 역에 도착하자마자 택시를 찾았다.

위의 표현은 '시간은 개체이다' 의 은유가 적용된 예이다. 물체에 앞뒤 가 있듯이 사건에도 시작과 끝이 있다. 한 사건의 끝이 다음 사건의 시작과 접해있는 관계를 on이 나타낸다. (21a)에서 소식을 듣는 일과 환호성을 지 르는 일이 시간적 틈이 없이 이어서 일어남을 on이 나타낸다. on이 나타내 는 시간관계는 〈그림 4〉와 같이 나타낼 수 있다.

〈그림 4-a〉에서 사건은 개체로 월요일과 같은 시간은 공간으로 개념화 된다. 그래서 개체가 공간에 닿아 있는 것으로 개념화된다. 〈그림 4-b〉에서 는 한 사건의 끝이 다음 사건의 시작과 닿아 있다.

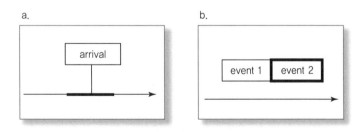

그림 4

(4) 특정 동사와의 쓰임

위에서는 on의 원형적인 의미가 어떻게 확대되어 쓰이는가를 살펴보았
다. 아래에서는 특정한 동사와 on이 결합될 때 어떤 뜻을 나타내는가를 살
펴보겠다.

다음에서는 동사 come이 on과 쓰인다.

(22) a. I **came upon** this picture in a drawer.
          나는 이 사진을 어느 서랍에서 우연히 찾게 되었다.

       b. The enemy **came upon** the town by night.
          그 적은 그 읍내를 밤을 타서 공격했다.

       c. Suddenly it **came on** me where I left my camera.
          내가 카메라를 어디에 두었는지 갑자기 떠올랐다.

(22a)에서는 나의 시선이 그림에 닿게 되는 관계를, (22b)에서는 적이 어
느 읍내에 닿아서 읍내가 영향을 받는 관계를, 그리고 (22c)에서는 어떤 생
각이 어느 사람에게 와 닿는 관계를 on이 나타낸다.

다음에서는 on이 동사 fall과 쓰인다.

(23) a. He **fell on** his face.
          그는 앞으로 넘어져서 얼굴이 땅에 닿았다.

       b. Darkness **fell on** the village.
          어둠이 그 마을에 덮혔다.

       c. The soldiers **fell on** the enemy.
          그 군인들이 그 적들에 덮쳤다.

       d. The cost of the wedding **fell on** Mary's father.
          결혼비용이 메리의 아버지에게 지어졌다.

(23a)에서는 넘어져서 땅과 접촉되는 부분이 얼굴임을 on이 나타낸다.

(23b)에서 on은 어둠이 마을에 와 닿는 공간관계를 나타내고, (23c)와 (23d)에서는 on의 지표가 영향을 받는 관계를 나타낸다.

2) 전치부사 용법

[탄도체 on 지표]에서 지표가 표현되지 않는 경우에 on은 전치부사로 분류된다. 지표가 쓰이지 않는 것은 화자의 판단에 그가 지표를 명시하지 않더라도 그것의 정체를 청자가 쉽게 파악할 수 있다고 판단하기 때문이다. 전치사와 전치부사는 〈그림 5〉와 같이 나타낼 수 있다. 전치사의 경우 지표가 부각되어 있으나 부사의 경우에는 지표가 부각되지 않고 배경에 있다. 이것은 점선으로 표시된다.

다음에서는 on이 be 동사와 같이 쓰였다. Be 동사는 상태동사이므로 on의 마지막 상태와 양립한다.

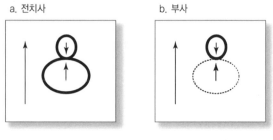

그림 5

(24) a. You've **been on** for a few minutes, you will find it easier to keep balance on the horse.
    너는 몇 분 정도 타고 있으면, 그 말 위에서 균형을 잡기가 더 쉬움을 알게 될 것이다.

   b. The policeman must **be on** from midnight to five o'clock.
    그 순경은 밤 12시부터 5시까지 근무해야 한다.

c. The water **is on**.

그 물이 나온다.

d. The lights **are on**.

그 불들이 켜져 있다.

(24)에서 생략된 지표는 다음과 같다; (24a)에서는 말이고, (24b)에서는 근무이고, (24c)에서는 물의 근원이며 (24d)에서는 전기의 근원이다.

다음 주어는 계획표나 무대가 활동무대에 올려져 있다.

(25) a. This magazine tells us what'**s on** in town this week.

이 잡지는 우리에게 이번 주에 이 도시에서 일어나고 있는 일을 알려준다.

b. Who'**s on** next?

누가 다음에 올라갈 차례지?

c. I was so nervous when I **went on**.

나는 무대에 섰을 때 매우 긴장했다.

d. What do you **have on** this Sunday?

당신은 오는 일요일에 무엇을 계획하고 있나요?

e. When does his case **come on**?

언제 그의 소송이 있습니까?

다음 주어는 목적어를 전원이나 수원과 연결시킨다.

(26) a. He **turned** the water **on**.

그는 물을 틀었다.

b. Please **put** the light **on**, it's getting dark.

불을 켜 주세요. 어두워지고 있습니다.

c. It's expensive to **leave** the electric light **on** all day.

밤새 불을 켜 놓는 것은 비용이 많이 든다.

다음 주어는 수원이나 전원과 연결되는 한편 자동사이기도 하다.

(27) a. Just as I entered the house, all the lights **came on**.
      내가 그 집에 들어가자마자, 모든 전등이 켜졌다.

   b. The street lights **go on** when it gets dark, and go off at midnight.
      그 가로등들은 어두워지면 켜졌다가 자정이 되면 꺼진다.

다음 주어는 목적어를 무대에 올려놓는다.

(28) a. They are **putting on** a new production of 'Romeo and Juliet'.
      그들은 로미오와 줄리엣의 새 공연을 무대에 올리고 있다.

   b. The school always **puts on** a concert in the week before Christmas.
      그 학교는 언제나 크리스마스 전 주에 음악회를 연다.

   c. I'm **putting** you **on** next; are you ready?
      나는 너를 다음에 등장시킨다. 준비되었나?

2. 개별동사와의 쓰임

1) 동사 put

다음에서 on은 동사 put과 같이 쓰였다. 이 동사는 장소이동을 나타내므로 on의 전 과정이 부각된다.

(29) a. I can't **put** the lid **on**; The box is too full.
      나는 그 뚜껑을 닫을 수가 없다; 그 상자는 너무 꽉 찼다.

   b. He **put** his hat **on** hurriedly and went out of the room.
      그는 모자를 급히 쓰고 그 방을 나갔다.

c. I will **put** the dinner **on** now so that it will be ready when you get home.

나는 저녁을 지금 올려놓겠다. 그러면 네가 집에 오면 저녁이 준비되어 있을 것이다.

d. I have **put on** a pound since last month.

나는 지난 달 이후 몸무게가 1파운드 늘었다.

e. The school will **put** a concert **on**.

그 학교는 음악회를 열 것이다.

(29)에 표현된 지표를 추리해보자. (29a)에서는 상자이고, (29b)에서는 머리이고, (29c)에서는 스토브 등의 전열기이고, (29d)에서는 체중이고, (29e)에서는 무대이다.

2) 동사 take

다음에서는 on이 동사 take와 같이 쓰였다.

(30) a. Each passenger is to **take on** one small suitcase.

각 승객은 작은 옷가방 하나를 가지고 타기로 되어 있다.

b. When you get to the town, another bus will **take** you **on**.

당신이 그 읍내에 도착하면, 다른 버스가 당신을 태울 것입니다.

c. The train stops here to **take on** water.

그 기차는 여기서 물을 싣기 위해서 쉽니다.

d. I think you have **taken on** as much work as you can do this year.

나는 네가 올해 할 수 있는 만큼의 일을 맡았다고 생각한다.

e. The factory has to **take on** 10 more workers to finish the work.

그 공장은 그 일을 끝내기 위해서 10명의 노동자를 더 고용해야 한다.

f. It was brave of him to **take on** a man stronger than he.

그가 자신보다 더 강한 사람을 적수로 맞아들인 것은 용감한 것이었다.

g. These insects can **take on** the color of their background.
이 곤충들은 그들 주위의 색깔을 띨 수 있다.

(30)에 쓰인 Y의 성질을 살펴보자. (30a)에서는 지표가 비행기나 그 밖의 수송매체가 되고, (30b)에서는 bus, (30c)에서는 train, (30d)에서는 you, (30e)에서는 factory, (30f)에서는 he 그리고, (30g)에서는 insects가 된다.

3) 동사 turn

다음에서는 on이 동사 turn과 같이 쓰였다.

(31) a. Please **turn** the light **on**.
       그 불을 좀 켜주십시오.

      b. She **turned on** a bright smile to fool her family.
         그녀는 그녀의 가족을 속이기 위해서 환한 미소를 지었다.

(31)에 암시된 지표를 살펴보면, (31a)에서는 전원이 되고, (31b)에서는 그녀의 얼굴이 된다.

4) 자동사

다음에서는 on이 자동사와 같이 쓰여서 '계속' 의 의미를 나타낸다.

(32) a. **Go on**! Don't stop here.
       계속해서 가거라! 여기서 멈추지 마라.

      b. He **read on** late into the night.
         그는 계속해서 밤늦게까지 책을 읽었다.

      c. She **slept** peacefully **on**.
         그녀는 계속해서 평화롭게 잤다.

'계속' 은 크게 두 가지의 뜻으로 풀이된다. 하나는 그칠 예정이나 그치지 않고 끊임이 없이 어떤 행동이나 과정이 계속되는(continuous) 풀이이고, 다른 하나의 풀이는 끊임이 있은 다음 이어서 계속되는 과정이다(continual). on이 나타내는 계속은 두 풀이 모두에 해당된다. 이에 비추어 32에 쓰인 '계속' 의 뜻을 살펴보자. (32a)에서는 누가 어디까지 와서 그 자리에서 쉬기로 되어 있으나 쉬지 않고 계속해서 가는 풀이와 쉬었다가 다시 이어서 가는 풀이 두 가지가 있다. (32b)에서도 독서를 하다가 중단이 예정되어 있으나 쉬지 않고 계속하는 풀이와 쉬었다가 다시 이어서 계속하는 풀이가 가능하다. (32c)에서도 자다가 깨기로 되어 있으나 깨지 않고 자는 풀이와 깨었다가 이어서 자는 풀이 두 가지이다. 즉 on이 쓰이면 계속의 뜻이 암시되어 있다.

다음에 쓰인 on도 계속의 뜻을 나타낸다.

(33) a. The general ordered the soldiers to **come on**.
       장교는 군사들에게 전진하라고 명령했다.

     b. I'll go ahead, and you **come on** later.
       제가 먼저 갈테니, 당신은 뒤에 따라 오세요.

     c. Oh, **come on**! I know better than that!
       세상에! 나도 그것쯤은 안다!

     d. **Come on** over next time you're in town.
       다음에 이 도시에 오시면 들르세요.

     e. A string broke, but the pianist **kept on** playing.
       현이 하나 끊어졌으나, 그 피아니스트는 계속 연주했다.

     f. **Go on**! There isn't a moment to lose!
       서둘러라, 시간이 없다.

     g. How she does **go on**!
       어떻게 그녀는 그렇게 끊임없이 이야기를 할 수 있을까?

     h. How is your work **getting on**?
       네 일들은 어떻게 진전되고 있니?

i. Does she **get on** well with your aunt?
그녀는 그녀의 이모와 잘 지내고 있습니까?

j. The police examined the cars and then allowed them to **go on**.
경찰은 차를 수색한 후 그들을 가게 했다.

k. You **go on**, and I'll follow in a few minutes.
너는 먼저 가라. 나는 조금 있다가 따라가겠다.

l. Now that our quarrel is over, can we **go on** as we did before?
이제 우리의 싸움은 끝났으니, 우리는 전처럼 살 수 있을까?

5) 충돌동사

다음에 쓰인 동사는 충돌의 의미를 갖는데, on의 암시된 목적어는 충돌되는 부분이나 개체이다.

(34) a. The two cars **crashed** head **on**.
그 두 자동차는 정면으로 충돌했다.

b. The boats **collided** bows **on**.
그 배는 뱃머리로 충돌했다.

c. We drifted into the other ship sideways **on**.
우리는 떠내려가서 다른 배의 옆을 박았다.

3. 같은 결과를 가져오는 동사들

on이 나타내는 관계를 가져오거나 또는 그 관계를 나타낼 수 있는 동사는 이 전치사와 같이 쓰인다.

1) 계 속

다음에서 on은 계속을 나타내고 이 뜻을 나타낼 수 있는 동사는 이 불변사와 같이 쓰인다.

(35) a. Just **carry on** with your work.
　　 너의 일을 계속하여라.

　　 b. The group leader **urged** them **on**.
　　 그 그룹 지도자는 그들을 계속 재촉했다.

　　 c. How much long is this ridiculous meeting going to **drag on**?
　　 얼마동안 이 우스운 모임이 질질 끌 것인가?

　　 d. If you **hold on** a minute, I will come with you.
　　 좀 기다리고 있으면, 내가 너하고 같이 가마.

　　 e. Do you mind if I **hold on** to the book for another week?
　　 한 주일 더 그 책을 가지고 있어도 되겠습니까?

　　 f. Turn right at the traffic lights, and **keep on**.
　　 그 신호등에서 우측으로 돌아서 계속 가십시오.

　　 g. The war **ran on** for another year.
　　 그 전쟁은 한 해 더 계속되었다.

　　 h. I'll **stay on** this evening and help you if you like.
　　 원하시면 나는 오늘 저녁 계속 남아서 당신을 돕겠습니다.

　　 i. Medical science has **moved on** a lot since I was a boy.
　　 의학은 나의 소년시절 이후 많이 발전했다.

　　 j. I shall now **pass on** to the next item.
　　 다음 항목으로 가겠습니다.

　　 k. It's almost midnight, but we'd better **press on**.
　　 거의 자정이다. 그러나 계속 밀고 나가는 것이 좋겠습니다.

2) 진 행

다음에 쓰인 on은 진행을 나타낸다.

(36) a. Does he often **go on** like that?
　　 그는 가끔 저렇게 이상하게 행동합니까?

　　 b. There's a wedding **going on** at the church.
　　 교회에서 결혼식이 있다.

c. How is your work **going on**?

네 일들은 어떻게 되어가고 있니?

d. I don't know how I'd have **gone on** without his support.

나는 그의 원조가 없었다면 내가 어떻게 살아왔을지 모르겠다.

e. Don't **keep on** so, it'll only make you worry more.

그렇게 장황하게 이 이야기 저 이야기 늘어놓지 마라. 단지 네 걱정만
늘게 만들 뿐이다.

f. Don't let me stop you, do **get on**!

저에게 신경 쓰지 말고 계속 진행하세요.

g. **Get on**, we shall miss the train at his rate.

계속 진행하십시오. 이 속도로 가다가는 기차를 놓치겠습니다.

3) 정보접촉

탄도체가 지표와 이어져 있는 관계는 탄도체가 사람이고 지표가 정보인
관계에도 적용된다. 이 때 탄도체가 지표에 이어져 있음은 탄도체가 지표를
아는 것으로 풀이된다.

(37) a. He loves to **catch up on** the news after a trip.

그는 여행 다음에 못들은 소식을 듣기를 좋아한다.

b. He'd never been shown how to fish, but he soon **cottoned on**.

그는 고기 잡는 법을 배운 적이 없으나, 곧 알았다.

c. You can **get** us **up on** how the machine works.

너는 그 기계가 어떻게 작용하는지 알려줄 수 있다.

4) 의 존

on의 의미 가운데 하나는 의존이다. 그러므로 의존의 뜻과 양립할 수 있
는 동사는 on과 같이 쓰인다.

(38) a. You can always **count on** John to be there on time.
      너는 언제나 존이 그곳에 정각에 있을 것을 기대할 수 있다.

   b. You can **depend on** John. He never miss a game.
      너는 존을 믿을 수 있다. 그는 게임을 빼먹지 않는다.

   c. If you run out of cash, we can always **fall back on** our
      savings in the bank.
      현금이 떨어지면 언제나 그 은행의 우리 저금에 기댈 수 있다.

   d. Somebody has to pay for these things, but why does it
      always **fall on** the parents?
      누군가가 이 물건값은 치루어야 한다. 그러나 왜 이것은 언제나 부모의
      책임인가?

   e. We didn't **figure on** the new computer being so popular.
      우리는 그 새 컴퓨터가 그처럼 인기가 있으리라 예상하지 않았다.

   f. He may accept the invitation, but I wouldn't **gamble on** it.
      그는 그 초대에 응낙할지도 모른다. 그러나 나는 그것에 기대를 걸지
      않겠다.

   g. Everything **hangs on** whether we can sell the house or not.
      모든 것은 우리가 그 집을 파느냐 못 파느냐에 달렸다.

   h. She could always **lean on** her daughters.
      그녀는 언제나 딸들에게 기댈 수가 있었다.

   i. How do you **live on** such a small salary?
      어떻게 너는 이처럼 적은 월급을 가지고 사느냐?

   j. He **presumed** too much **on** her generosity.
      그는 그녀의 관대함을 지나치게 기대했다.

   k. Mother has **been on** that medicine for months, and it doesn't
      seem to do her any good.
      어머니는 몇 달 동안 약을 먹어오고 있으나 별 도움이 되지 않는다.

5) 영 향

탄도체가 지표 위에 닿아 있는 관계는 탄도체가 지표에 영향을 주는 관

계로 풀이된다.

(39) a. That stupid John **cut in on** me.
　　　 저 어리석은 존이 참견을 했다.

　　 b. He **hung up on** me.
　　　 그는 전화를 끊어 내가 기분이 나빴다.

　　 c. You must not **pin** the robbery **on** me.
　　　 너는 그 강도사건을 나에게 뒤집어 씌워서는 안된다.

　　 d. He **preyed upon** the weaker boys.
　　　 그는 약한 아이들을 괴롭혔다.

　　 e. I don't want to **put upon** you.
　　　 나는 여러분에게 폐를 끼치고 싶지 않다.

　　 f. **Spit on** me if I don't go to school tomorrow.
　　　 내일 내가 학교에 안가면 내게 침을 뱉으세요.

　　 g. She **sprang** the news **on** us without a warning.
　　　 그녀는 아무런 경고도 없이 그 소식을 우리에게 던졌다.

　　 h. He **walked out on** his wife and children.
　　　 그는 아내와 자식을 버리고 나갔다.

　　 i. The pressure of her job **weighed** heavily **on** her.
　　　 그녀의 일의 압력이 그녀에게 심한 부담을 주었다.

　　 j. You shouldn't **work** your frustration **off on** your children.
　　　 너는 너의 좌절감을 아이들에게 던져서는 안 된다.

　　 k. The children get naughtier every day; I wouldn't **wish** them
　　　 on my worst enemy.
　　　 그 아이들은 매일 성질이 점점 나빠지고 있어서, 그 녀석들을 최악의
　　　 적에게도 주고 싶지 않다.

　　 l. She didn't really want the money, but her uncle **forced** it
　　　 upon her.
　　　 그녀는 그 돈을 정말 원하지 않았으나, 아저씨가 그것을 억지로 그녀
　　　 에게 안겼다.

m. Put your money away, this meal **is on** me.
   돈을 집어넣으세요. 이 음식은 제가 부담하겠습니다.

n. Why are you trying to **put** the blame **on** me?
   왜 나를 비난하려는 것이지?

6) 공격

on의 의미 가운데 하나는 탄도체가 지표에 영향을 주는 관계이다. 영향
은 더 나아가서 공격으로 풀이된다.

(40) a. The children **fell upon** the trapped animal with sticks.
     그 아이들은 그 덫에 걸린 동물을 막대기로 공격했다.

b. They **fell on** the food that the rescue team had brought.
   그들은 그 구조대원이 가져온 음식을 덮쳤다.

c. He **pounced on** my smallest mistakes.
   그는 나의 조그마한 실수도 책망을 한다.

d. The children **pounced on** the chance of visiting the zoo.
   그 아이들은 동물원을 방문하는 기회를 덥석 잡았다.

e. The dog suddenly **rounded on** the little boy who was eating
   ice cream.
   그 개는 갑자기 아이스크림을 먹는 그 아이를 덮쳤다.

f. He **set** the dog **on** the burglar.
   그는 그 개가 그 강도를 덮치게 했다.

g. The dog suddenly **turned on** its master.
   그 개는 갑자기 주인에게 덤벼들었다.

h. The boss will **jump on** you for the slightest thing.
   그 사장은 조그마한 일에도 너를 괴롭힐 것이다.

i. You're sure I shan't be **putting on** you if I stay for dinner?
   내가 저녁식사를 하기 위해 머무른다면 당신에게 부담을 주지는 않겠
   는지요?

7) 부분적 영향

[탄도체 on 지표]에서 탄도체가 지표의 전체에 닿는 것이 아니라 일부만 닿게 된다. 다음에 쓰인 동사는 타동사로서 on과 쓰이는데, on과 같이 쓰이면 동사의 힘이 지표의 일부에만 미침을 나타낸다.

(41) a. The child **pulled on** his mother's skirt.
그 아이는 어머니의 치마를 끌어당겼다.

b. The speaker **enlarged upon** his initial statement.
그 연사는 그의 최초의 연설을 보완했다.

c. Although he **jammed on** the brake; he still couldn't avoid hitting the dog.
그는 제동장치를 밟았으나, 그 개를 치지 않을 수 없었다.

d. You will **miss out on** all the fun.
너는 모든 재미를 많이 놓치게 될 것이다.

e. **Ease up on** the shampoo, will you? I want to wash my hair, too.
샴푸는 덜 쓰게나. 나도 머리를 감고 싶다.

f. His lawyer was quick to **fasten upon** this piece of new evidence.
그의 변호사는 이 새 증거에 재빨리 매달렸다.

8) 과정시작

탄도체가 사람이고 지표가 시간 속에 일어나는 과정을 나타내는 경우에 on이 쓰이면 탄도체가 지표의 과정을 시작하는 관계를 나타낸다.

(42) a. At your age, I would think very carefully before **embarking upon** a career in journalism.
네 나이에 나는 신문기자 직업을 시작하기 전에 면밀히 생각을 해볼 것이다.

b. The president **entered upon** his initial statement.
대통령은 그의 최초의 성명을 시작했다.

9) 착 용

on의 의미 가운데 하나는 탄도체가 지표에 가 닿는 착용관계이다. 착용
과 양립할 수 있는 동사는 on과 같이 쓰일 수 있다.

(43) a. His wife **had on** one of her most ridiculous hats.
그의 아내는 가장 우습게 보이는 모자 가운데 하나를 썼다.

   b. Do policemen **keep** their uniforms **on** in bed?
순경들은 잠자리에서도 제복을 입고 있는가요?

   c. Would you like to **try on** a large size?
큰 것을 입어 보시겠습니까?

   d. **Get** your coat **on** quickly, the taxi's waiting.
빨리 너의 코트를 입어라. 택시가 기다리고 있다.

   e. I'll **keep** my coat **on**, thank you, I can't stay long.
저는 코트를 계속 입고 있겠습니다, 감사합니다, 저는 오래 머물 수가
없군요.

   f. He **put** his coat **on** hurriedly and ran out of the house.
그는 서둘러 그의 코트를 입고 그 집에서 뛰쳐 나왔다.

   g. He **put on** a pretence of bravery, but we all knew that it was
false.
그는 용감한 척 하지만, 우리 모두는 그것이 거짓이라는 것을 안다.

10) 부담 · 초래

탄도체가 지표 위에 놓이는 관계는 탄도체가 짐이고 지표가 이 짐을 지
는 사람의 관계에 확대 적용된다. 다음 주어는 목적어를 자신에게 더한다.

(44) a. I can feel a cold **coming on**.
나는 감기가 다가오는 것을 느낄 수 있다.

b. The first cigarette she smokes each morning always **brings on** a fit of coughing.
매일 아침에 그녀가 피우는 첫 담배는 언제나 기침의 발작을 가져온다.

c. His face **took on** the look of a hunted animal.
그의 얼굴은 추적되는 동물의 모양을 띄었다.

d. She has **brought** all these problems **on** herself by marrying the man.
그녀는 그 남자와 결혼해서 이 모든 문제를 자신이 지게 되었다.

e. You seem to have **put** a little more flesh **on** your face since your illness.
너는 아픈 이후로 얼굴에 살이 조금 붙은 것 같다.

f. You've **brought** the trouble **on** yourself.
그 문제를 네가 자초한 것이다.

g. The sudden cold weather **brought on** his fever again.
그 갑작스런 추위는 그의 열병을 도지게 했다.

h. **Get** some more wood **on**, the fire is dying.
나무를 좀더 준비해라. 불이 꺼져 간다.

11) 추 가

탄도체가 지표에 닿는 관계는 탄도체가 지표에 더해지는 관계에도 확대 적용된다.

(45) a. The airline is **putting on** an extra flight to Seoul.
그 비행사는 서울행 비행기를 하나 더 증편했다.

b. He forgot to **put** the clock **on** last night.
그는 지난밤 시계를 앞당겨 놓는 것을 잊어버렸다.

c. The book **takes on** a new meaning when you know about
the author.
그 책은 저자를 알면 새로운 뜻을 갖는다.

d. The train **put on** speed as soon as it reached the long straight
stretch of track.
그 기차는 긴 직선 철로에 이르자마자 속력을 더했다.

e. After tea, the home team **put on** 50 runs.
차를 마신 후 홈팀은 50점을 더 추가했다.

12) 고 용

다음 주어는 목적어를 고용하거나 빌려서 쓴다.

(46) a. We've **signed on** a hundred drivers.
우리는 백 명의 운전사를 고용했다.

b. Were you able to **keep** both the gardeners **on**?
당신은 그 두 명의 정원사를 계속 고용할 수 있었습니까?

c. He said he would **take on** anybody who stood in his way.
그는 그를 방해하는 사람이 누구든지 대처하겠다고 말했다.

d. I'll **keep** the flat **on** through the summer, so as to have it
ready when we come back.
나는 우리가 돌아왔을 때 그것이 준비되어 있도록 그 아파트를 여름
내내 빌려놓을 것이다.

e. We've **taken on** a house in the country for the summer.
우리는 시골에 있는 집 한 채를 여름 동안 빌렸다.

13) 진 전

다음 주어는 시간이나 시간과 관련된 개체로 진행의 의미가 있다.

(47) a. She became more and more tired as the evening **wore on**.
　　　 그녀는 저녁이 깊어지자 점점 더 피곤해졌다.

　　 b. Since time is **getting on**, perhaps we should leave.
　　　 시간이 점점 지나감으로 아마도 우리는 떠나야 할 것이다.

　　 c. As the weeks **went on**, still no letter arrived.
　　　 몇 주가 지났지만, 아직 한 통의 편지도 오지 않았다.

　　 d. As one **gets on** in years, one gets wiser but not stronger.
　　　 사람은 나이를 먹음에 따라 점점 더 현명해지지만 강해지지는 않는다.

　　 e. Grandfather is **going on** in years.
　　　 할아버지께서는 점점 늙어가고 계신다.

14) 지 출

탄도체는 소비를 나타내고, 이것이 지표에 연결되어 있는 관계를 on이 나타낸다.

(48) a. She **splashed out** all her money **on** expensive dresses.
　　　 그녀는 그녀의 모든 돈을 비싼 옷에 흥청망청 썼다.

　　 b. Most of my salary **goes on** the food for the family.
　　　 내 월급의 대부분이 가족의 식대로 쓰인다.

4. off의 의미

off는 관계어이므로 두 개체 (탄도체와 지표)가 있다. 이 두 개체는 서로 붙어 있던 상태에서 떨어지는 상태에 이르게 된다. 분리의 원형적 관계는 탄도체가 지표에서 떨어져 있는 관계이고, 이것을 그림으로 나타내면 〈그림 6〉과 같다.

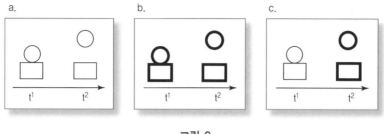

그림 6

위 〈그림 6〉의 어느 시점 t¹에서 두 개체 (탄도체와 지표)가 붙어 있다가 다른 시점 t²에서 두 개체가 떨어지게 된다. 동사에 따라서 위 과정 전체 〈그림 6-b〉가 부각되기도 하고 마지막 결과부분 〈그림 6-c〉만 부각되기도 한다. 불변사 off는 전치사와 전치사적 부사로 쓰이는데 먼저 전치사적 용법부터 살펴본다.

1) 전치사적 용법

(49)는 be 동사가 쓰여서 off가 마지막 과정 즉, 탄도체가 지표에서부터 떨어져 있는 관계를 나타낸다.

(49) a. The wheels **were off** the car.
그 바퀴가 차에서 떨어져 있었다.

b. There **is** a button **off** my coat.
단추 하나가 내 외투에서 떨어져 있다.

c. She **is off** her medicine now.
그녀는 이제 약을 먹지 않는다.

d. She **is off** that kind of music now.
그녀는 이제 그런 종류의 음악은 좋아하지 않는다.

(50)에서처럼 어느 개체가 한 지점이나 지역이 기준이 되는 다른 지역에

서 떨어져 있을 때에도 off가 쓰인다.

(50) a. The village **is** a few miles **off** the road.
그 마을은 그 길에서 몇 마일 떨어져 있다.

b. The island **is off** the coast of France.
그 섬은 프랑스 해안에서 떨어져 있다.

c. There **is** a narrow road **off** the highway.
좁은 길 하나가 그 고속도로에서 떨어져 있다.

다음 (51)에서는 자동사가 쓰였는데, 이들 동사가 나타내는 과정의 결과
로 주어가 off의 지표에서 떨어진다.

(51) a. The baby **fell off** the table.
그 애기가 그 식탁에서 떨어졌다.

b. He **jumped off** the horse.
그는 그 말에서 뛰어 내렸다.

c. They **got off** the bus.
그들은 그 버스에서 내렸다.

(51)에서 주어와 off의 지표가 어느 시점에서는 붙어 있다가 fall, jump,
get의 결과로 서로 떨어지게 되는 관계를 off가 나타낸다.

다음의 (52)도 (51)과 비슷한 관계를 나타낸다.

(52) a. The train **went off** the rails.
그 기차는 탈선했다.

b. He **turned off** the road.
그는 방향을 바꾸어서 그 길을 벗어났다.

c. The ship was **blown off** her course.
그 배는 바람에 불려서 그 항로를 벗어났다.

(52a)에서 기차가 정상적으로 움직일 때에는 바퀴가 선로에 닿아 있다. 바퀴가 선로에서 떨어진다는 것은 이탈을 나타낸다. (52b)에서 어느 사람이 어느 길을 갈 때는 사람과 길이 붙어 있는 것으로 개념화된다. 사람이 이 길에서 떨어진다는 것은 이 길을 벗어난다는 의미이다.

(53)에서는 탄도체가 분명히 명시되어 있지 않으나, 이것은 지표 자체나 지표에 담겨 있는 것을 뜯거나 떼어서 덜어내는 것으로 풀이될 수 있다.

(53) a. We **ate off** gold plates.
우리는 금 접시에서 덜어먹었다.

b. We **dined off** beefsteak.
우리는 스테이크를 먹었다.

c. He is **living off** his sister.
그는 그의 누이를 뜯어먹고 산다.

위의 (53)에서 살펴본 동사는 자동사로서, 주어가 off의 목적어에서 분리되는 관계를 나타낸다. 다음에서는 타동사가 쓰였는데, 동사가 나타내는 과정의 결과로 동사의 목적어가 off의 지표에서 분리되는 관계를 나타낸다.

(54) a. He **took** the cover **off** the dish.
그는 접시에서 덮개를 벗겨냈다.

b. He **pushed** me **off** the chair.
그는 나를 밀어서 그 의자에서 떨어지게 했다.

c. He **cut** a piece **off** the loaf.
그는 그 빵 덩어리에서 한 조각을 잘라내었다.

위에서 살펴본 탄도체와 지표는 비교적 구체적인 개체였다. 그러나 이들은 다음과 같이 추상적인 관계에도 적용된다. 다음 지표는 추상적이나 개체로 은유화되어 있다. 즉 '주제나 과정은 장소이다'의 은유가 적용되어 있다.

(55) a. This **is off** the point.
      이것은 그 핵심에서 벗어나 있다.

   b. He **is off** duty.
      그는 비번이다.

   c. We **are** a long way **off** understanding this.
      우리는 이것을 이해하는 데에서 멀리 떨어져 있다. 즉, 우리는 이것을
      이해하지 못하고 있다.

2) 전치부사 용법

지표가 명시되지 않는 경우 off는 전치부사로 쓰인 것인데, 이 때 명시
되지 않은 지표를 문맥이나 맥락에서 찾아내어야 off를 바로 이해할 수 있
다. 아래에서는 구체적인 동사가 off와 쓰일 때 생략된 지표가 무엇이며,
[동사+off]는 어떻게 풀이되는지를 살펴보고자 한다. 먼저 be 동사와 off가
쓰인 예를 살펴보자.

(1) be 동사

(56) a. The light **is off**.
      그 불이 꺼져 있다.

   b. I must **be off** now.
      나는 지금 가야한다.

   c. My sister has changed her mind, and the wedding **is off**.
      내 누이가 마음을 바꾸어서 그 결혼이 취소되었다.

   d. The fish **is off** and I won't buy it.
      그 생선은 상해서 나는 그것을 사지 않겠다.

(56)에서 암시된 지표를 추리해보자. (56a)에서는 전등이 지표와 분리가
되어 있어서 불이 들어오지 않는 관계이다. 이 때 지표는 전원이다. (56b)
에서 어느 사람이 어느 장소에 있을 때에는 사람이 장소에 닿아 있다. 사람

이 어느 장소를 뜨게 되면, 그가 이 장소를 벗어난다는 뜻이다. (56c)에서 결혼식과 같은 행사는 어느 날짜나 계획과 연결되어 있다. 따라서 행사가 날짜나 계획에서 떼어진다는 것은 이 행사의 취소를 의미한다. (56d)에서는 생선의 정상상태가 지표인데, 생선이 이 상태에서 떨어져 있다는 것은 상한 것으로 풀이된다.

(2) 동사 put

다음에는 동사 put이 쓰였다. 이것은 주어가 목적어를 특정한 위치에 놓는 과정을 나타낸다. put off의 뜻을 바로 파악하기 위해서는 off의 암시된 목적어를 찾아내어야 한다.

(57) a. Please **put off** your shoes before entering the room.
그 방에 들어가기 전에 신발을 벗으세요.

b. Please **put** me **off** at the next stop.
저를 다음 정거장에서 내려주세요.

c. Please **put off** the lights when you leave the building.
건물을 나갈 때 불들을 꺼주세요.

d. They **put off** tonight's concert till next week.
그들은 오늘 저녁 음악회를 다음 주까지 연기했다.

(57)에 암시된 지표는 다음과 같다; (57a)에서는 발이다. 즉 신이 발에서 떨어지는 (벗겨지는) 관계이다. (57b)에서는 지표가 차가 된다. (57c)에서 지표는 전원이 된다. 등과 전원이 차단되면 불이 들어오지 않는다. (57d)에서 지표는 음악회가 계획된 날로 이 날에서 음악회를 떼어낸다는 것은 취소나 연기를 의미한다.

다음에서도 동사 put이 쓰였다.

(58) a. Tim was to arrive tomorrow, but I **put** him **off** because you were ill.

팀이 내일 오기로 되어 있었으나 네가 아프기 때문에 못 오게 했다.

b. I was hungry, but the smell of the bad meat **put** me **off**.

나는 배가 고팠으나, 그 상한 고기의 냄새가 내 입맛을 떨어지게 했다.

c. Don't laugh while I am playing the piano. You **put** me **off**.

내가 피아노를 칠 때 웃지 마세요. (웃으면) 내가 하는 일에 집중을 못 하게 한다.

(58)에 암시된 지표를 살펴보자. (58a)에서 지표는 내일 오늘 일이다. 이일에서 그를 떼어 놓는다는 것은 그를 못 오게 한다는 뜻이다. (58b)에서 지표는 bad meat가 된다. off는 내 입맛이 이 고기로부터 떨어지게 하는 관계를 나타낸다. (58c)에서는 나와 내 활동 사이가 떨어지게 한다는 뜻이다.

(3) 동사 take

다음에서는 동사 take가 쓰였다. 동사 take는 주어가 목적어를 자신의 손 또는 통제영역에 넣어서 지시된 장소로 옮기는 과정을 나타낸다.

(59) a. I can't **take** this lid **off**.

나는 이 뚜껑을 떼어낼 수 없다.

b. He **took off** his hat.

그는 모자를 벗었다.

c. We are afraid that the disease can't be stopped. So we shall have to **cut off** your leg.

그 질병을 막을 수 없다고 생각됩니다. 그래서 우리는 당신의 다리를 잘라야겠습니다.

d. Before the cruiser sank, all the people were **taken off**.

그 배가 가라앉기 전에 모든 사람들은 그 배에서 옮겨졌다.

e. The play was **taken off** after only two performances.

그 연극은 단 두 번 공연 후에 취소되었다.

(59)에 암시된 off의 지표를 찾아보면 (59a)에서는 발화장소에 있는 용기, (59b)에서는 모자가 붙어 있는 신체, (59c)에서는 신체, (59d)에서는 사람들이 타고 있던 배, (59e)에서는 연극이 공연되는 무대가 된다.

더 나아가서 동사 take가 쓰인 예를 더 살펴보자.

(60) a. I am very pleased that you have **taken** all that weight **off**.
    나는 네가 그 모든 몸무게를 뺀 것이 기쁘다.

   b. The government has **taken off** the new tax.
    정부는 그새 세금을 철회했다.

   c. I want to **take** next Monday **off** to visit my grandmother in the country.
    나는 시골에 계시는 할머니를 방문하기 위해서 다음 월요일에 쉬고 싶다.

(60)에 암시된 off의 지표를 찾아보자. off의 암시된 목적어는 (60a)에서는 신체, (60b)에서는 세금이 부과된 물건, (60c)에서는 직장, 근무일 등의 일상적 시간이다. 이러한 off의 지표어에서 동사 take의 목적어를 분리시키는 관계를 off가 나타낸다.

다음의 동사 take는 자동사로도 쓰이는데, 이 때 take는 주어 자신이 스스로 움직여서 장소이동을 하는 과정을 나타낸다.

(61) a. The tiger **took off** from the ground with a powerful spring.
    그 호랑이는 힘차게 땅에서 뛰어 올랐다.

   b. The plane **took off** smoothly.
    그 비행기는 순조롭게 이륙했다.

위 (61)에서 암시된 off의 목적어는 모두 지면이 된다.

5. 개별동사

1) 동사 come

다음에는 동사 come이 쓰였다. 이 동사는 주어가 한 장소에서 다른 장소로 옮기는 과정을 나타내는데, 이것은 상태의 변화를 나타내는 데에도 쓰인다.

(62) a. The handle of the bucket **came off**.
        그 양동이의 손잡이가 떨어졌다.

      b. The dirty mark didn't **come off**.
        그 더러운 흔적은 지어지지 않았다.

      c. **Come off** with me and have some tea.
        나와 함께 이 자리를 벗어나서 차나 마시자.

      d. The boys **came off** with only slight wounds.
        그 소년들은 약간의 상처만 입고 그 싸움에서 벗어났다.

(62)에 쓰인 off의 암시된 지표는 다음과 같다; (62a)에서는 물통, (62b)에서는 때가 묻어있는 물건, (62c)에서는 어떤 사람들이 있는 장소이고, (62d)에서는 싸움 같은 것이 벌어진 장소가 되겠다.

2) 동사 fall

다음에서는 동사 fall이 off와 쓰였다.

(63) a. When you are learning to ride a bicycle, you often **fall off**.
        네가 자전거 타기를 배울 때에는 너는 자주 떨어진다.

      b. The land **falls off** here towards the valley.
        그 땅은 여기서 그 계곡 쪽으로 갑자기 떨어진다.

      c. The quality of his work has **fallen off**.
        그의 작업의 질이 떨어졌다.

(63)에 암시된 off의 지표를 찾아보면, (63a)에서는 자전거이고, (63b)에서는 어떤 지점의 지면이며, (63c)에서는 질의 정도이다.

6. 같은 결과를 가져오는 동사

1) 이 탈

다음에서 탄도체는 움직이는 개체이고 off의 지표는 이 개체가 지나가는 길이다. 이 경우 탄도체가 지표를 벗어난다는 것도 탈선이나 이탈의 뜻으로 풀이된다.

(64) a. The train **went off** the rails and fell into the valley.
      그 기차는 탈선해서 그 계곡으로 떨어졌다.

   b. The storm **blew** the ship **off** its course.
      태풍이 불어서 그 배가 항로를 벗어났다.

   c. Let's **turn off** this busy road and find a quieter way.
      이 복잡한 길을 벗어나서 더 조용한 길을 찾자.

   d. The driver had **run** the car **off** the road while under the
      influence of alcohol.
      그 운전사는 술기운에 차를 길에서 벗어나게 했다.

2) 놓치기

다음 주어는 목적어를 off의 지표에서 떨어지게 한다. 이 때 이 지표는 감각의 대상이다.

(65) a. These unrelated events tend to **throw** the reader **off** the track
      of the story.
      그 관련이 없는 사건들은 독자들로 하여금 그 이야기의 줄거리에서 벗
      어나게 한다.

b. Let's go through the river, it might **throw** the dog **off** the scent.
그 강을 지나갑시다. 그렇게 하면 그 개가 냄새를 잃게 될 것입니다.

c. The dog were chasing me, so I crossed the river to **put** them **off** the scent.
그 개가 나를 따라오고 있었다. 그래서 나는 그 개가 냄새를 잃게 하기 위해 강을 건넜다.

3) 뜯 기

다음에는 탄도체가 분명하게 명시되어 있지 않다. 그러나 dine이나 live 에 탄도체가 암시되어 있다고 여기고 탄도체는 먹는 음식과 같은 것을 가리킨다.

(66) a. He has been **dining off** his brother for weeks.
그는 몇 주 동안 동생에게 빌붙어 오고 있다.

b. He has been **living off** his pension.
그는 그의 연금을 먹고 살아오고 있다.

c. The army **lived off** the country.
그 군대는 그 나라를 뜯어먹고 살았다.

d. Does the Queen really **dine off** gold plates?
그 여왕은 정말 금 접시에 음식을 먹나요?

e. A whole family can **feed off** a chicken as big as this.
온 가족이 이렇게 큰 닭을 뜯어 먹을 수 있다.

f. These animals with long necks **live off** the leaves of tree.
긴 목을 가진 이 동물들은 나ant잎을 뜯어먹고 산다.

4) 벗기기

다음 주어는 목적어를 off의 지표에서 떨어지게 한다.

(67) a. As the sun grew warmer, he **cast off** his heavy winter clothes.
      해가 점점 따뜻해지자, 그는 그의 무거운 겨울옷을 벗어 던졌다.

   b. Look, how the duck shakes its back to **throw** water **off**.
      봐라, 오리가 물을 떨쳐 버리기 위해 등을 어떻게 흔드는지.

   c. Please **brush** this insect **off**.
      솔질을 해서 이 벌레를 떼어 주세요.

   d. I **soaked** the price ticket **off** overnight.
      나는 그 가격표를 물에 담구어서 밤새 떨어지게 했다.

   e. The horse moved its tail to **shake off** the flies.
      그 말은 꼬리를 쳐서 파리들을 쫓았다.

   f. You will be able to **leave off** your coat, when it is warm.
      날씨가 따뜻하면 그 외투를 벗게 될 수 있을 것이다.

5) 떨치기

감기 같은 병도 몸에 붙어 있는 것으로 개념화하며, 병이 낫는다는 것은
병이 몸에서 떨어져 나가는 것으로 개념화된다. 병뿐만 아니라, 습관·생
각·감정 등도 마찬가지로 개념화된다. 다음 문장에서 탄도체는 표현되어
있으나 지표는 표현되어 있지 않다. 그러나 문장의 주어가 지표임을 쉽게
추리할 수 있다.

(68) a. I don't seem to be able to **chuck off** this cold.
         나는 이 감기를 떨쳐버릴 수 없을 것 같다.

   b. In a new job, one should **fling off** old habits of thought.
      새 일을 할 때에는 낡은 사고방식을 떨쳐버려야 한다.

   c. Heavy work with your hand will help to **work off** your anger.
      손으로 하는 힘든 일은 너의 화를 없애게 도와줄 것이다.

   d. She should be able to **sleep off** the effects of the drug within
      a few hours.
      그녀는 잠을 자서 몇 시간 이내에 그 약의 영향을 없앨 수 있을 것이다.

e. **Laugh off** your worries.

당신의 걱정을 웃어 떨쳐버려라.

6) 비접근

다음 주어 (탄도체)는 움직이는 개체이다. 이 탄도체는 off의 지표에 접
근하지 못하고 떨어져 있음을 off가 나타낸다.

(69) a. Mary tends to **keep off** from the people who try to be
friendly too suddenly.

메리는 그녀에게 갑자기 친절하려고 하는 사람을 피하는 경향이 있다.

b. The ship will have to **hold off** from the shore until the storm
passes.

그 배는 폭풍이 지날 때까지 그 해안으로부터 떨어져 있어야 할 것이다.

c. Keep still, or you'll **frighten** the rabbit **off**.

가만히 있어, 그렇지 않으면 너는 그 토끼를 놀라게 해서 도망가게 할
거야.

d. Higher coffee prices are **scaring off** the customers.

비싼 커피 값이 고객들을 멀리하게 한다.

e. We **stood off** 500 of the enemy forces for a week.

우리는 한 주일 동안 적군 500명을 접근 못하게 했다.

f. How long can you **keep** the angry workers **off**?

얼마 동안 그 성난 노동자들을 덤비지 못하게 할 수 있습니까?

g. Why did she **cut** herself **off** from society like that?

왜 그녀는 그렇게 사교계에서 떨어져 있나요?

7) 해고

고용인은 직장에 붙어 있는 것으로 개념화되기 때문에 고용인을 직장에
서 해고하면 떨어지는 것으로 개념화된다.

(70) a. 500 workers were **laid off** when the factory closed after the fire.
그 화재 후에 그 공장이 문을 닫을 때 500명의 노동자가 해고되었다.

b. 300 workers at the factory were **stood off** when there was a lack of steel.
300명의 공장 노동자들이 강철이 부족했을 때 휴직되었다.

c. His faithful servant was **turned off** without a penny.
그의 충직한 하인은 한 푼의 돈도 못받고 쫓겨났다.

8) 차 단

다음에서 탄도체는 물이나 빛이고 지표가 수원이나 전원이면, off는 차단을 나타낸다.

(71) a. Make sure the water **is off** before you leave.
나가기 전에 물을 잠궜는지 확인해라.

b. You can't light the gas, it's **gone off** again.
그 가스를 켤 수 없다. 그 가스는 다시 끊어졌다.

c. Why did you **switch off** the radio?
왜 라디오를 껐습니까?

d. The light **goes off** at midnight.
그 불은 12시에 꺼집니다.

e. Please **shut off** that terrible loud music.
지독히 시끄러운 음악 좀 꺼주세요.

f. Don't **ring off**; I haven't finished my story.
아직 끊지 마세요. 나는 내 이야기를 끝내지 못했습니다.

9) 분 리

다음 주어는 목적어를 off의 지표에서 갈라 놓는다.

(72)　a. **Count off** the playing cards to see if you have a full set.
　　　　카드가 다 있는지 알아보기 위해서 그 카드를 분리해서 세어라.

　　　b. **Read off** the names of list to me and I'll see if they are
　　　　correct.
　　　　그 이름들을 내게 따로 떼어서 읽어주면, 그것들이 정확한지 내가 살
　　　　펴보겠다.

10) 돋보이기

　　부분을 전체에서 떼어 놓으면 부분은 다른 부분에서 떨어져서 돋보이게
된다. 다음에서 off는 이러한 관계를 나타낸다.

(73)　a. A plain black background **shows** the diamonds **off** best.
　　　　무늬 없는 검은 배경은 그 다이아몬드를 가장 잘 돋보이게 한다.

　　　b. The fine old house was **set off** by its formal garden.
　　　　그 좋은 오래된 집은 그 형식에 치중된 정원으로 돋보인다.

　　　c. The cut of her dress **shows off** her figure to perfection.
　　　　그녀가 입은 옷의 재단이 그녀의 자태를 완전하게 돋보이게 한다.

　　　d. It's unwise to **show off** your greater knowledge in front of
　　　　the director.
　　　　당신의 대단한 지식을 그 과장 앞에서 자랑하는 것은 현명하지 못하다.

11) 분 할

　　다음 주어는 목적어를 off의 지표에서 분리한다.

(74)　a. This part of field has been **fenced off** to keep the cattle out.
　　　　밭의 이 부분은 소들이 못 들어오게 울타리로 분할되어 있다.

　　　b. I have **curtained off** this part of the room.
　　　　나는 그 방의 이 부분을 커튼으로 분리했다.

c. Several offices have been **partitioned off** from the original large room.
   몇 개의 사무실이 원래의 큰 방에서 칸막이로 만들어졌다.

d. The whole hospital area has been **zoned off** until the infection is undercontrol.
   그 병원 구역은 감염이 통제될 때까지 구획되어 출입이 금지되어 있다.

12) 발 사

무엇이 어떤 장소에 있음은 그것이 그 장소에 닿아 있는 것으로 개념화되고 그 장소를 벗어나는 것은 그 장소에서 뜨는 것으로 개념화된다. 다음 주어는 off의 지표에서 떠난다.

(75) a. The spaceship **blasted off** at 15:30 according to plan.
      그 우주선은 폭음을 내면서 15:30분에 계획대로 발사되었다.

      b. The enemy are **firing off** their big guns.
         그 적은 그들의 큰 포들을 발사하고 있다.

      c. A gun **goes off** every day to mark exactly one o'clock.
         총이 매일 1시를 알리기 위해서 발사된다.

      d. The children are gathering in the garden to **let off** the fireworks.
         그 아이들은 폭죽을 터뜨리기 위해서 그 정원에 모이고 있다.

13) 발 산

냄새, 연기, 증기 같은 것도 어느 물체에 붙어 있다가 분리되어 나오는 것으로 개념화된다.

(76) a. Boiling water **gives off** steam.
      끓는 물은 증기를 내뿜는다.

b. When this material burns, it **throws off** a nasty smell.
이 물체가 탈 때, 그것은 고약한 냄새를 낸다.

c. The milk must be bad, it's **giving off** a nasty smell.
그 우유는 상했음에 틀림이 없다. 그것은 나쁜 냄새를 내고 있다.

d. So much smoke was **given off** by the fire that the air soon became unbreathable.
너무 많은 연기가 그 불에서 나서, 그 공기는 곧 숨을 쉴 수 없게 되었다.

e. That old stove doesn't **give off** much heat.
그 낡은 스토브는 열을 많이 내지 않는다.

14) 분 리

다음에서 주어는 목적어에 힘을 가해서 목적어가 off의 지표에서 떨어진다.

(77) a. She **swept** the papers **off** the table.
그녀는 그 논문들을 식탁에서 쓸어버렸다.

b. Would you **let** me **off** the bus at the next stop?
저를 다음 정류장에서 내려 주시겠습니까?

c. I shall never **take** my ring **off** my finger.
나는 내 반지를 손가락에서 뺄 수가 없다.

d. The child **tore** the wrapping **off** his birthday present to see what he had received.
그 아이는 그가 무엇을 받았는지 보기 위해서 그의 생일선물에서 포장을 뜯었다.

e. She **threw** his hand **off** her shoulder.
그녀는 그의 손을 그녀의 어깨에서 떨쳤다.

전통적으로 구절동사에 쓰이는 불변사는 뜻이 없는 것으로 간주되었다. 그러나 이 장에서는 불변사 on과 off를 살펴보면서 불변사에도 뜻이 있음을 보여주었다. 여기서 각 불변사는 여러 가지의 뜻을 가지고 있으나 이들은 서로 연관된 의미의 망을 이루고 있었다. 즉 각 불변사의 의미는 그 원형적 의미에서 출발하여 비유와 확장을 통해 의미 영역을 넓혀가고 있었으며 따라서 이러한 의미는 모두 원형적 의미에서 크게 벗어남 없이 하나의 망 형태를 이루고 있음을 확인할 수 있었다.

제4장

동사의 의미

제 4 장
동사의 의미

1. 동사의 개념바탕과 교체현상

구절동사에 쓰이는 동사는 대다수가 단음절의 토박이 영어 동사이다. 이러한 토박이 동사는 라틴어나 희랍어에서 온 동사와는 몇 가지 점에서 차이가 난다. 첫째, 토박이 영어 동사는 그 쓰임이 자동사와 타동사를 쉽게 넘나든다. 그러나 라틴어나 희랍어에서 온 동사는 그렇지 못하다. 둘째, 토박이 동사는 구절동사에 자유롭게 쓰이지만 외래어는 구절동사에 쓰이는 빈도가 현격하게 낮다. 셋째, 의미면에서도, 토박이 영어 구절동사는 외래어보다 그 의미의 범위가 훨씬 넓다. 다음을 비교하여 보자. 아래 (1)에서 왼쪽에는 구절동사가 적혀 있고, 오른쪽에는 이들에 대응하는 외래어가 실려 있다.

(1) blow out   extinguish
     cut out   eliminate
     hang around   frequent
     hold down   restrain
     turn down   reject
     wind up   conclude

구절동사 blow out을 「Longman Dictionary of Phrasal Verbs」에서 찾아보면 다음과 같은 쓰임을 알 수 있다.

blow out

a. The flame **blew out**.

b. The workers **blew** the pipe **out**.

c. The child **blew** the paper bag **out** and then burst it.

d. The factory **blew out** a cloud of black smoke.

e. The storm **blew** itself **out** after two days.

f. The heat **blew out** the tires.

g. The bomb **blew** the windows **out**.

h. The damaged wire **blew** the cook **out**.

한편, extinguish는 다음과 같이 쓰인다.

extinguish

a. The fire fighters spent hours **extinguishing** the blaze/the fire/the flame.

b. Please **extinguish** all cigarettes.

c. They **extinguished** the lights for the performance.

d. News of bombing **extinguished** all hopes of peace.

e. Nothing could **extinguish** her love for him.

f. She tried to **extinguish** the memory of what had happened.

위에서 볼 수 있는 바와 같이 blow out은 자동사와 타동사로 쓰이고 넓은 영역의 의미를 다룬다. 그러나 extinguish는 타동사로만 쓰이고 그 의미 영역도 비유적인 영역에 국한되어 있다. 나아가서 이 동사는 불변사와 같이 쓰이지 않는다.

이 장에서는 구절동사에 많이 쓰이는 동사 가운데 대표적인 동사 몇 개를 살피면서 동사의 성질을 살펴보겠다. 위에서 잠깐 언급한 바와 같이 동사는 자동사나 타동사로 쓰일 수 있으며, 타동사로 쓰일 때에는 목적어의 성질이 다를 수 있다.

다음에서 동사 shut은 목적어와 같이 쓰여서 타동사이지만, 목적어의 성질은 같지가 않다.

(2) a. He **shut** the door.
b. He **shut** the room.

(2a)의 the door는 닫히는 개체이고, (2b)의 the room은 닫히는 개체가 붙어 있는 개체이다. 이러한 차이는 동사 shut에만 국한된 것이 아니고, shut과 비슷한 의미를 갖는 동사에도 나타난다. 예로서, 동사 lock도 다음과 같이 쓰인다.

(3) a. Did you **lock** the door?
b. Did you **lock** the room?

동사에 관련된 이러한 현상을 체계적으로 다룰 방법이 있는가? 이에 대한 답은 인지문법에서 찾아볼 수 있다. 인지문법에서는 동사의 기술에 먼저 개념바탕을 설정한다. 개념바탕에는 동사가 나타내는 과정에 참여하는 참여자와 이들 참여자들 사이의 상호작용 관계가 포함된다. 다음으로 모습과 바탕의 개념이 쓰인다. 개념바탕에 있는 참여자 가운데 하나나 그 이상의 참여자에 초점이 주어져 이것이 부각되고, 그 나머지는 배경에 있을 수 있다. 어느 참여자가 부각되느냐에 따라서 자동사와 타동사 용법이 구분되고, 의미의 차이도 드러난다. 동사 shut의 개념바탕에는 닫는 이, 닫히는 개체(문), 닫히는 개체가 붙어 있는 개체 (방), 닫을 때 끼이는 개체, 갇히는 개체, 들어가지 못하고 밖에 있는 개체 등이 있다. 이것을 그림으로 나타내면 다음 〈그림 1-a〉와 같다. 개념바탕에 있는 참여자가 어떻게 선택적으로 나타나는지 살펴보자. 〈그림 1-a〉에는 shut의 개념바탕에 있는 참여자들이 표시되어 있다. 먼저 닫는 이와 또 다른 개체가 선택되어 타동사로 쓰이는 예를 살펴보자.

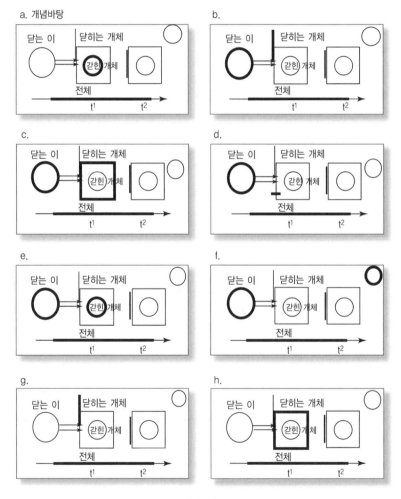

그림 1

1) 타동사 용법

〈그림 1-b〉에서는 닫는 이와 닫히는 개체가 부각되어 있다. 이것은 다음과 같이 주어와 목적어로 표현된다.

(4) a. He shut **the window**.
     그는 그 창문을 닫았다.

   b. He shut **the door** (against/to/on) him.
     그는 그 문을 그에게 닫았다.

   c. He shut **the lid** of the box.
     그는 그 상자의 뚜껑을 닫았다.

   d. Would you shut **the gate** as you go out?
     나갈 때 그 대문을 닫아 주시겠어요?

〈그림 1-c〉에는 닫는 이와 닫히는 개체가 붙어 있는 개체 (전체)가 부각되어 있다. 이들은 다음과 같이 주어와 목적어로 각각 표현된다. 다음 목적어는 잠금장치를 가지고 있다.

(5) a. He shut up **the house** for the winter.
     그는 겨울 동안 그 집을 닫았다.

   b. He shut **the room/shop**.
     그는 그 방/가게를 닫았다.

   c. They shut **the villa** for the winter.
     그는 그 별장을 그 겨울 동안 닫았다.

   d. He shut and locked **the cupboard**.
     그는 그 찬장을 닫고 잠구었다.

   e. They shut **the library** early on Wednesdays.
     그들은 수요일에 일찍 도서관을 닫는다.

   f. We are shutting **the office** for two weeks.
     우리는 그 사무실을 2주 동안 닫고 있다.

다음 주어는 목적어를 닫는다. 목적어는 신체부위로서 덮히거나 열고 닫을 수 있는 부분이다. 이 경우 목적어는 닫히는 개체 (전체)이지만 부분과의 경계가 확실하지 않다.

(6) a. He shut **his face/ears**.
그는 그의 얼굴/귀를 닫았다.

  b. He told me to shut **my mouth**.
그는 나에게 입을 다물라고 말했다.

  c. He shut **his eyes** and tried to sleep.
그는 눈을 감고 자려고 노력했다.

  d. Shut **your eyes** and hold out your tongue.
너의 눈을 감고, 너의 혀를 내밀어라.

  e. He shut **his mind/heart** to all treaties.
그는 그의 마음을 모든 간청에 닫았다.

'눈을 닫는다' 는 환유적으로 '보지 않는다' 는 뜻으로 쓰인다.

(7) a. Until now he **shut** his **eyes** to the homelessness problem.
지금까지 그는 그의 눈을 그 부랑자 문제에 대해 감았다.

  b. The examiner **shut** his **eyes** to the fact.
그 검사관은 그의 눈을 그 사실에 대해 감았다.

다음 주어는 목적어를 닫는다. 목적어는 열렸다 닫히는 개체이다.

(8) a. He shut **the knife/umbrella**.
그는 그 칼/우산을 접었다.

  b. He shut **the book**, and put it down on the table.
그는 그 책을 덮고, 그것을 그 테이블에 내려놓았다.

〈그림 1-d〉에서는 닫는 이 그리고, 닫는 이가 무엇을 닫으면서 끼이게 되는 개체가 부각되어 있다. 이들은 주어와 목적어로 각각 표현된다.

(9) a. He shut his finger **in** the door.
     그는 그의 손가락을 그 문에 끼었다.

   b. He shut his hand **in** the car door.
      그는 그의 손을 그 차문에 끼었다.

   c. He shut his clothes **in** the car door.
      그는 그의 옷을 그 차문에 끼었다.

   d. She shut her shirt **in** the door.
      그녀는 그의 셔츠를 그 차문에 끼었다.

〈그림 1-e〉에서 닫는 이와 어떤 장소에 갇히게 되는 개체가 부각되고 이들은 주어와 목적어로 표현되어 있다.

(10) a. He shut the bird **in** a cage.
      그는 그 새를 새장에 가두었다.

    b. They shut the man **in** a cell.
       그들은 그 남자를 감방에 가두었다.

    c. The gunman shut us **in** the bathroom.
       그 총잡이는 우리를 그 화장실에 가두었다.

    d. They shut the thief **in** prison.
       그들은 그 도둑을 감옥에 가두었다.

    e. He shut himself **in** his room.
       그는 자신을 그의 방에 가두었다.

    f. He shut the horses **in** their pens.
       그는 그 말들을 그들의 우리에 가두었다.

    g. He shut the cat **into** her room.
       그는 그 고양이를 그녀의 방에 가두었다.

h. He shut the dog **out** of the room.
   그는 그 개를 그 방 밖에 두었다.

i. We shut dog **in** at night.
   우리는 그 개를 밤에는 안에 가두어 둔다.

〈그림 1-f〉에서는 닫는 이와 닫는 이가 닫아서 들어가지 못하는 개체가 있다. 이들은 주어와 목적어로 각각 표현되어 있다.

(11) a. The management shut **out** the workers by locking the gate.
        그 경영진은 그 문을 잠구어서 그 노동자들을 못 들어오게 했다.

   b. The pitcher shut **out** the last two teams.
      그 투수는 마지막 그 두 팀을 완봉했다.

   c. Can't we do anything to shut **out** the dreadful noise?
      저 끔찍한 소음이 들어오지 않게 무엇을 할 수 없을까?

   d. She cannot shut **out** unwelcome thoughts from her mind.
      그녀는 반갑지 않은 생각들을 그녀의 마음으로부터 막을 수 없었다.

   e. They shut him **out** of the club.
      그들은 그를 그 클럽에 들어오지 못하게 했다.

소리, 빛, 생각, 기억 등은 구체적인 개체로 개념화되어 차단시켜서 의식이나 머릿속에 들어오지 못하게 하는 것으로 표현된다.

(12) a. The double glazing shuts **out** most of the traffic noise.
        그 이중창은 거의 모든 교통 소음을 막아서 못 들어오게 한다.

   b. She finds it impossible to shut **out** the memory of the accident.
      그녀는 그 사고의 기억을 막아 못 들어오게 하는 것이 불가능하다는 것을 깨닫는다.

   c. The trees shut **out** the view.
      그 나무들은 그 시야를 막는다.

다음은 수동태 문장으로 주어는 들어가지 못하고 밖에 있다.

(13) a. The wind blew the door closed, and I'm shut **out**.
       그 바람이 그 문을 닫아서 나는 들어가지 못하고 있다.

     b. She has been shut **out** of high society.
        그녀는 상류사회에 들어가지 못했다.

다음 주어는 스위치 같은 것을 닫아서 물이나 전기 가스 등을 차단한다.
여기서 목적어는 어떤 그릇 속에 들어 있는 물질이다.

(14) a. He shut **off** the flow of water.
       그는 그 물의 흐름을 잠궜다.

     b. He shut **off** the electricity.
        그는 그 전기를 끊었다.

     c. She shut herself **off** from her friends and family.
        그녀는 친구와 가족들에게서 스스로를 격리시켰다.

     d. Gas supplies were shut **off** for a week.
        가스 공급이 일주일 동안 끊겼다.

다음 주어는 목적어를 닫아서 움직이지 않게 만든다. 이것은 환유적 표
현으로 공장 폐쇄 과정의 하나는 문을 닫는 일이고, 이 문을 닫는 일이 공장
의 폐쇄를 가리킨다.

(15) They are going to shut **down** the factory.
      그들은 그 공장을 폐쇄할 것이다.

2) 자동사 용법

〈그림 1-g〉에서는 닫히는 개체만 부각되어 있다. 이것은 주어로 표현되

어 있고, 이 개체는 스스로의 힘으로 닫힌다.

(16) a. **The door** would not shut.
그 문이 닫히지 않는다.

b. **The window** won't shut.
그 창문은 닫히지 않는다.

c. **The door** shut of itself.
그 문이 저절로 닫혔다.

d. **The screen door** shuts gently.
그 스크린 문은 부드럽게 닫힌다.

e. **His mouth** opened and shut again.
그의 입이 열리고 다시 닫혔다.

〈그림 1-h〉에는 닫히는 부분을 포함하는 전체가 부각되어 있고, 이는 주어로 표현되어 있다.

(17) a. **The shop** shuts at 6:00.
그 상점은 6시에 닫힌다.

b. What time does **the shop** shut on Sundays?
그 상점은 일요일에 몇 시에 닫히느냐?

다음은 엔진이 환유적으로 쓰여서 기능을 가리킨다.

(18) **The engine** shuts automatically when the desired temperature is reached.
원하는 온도에 다다르면 그 엔진은 자동적으로 꺼진다.

다음에서의 주어는 닫히는데 실제 닫히는 것은 꽃잎이므로, flowers가 환유적으로 쓰였다.

(19) **Flowers** shut at night.
꽃은 밤에 닫힌다.

위에서 우리는 동사 shut의 개념바탕에 있는 참여자가 어떻게 선택적으로 부각되어 자동사와 타동사 용법이 정해지며, 또 타동사의 목적어의 성질이 어떻게 다른가를 살펴보았다. 이런 가운데 이 동사는 여러 가지의 뜻을 가지고 있지만, 이들 뜻은 개념바탕을 중심으로 서로 연관되어 있음도 살펴보았다. 다음 소절에서는 어떤 불변사가 이 동사와 쓰이며, 불변사는 어떤 기능을 하는가를 살펴보겠다.

3) shut과 불변사

동사 shut은 불변사 away, down, in, off, on/upon, out, to, up과 쓰인다. 이 동사는 자동사와 타동사로 쓰이는데 자동사로 쓰일 때 주어의 선택과, 타동사로 쓰일 때 목적어의 선택은 불변사에 의해 결정되는 수가 있다. 동사 shut은 불변사 away, in, off, out과 같이 쓰여서 구절동사를 이루는 한편, 이 구절동사가 타동사로 쓰일 때, 동사의 목적어는 away나 in과 같이 쓰이면 갇히는 개체가 되고, off와 out과 쓰이면 어떤 영역에 들어가려고 하나 들어가지 못하는 개체가 된다.

아래 (20)과 (21)의 경우에서 목적어는 갇히는 개체이다. (20)에서는 away와 같이 쓰이며 목적어는 어디에 갇혀서 다른 것으로부터 떨어져 있고, (21)에서는 in과 같이 쓰이며 목적어는 어디에 갇혀 있다.

(20) a. I had to shut myself **away** for a week to finish the paper.
나는 그 보고서를 끝마치기 위해 일주일간 틀어박혀 있어야 했다.

b. They shut **away** the prisoners.
그들은 그 죄수들을 가두어 격리시켰다.

(21) a. It is not nice to shut the cat **in** the house all day.
그 고양이를 집에 하루 종일 가두어두는 것은 좋지 않다.

b. She shut herself **in** her bedroom all day long.
그녀는 그녀의 침실에 하루 종일 틀어박혀 있었다.

c. It is not nice to shut the dog **in** all day long.
그 개를 하루 종일 가두어두는 것은 좋지 않다.

[탄도체 off 지표]에서 탄도체는 지표에서 떨어져서 차단되거나 분리된
다. 다음 (22)에서 주어는 목적어를 어디에 가두어서 from의 지표에서 분리
되게 한다. (23)에서 주어는 무엇을 닫거나 잠구어서 목적어를 들어오지 못
하게 차단한다.

(22) a. He shut himself **off** from his old friends.
그는 그 자신을 그의 오랜 친구들로부터 차단했다.

b. This is a beautiful valley, shut **off** by mountains from the rest
of the world.
이곳은 산들에 의해 나머지 세상으로부터 차단된 아름다운 골짜기이다.

(23) a. Please shut **off** the terrible noise.
제발 그 지독한 소음을 막아주세요.

b. They shut **off** the hot water.
그들은 뜨거운 물을 잠궜다.

c. The machine shuts **off** by itself at the end of the recording.
그 기계는 녹음 끝무렵에 스스로 작동을 멈춘다.

shut과 out이 쓰인 구절동사의 경우 목적어는 밖에서 안으로 들어오려
고 하거나 들어오는 경향이 있는 개체가 된다. 즉, 주어는 목적어를 밖에서
안으로 들어오지 못하게 한다. 다음을 살펴보자.

(24) a. He tried to shut **out** the terrible noise.
그는 그 무시무시한 소리를 들이지 않으려고 노력했다.

b. The rain shut **out** the air very effectively.
그 비는 공기를 매우 효과적으로 차단시켰다.

위 (24)의 목적어 the terrible noise와 the air는 어디에 들어오는 경향이 있는 개체이다. 주어는 무엇을 닫거나 잠구어서 목적어가 못 들어오게 한다. 동사 shut이 불변사 up과 같이 쓰이면, 목적어는 닫히는 개체 전체가 된다.

(25) a. We shut **up** the room very securely.
우리는 그 방을 매우 안전하게 잠궜다.

b. Shut him **up**; he's said quite enough already.
그를 조용히 시켜라. 그는 이미 충분히 말했다.

위 (25a)의 경우, 주어는 어느 방의 문과 창문과 같이 잠글 수 있는 모든 잠금장치를 잠근다.

위에서 살펴본 목적어와 불변사 사이의 관계는 우연한 깃이 아니고, 동사와 불변사의 의미에서 찾아볼 수 있다. 동사와 불변사가 결합되기 위해서는 대응하는 요소가 있어야 한다. 이 대응요소를 찾으면 바로 그 결합가능성이 드러난다. 예로서, shut과 in의 결합을 살펴보자. shut과 in의 의미는 〈그림 2-a〉와 〈그림 2-b〉 각각에 제시되어 있다. 불변사 in의 의미는 탄도체가 지표 안에 들어와 있는 관계를 나타낸다. in의 탄도체는 shut의 마지막 단계에서 어느 개체 안에 들어 있는 개체와 대응하고, in의 지표는 방과 같은 개체에 대응한다. 아래 그림에서 대응하는 점을 포개면 합성구조 〈그림 2-c〉가 생긴다.

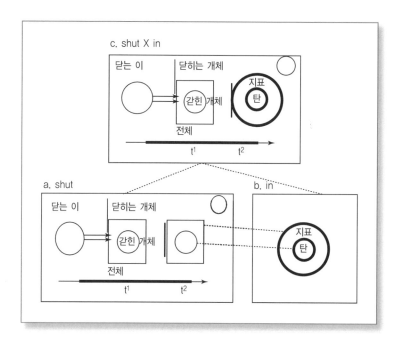

그림 2

또 한 예로, shut X out을 살펴보자. 불변사 out은 [탄도체 out of 지표]
에서 탄도체가 지표의 밖에 있는 관계를 나타낸다. 이 탄도체는 shut의 개
념바탕 가운데 잠겨서 영역에 들어가지 못하는 개체에 해당된다. 그리고 불
변사의 암시된 지표는 영역에 해당된다. 이렇게 대응되는 개체를 포개면
〈그림 3-c〉가 나타난다.

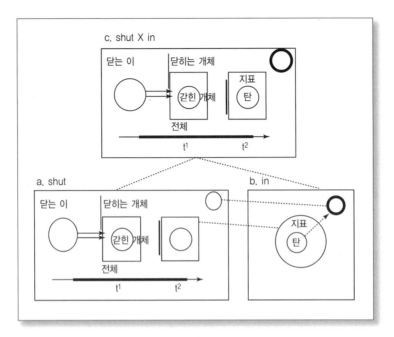

그림 3

4) cut과 불변사

위에서 우리는 shut이 쓰인 구절동사를 살펴보면서, 타동사 구절동사의
목적어는 불변사에 의해 좌우됨을 알게 되었다. 두 요소 사이의 이러한 관계
가 동사 shut에만 국한된 것이 아님을 보여 주기 위해서 동사 cut의 예를 하
나 더 살펴보기로 하겠다. 동사 cut의 개념바탕에는 자르는 이, 도구, 잘리는
개체, 잘려서 나오는 개체 등이 있다. 이것을 다음 〈그림 4〉와 같이 개략적
으로 나타낼 수 있다. 자르는 이는 날카로운 도구를 써서 어느 개체를 자른
다. 이 과정이 끝까지 가면 잘리는 개체 (P)에서 한 부분 (B)이 잘려나간다.

동사 cut이 불변사 away, off, out과 쓰이면, 잘려나가는 부분 (B)이 목
적어로 선택되고 (그림 4-b 참조), back, down, up와 쓰이면, 전체 (P)가

목적어가 된다 (그림 4-c 참조). 다음 (26)에서 불변사 away가 쓰였는데, 여기서 목적어는 잘려나가는 부분이다. 마찬가지로 (27)과 (28)에서는 불변사 off와 out이 각각 쓰였는데 이 경우 동사의 목적어는 모두 잘려나가는 부분이다. 다음 예를 살펴보자.

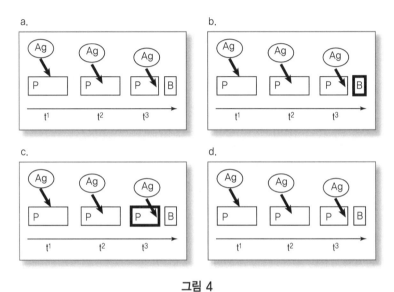

그림 4

(1) cut away

(26) a. The doctor had to **cut away** some flesh from the wounded leg.
그 의사는 약간의 살을 그 상처입은 다리로부터 잘라내야만 했다.

b. The front of the coat was **cut away**.
그 코트의 앞부분이 잘려나갔다.

c. The gardener **cut away** the overhanging branches.
그 정원사는 그 돌출한 가지들을 잘라내었다.

(2) cut off

(27) a. The boy **cut** the top **off** before eating the carrot.
그 소년은 당근을 먹기 전에 윗부분을 잘라내었다.

  b. The robber threatened to **cut off** the old woman's head.
그 도둑은 그 늙은 여인의 머리를 잘라내겠다고 협박했다.

(3) cut out

(28) a. He **cut out** the ad.
그는 그 광고를 잘라내었다.

  b. He **cut out** the last sentence.
그는 마지막 문장을 없앴다.

  c. He **cut out** all references to the chairman.
그는 그 의장에게 향한 모든 언급들을 없앴다.

다음 (29)~(32)에서는 동사 cut이 back, down, up, in과 쓰였다. 이 때 목적어는 피영향자 전체이다.

다음 back은 수, 양, 크기 등이 많아진 것을 이전의 수준으로 낮추는 과정을 나타낸다. 이 때 cut off의 목적어는 잘라지는 부분이 아니라 전체이다.

(4) cut back

(29) a. The gardener **cuts** roses **back** in the spring.
그 정원사는 장미나무를 봄에 짧게 쳤다.

  b. The manager decided to **cut back** production.
그 지배인은 생산량을 이전의 수준으로 줄이기로 결정했다.

  c. The firm **cut back** its work force by 30%.
그 회사는 그 노동력을 30% 낮추었다.

(29a)는 다음과 같이 그림으로 나타낼 수 있다. 어느 시점 t¹에서 어느 개체가 특정한 크기를 가지고 있을 때 시간이 지나면서, 이 개체는 크기가 커진다. 이렇게 커진 개체를 잘라서 다시 더 작은 개체가 되게 한다.

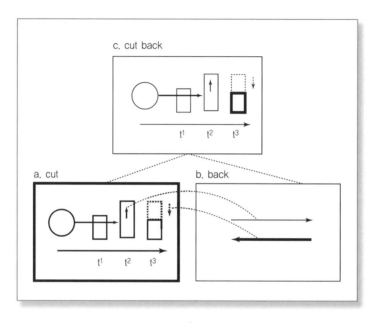

그림 5

(5) cut down

불변사 down은 수, 양, 크기의 작게됨을 나타낸다. 이 때 목적어는 전체가 아니라 부분이다.

(30) a. He **cut down** his trousers.
          그는 그의 바지를 잘라 줄였다.

      b. Finally she **cut down** her shopping to twice a week.
          마침내 그녀는 그녀의 쇼핑을 주 2회로 줄였다.

(6) cut up

불변사 up은 어떤 과정이 끝까지 완전히 진행됨을 나타낸다. 이 때 목적어는 부분이 아닌 전체이다.

(31) a. He **cut up** the meat for the patient.
그는 그 고기를 환자를 위해 썰었다.

b. You can **cut up** this wood very easily.
너는 이 나무를 매우 쉽게 자를 수 있다.

(7) cut in

불변사 in은 탄도체가 지표 안에 들어오거나 들어가 있는 상태를 나타낸다.

(32) All of a sudden, a big car **cut in**, forcing us to slow down.
갑자기, 큰 차가 우리를 감속하게 하면서 끼어들었다.

위에서 살펴본 동사 **shut**의 의미 가운데 하나는 주어가 무엇을 잠구어서 어떤 개체가 공간에 들어가 있게 되는 과정이다. 동사 가운데는 방법은 다르지만 **shut**과 같은 결과를 가져오는 동사가 있다. 이러한 동사는 **shut**과 비슷하게 구절동사를 이룰 것으로 예측할 수 있었는데 대표적인 동사가 **wall**이다. 이 동사는 명사 '벽이나 담'에서 파생된 동사로 뜻은 어디에 벽이나 담을 치는 과정을 나타낸다. 이것을 그림으로 나타내면 다음 〈그림 6〉과 같다. 〈그림 6-a〉에서 개체들이 어떤 영역의 안에 있다. 여기에 벽이나 담이 다 쳐지면 어떤 개체는 그 안에 들어오고, 어떤 것은 그 밖에 있게 된다. 동사 **wall**과 불변사 **in**이 쓰이면 목적어는 벽이나 담 안에 들어오는 개체가 되고, **out**이 쓰이면 벽이나 담 밖에 있는 개체가 선택된다.

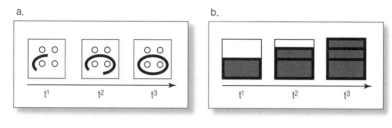

그림 6

(33) a. She decided to **wall** the garden **in**.
　　　그녀는 그 정원을 벽으로 둘러싸기로 결정했다.

　　b. They **walled** themselves **in**.
　　　그들은 그들 자신을 꼼짝 못하게 했다.

　　c. The city **walled** the palace **in**.
　　　그 도시는 그 궁전을 둘러싸고 있었다.

다음 (34)에서 목적어는 벽이나 담으로 분리되는 개체이다. 이 관계는 불변사 off로 명시된다.

(34) a. They **walled off** the south door to the building.
　　　그들은 그 빌딩으로 가는 남쪽 문을 담을 쳐서 막았다.

　　b. She **walled off** the living room.
　　　그녀는 그 거실을 벽으로 막았다.

　　c. The area is **walled off**.
　　　그 지역은 벽을 쳐서 가로막혔다.

불변사 up이 쓰이면 목적어는 공간이 된다. 주어는 어떤 공간을 벽이나 담으로 메운다.

(35) a. They **walled up** the fireplace.

그들은 그 난로를 벽을 쳐서 완전히 막아버렸다.

b. The man **walled up** the doorway.

그 남자는 그 현관을 벽으로 막았다.

c. They **walled up** the prisoner alive in a tomb.

그들은 그 죄수를 살아있는 채로 무덤 속에 감금했다.

동사 shut이나 wall의 과정과 마찬가지로 어떤 개체가 갇히거나 둘러싸이는 과정을 나타내는 동사는 불변사 in이나 off와 같이 쓰여서 구절동사를 이룬다.

위에서 우리는 타동사로 쓰인 구절동사의 경우 목적어는 불변사와 밀접한 관계가 있음을 살펴보았다. 다음에는 불변사가 동사의 타동성과 관련되는 예를 살펴보겠다.

(36) a. He tried to **rope** me **in**.

그는 나를 옭아매려고 노력했다.

b. Don't **fence** me **in**. You make me feel trapped.

나를 가두지 마라. 너는 내가 덫에 잡힌 기분을 느끼게 한다.

c. The farmer **fenced in** his fields to keep his sheep from getting loose.

그 농부는 그의 양들이 달아나지 못하도록 그의 밭들을 울타리로 둘러쌌다.

(37) a. The police **roped off** the area.

그 경찰은 그 지역을 밧줄로 구획지었다.

b. They **fenced off** the playground from the main road.

그들은 그 운동장을 그 간선 도로로부터 울타리로 구획지었다.

c. Much of the shop was **roped off** because they are doing major repairs.

그 가게의 대부분이 주요 수리중에 있기 때문에 밧줄로 출입이 금지되었다.

d. They **fenced off** the pool because it was dangerous.
그들은 그 웅덩이를 그것이 위험하기 때문에 울타리로 막았다.

2. 불변사와 타동성

영어동사 가운데는 보통 자동사로 많이 쓰이나 타동사로 쓰이는 것이 있다. 타동사로 쓰일 때는 불변사의 유무에 따라서 목적어의 성질이 다르게 나타난다. 동사 live를 예로 들어보면, 다음 (38)에서는 동사가 자동사로 쓰였으나 (39)에서는 동사가 동족목적어를 갖는 타동사로 쓰였다.

그러나 불변사가 동사의 타동성을 결정하는 것을 볼 수 있다. 다음에서는 이러한 경우의 예들을 불변사 against, away, down, in, off, out, to/into, up을 통해 살펴보겠다.

(38) a. She wants to **live** forever.
그녀는 영원히 살기를 원한다.

b. I think he **lives** somewhere in San Jose.
나는 그가 산 호세 어딘가에 살고 있다고 생각한다.

c. They **live** in poverty.
그들은 가난하게 산다.

(39) a. He **lived** a life of pleasure.
그는 즐거운 삶을 살았다.

b. Now she can **live** her own life.
지금 그녀는 그녀 자신의 삶을 살 수 있다.

1) against

어느 동사가 타동사로 쓰이고 그 목적어가 주어의 신체의 일부가 되면, 이 동사는 성질이 달라진다. 먼저 다음의 짝지어진 예를 살펴보자.

(40)　a. He hit the boy **on the head**.
　　　 b. He hit the boy.

(41)　a. He hit his head **against the wall**.
　　　 b. He hit his head.

(40a)의 경우에는 주어가 목적어에 힘을 가하여 목적어가 영향을 받는
다. 전치사구 on NP는 목적어가 영향을 받는 부분을 가리키고, 이 전치사
구는 전체 문장의 풀이에 크게 영향을 주지 않는다. (40a)의 경우, 주어가
목적어에 영향을 주어서 목적어가 전치사구의 목적어에 가 부딪히게 된다.
이 때 주어는 의도적으로 하는 것이 아니라 어떻게 하다보니 그렇게 되는
것이다. 그러므로 주어는 행위자가 아니라 경험자인 것이다. (41a)의 경우
전치사구 against NP는 필수적인 요소로서 (41b)에서와 같이 전치사구가 쓰
이지 않으면 (41a)와 같은 뜻이 생기지 않는다.

위에서 살펴본 현상은 동사 **hit**에만 국한된 것이 아니라, **hit**와 비슷한 거
의 모든 접촉동사에서 찾아볼 수 있는 현상이다. 다음 예를 통해 살펴보자.

(42)　a. He **bashed** his arm **against** the shelf.
　　　　 그는 그의 팔을 그 선반에 세게 쳤다.

　　　 b. I **bumped** my head **against** the ceiling.
　　　　 나는 나의 머리를 그 천장에 부딪쳤다.

　　　 c. He **banged** his head **against** the post.
　　　　 그는 그의 머리를 그 기둥에 부딪쳤다.

　　　 d. He **beat** his head **against** a brickwall.
　　　　 그는 그의 머리를 그 벽돌 벽에 부딪쳤다.

　　　 e. He **hit** his head **against** the doorpost.
　　　　 그는 그의 머리를 그 문설주에 부딪쳤다.

　　　 f. He **knocked** his head **against** the doorknob.
　　　　 그는 그의 머리를 그 문손잡이에 부딪쳤다.

g. He **knocked** his elbow **against** the table.
그는 그의 팔꿈치를 그 탁자에 부딪쳤다.

h. He **kicked** his toes **against** the stone.
그는 그의 발가락을 그 돌에 부딪쳤다.

i. He **struck** his knee **against** the chair.
그는 그의 무릎을 그 의자에 부딪쳤다.

위에서 살펴본 문장 (40a)와 (41a)의 차이는 다음과 같이 나타낼 수 있다. 편의상 두 문장을 아래에 다시 제시하겠다.

(40) a. He hit the boy **on the head**.

　　　b. He hit the boy.

(41) a. He hit his head **against the wall**.

　　　b. He hit his head.

(40a)에서 주어는 목적어에 힘을 가하고, 이 힘은 목적어의 머리에 가해진다. 그러나 (41a)에서 주어는 목적어에 영향을 주어서 목적어가 전치사 against의 목적어에 가닿게 된다. 이를 다음 그림을 통해 살펴보자.

〈그림 7-a〉에서 주어는 목적어에 충격을 주지만, 〈그림 7-b〉에서는 목적어가 전치사 against의 목적어에 가닿으면서 충격을 받는다.

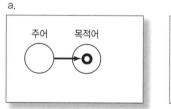 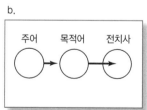

그림 7

2) down

다음에서 live는 구절동사로 쓰였다. 이 구절동사에 쓰인 목적어는 불변사 down이 없으면 쓰일 수 없다. 다음 예에서 (43a)는 down이 쓰여서 문법적이나 이 불변사가 쓰이지 않은 (43b)는 비문법적이다.

(43) a. She wants to **live down** her past.
그녀는 살면서 그녀의 과거를 잊기를 원한다.

b. *She wants to **live** her past.

(44) a. He can never hope to **live down** these shortcomings.
그는 절대로 이런 결점들을 살면서 잊어버리기를 바랄 수 없다.

b. *He can never hope to **live** these shortcomings.

(45) a. He is trying very hard to **live down** one silly mistake.
그는 하나의 어리석은 실수를 살면서 잊어버리기 위해 열심히 노력하고 있다.

b. *He is trying very hard to **live** one silly mistake.

이런 현상은 live와 down에만 국한된 것은 아니다. 아래에서 비슷한 현상을 살펴보기로 하자.

3) away

다음 (46)과 (47)에는 불변사 away가 쓰였다. 이 불변사가 쓰이면 문장은 문법적이나, 쓰이지 않으면 비문법적이다.

(46) a. He likes to (*dream/dream away) an afternoon in the sun.
그는 햇빛 속에서 즐거운 몽상을 하면서 오후를 보내기를 좋아한다.

b. You can (*sing/sing away) the whole morning.
너는 아침 내내 노래를 부르면서 보낼 수 있다.

c. It is pleasant to (*while/while away) the morning in the sun.
햇빛 속에서 아침을 빈둥빈둥 보내는 것은 즐겁다.

d. Are you going to (*sleep/sleep away) the whole morning?
너는 아침 내내 잠을 자면서 보낼거니?

(47) a. He (*laughed/laughed away) his foolish fears.
그는 그의 어리석은 공포를 웃어서 떨쳐 버렸다.

b. You can (*sing/sing away) your cares.
너는 너의 근심을 노래를 불러서 없애 버릴 수 있다.

c. You can (*talk/talk away) your fear.
너는 너의 공포를 이야기를 해서 떨쳐 버릴 수 있다.

d. She tried to (*wink/wink away) her tears.
그녀는 눈을 깜박여서 눈물을 없애려고 노력했다.

다음 표현에는 불변사 down이 쓰였다. 이 불변사가 쓰이면 문장은 문법적이고, 안 쓰이면 비문법적이다.

(48) a. The teacher (*frowned/frowned down) the child when he kept repeating his request.
그 교사는 그 아이가 같은 요구를 반복했을 때 무서운 얼굴로 아이를 위압했다.

b. The crowd (*laughed/laughed down) the speaker.
그 군중이 웃어대어 그 연설자를 중단시켰다.

c. The doctor (*played/played down) the serious nature of her illness.
그 의사는 그녀 병의 심각성을 경시했다.

d. Don't (*shout/shout down) the speaker.
소리질러 그 연설자의 말을 중단시키지 마라.

4) into

영어에는 다음과 같은 비슷한 두 구조가 있다. 첫째 구문에는 to V가 쓰였고 둘째 구문에서는 into V-ing가 쓰였다.

(49) a. 주어 + 동사 + 목적어 + to V

b. 주어 + 동사 + 목적어 + into V-ing

어떤 동사는 첫째 구문에만 쓰이고, 어떤 동사는 둘째 구문에만 쓰인다. 그리고 또 다른 종류의 동사는 위의 두 구문에 다 쓰인다. 다음 예에 쓰인 ask는 to V만 쓰이고, terrify는 into V-ing와만 쓰인다. 그리고 force는 양쪽으로 다 쓰인다.

(50) a. He asked me (to come/*into coming) to the wedding.
    그는 나에게 그 결혼식에 오라고 요청했다.

b. The thunder terrified him (*to run/into running) for his life.
    그 천둥은 그를 위협하여 죽을 힘을 다해 달리게 했다.

c. The boss forced him (to come/into coming) to the meeting.
    그 사장은 그를 그 모임에 오도록 강요했다.

위에서 살펴본 바와 같이 (49)의 두 구문과 관련하여 동사를 다음과 같이 세 가지로 나누어 볼 수 있다.

(51) **to V**	**to V/into V-ing**	**into V-ing**	
ask	badger	bludgeon	goad
beg	coerce	bulldozer	frighten
counsel	force	bluff	railroad
entreat	press	browbeat	shock

expect	wheedle	cajole	snow
request		cow	trap
require		coax	trick
		entrap	terrify
		fool	

어느 동사가 특정 구문에 쓰임은 그 동사의 의미와 구문의 의미가 양립될 때 가능하다. to V가 쓰인 구문에서 주어는 목적어에 영향을 주고, 목적어는 영향을 받지만, 어느 정도 목적어 자신의 의사나 의지를 행사할 수 있다. 이러한 의미에 비추어 보면, 동사 ask, beg, counsel 등이 to V의 구문에 쓰인 것은 당연하게 여겨진다. 한편, into V-ing가 쓰인 구문에서 주어는 목적어에 영향을 주어서 목적어가 아무런 의지나 의사를 행사하지 못하고 V-ing가 나타내는 과정에 들어간다. 이러한 의미와 동사 frighten, shock, terrify 등이 양립된다. 이 두 극단의 동사 사이에는 to V와 into V-ing 구조에 모두 쓰이는 동사가 있다.

다음 문장에 쓰인 동사는 to V 구조에만 쓰인다.

(52) a. They requested us (**to assemble**/*into assembling**) in the hall.
그들은 우리가 그 홀에 모이기를 요청했다.

b. We asked them (**to come** in/*into coming** in).
우리는 그들에게 들어오라고 부탁했다.

c. We begged them **to come**/*into coming**.
우리는 그들이 오기를 간청했다.

다음에 쓰인 동사는 to V와 into V-ing 구조 모두에 쓰인다.

(53) a. He coaxed me (**to go**/**into going**) to the party.
그는 나를 구슬려 그 파티에 가게 했다.

b. He forced me (**to go/into going**) to the meeting.
그는 나를 그 모임에 가도록 강요했다.

c. They coerced us (**to negotiate/into negotiating**) a settlement.
그들은 우리를 한 해결책을 협상하도록 위협했다.

d. I badgered him (**to come/into coming**) with us.
나는 그를 우리와 함께 오도록 괴롭혔다.

e. I wheedled my patients (**to take/into taking**) me to the cinema.
나는 감언이설로 나의 환자들을 꾀어서 나를 극장에 데려가게 했다.

f. I cajoled my mother (**to buy/into buying**) me a new dress.
나는 나의 어머니를 나에게 새 옷을 사주도록 부추겼다.

g. They pressed me (**to make/into making**) a quick decision.
그들은 나를 빠른 결정을 하도록 강요했다.

다음에 쓰인 동사는 into V-ing의 구조에만 쓰인다.

(54) a. He frightened me (***to sell/into selling**) the stock.
그는 나를 겁을 주어서 그 주식을 팔도록 했다.

b. He cowed me (***to reveal/into revealing**) the secrets.
그는 나를 위협하여 그 비밀들을 밝히도록 했다.

c. He goaded me (***to lend/into lending**) him the money.
그는 나를 선동하여 그에게 돈을 빌려주도록 했다.

d. They bludgeoned her (***to join/into joining**) their protest.
그들은 그녀를 협박하여 그들의 항의에 참여하도록 했다.

e. I bullied him (***to sign/into signing**) the contract.
나는 그를 겁주어 그 계약에 서명하도록 했다.

f. They manipulated us (***to agree/into agreeing**) to help.
그들은 우리를 조종하여 돕는 일에 동의하도록 했다.

g. They railroaded us (***to build/into building**) the bridge.
그들은 우리를 볶아쳐서 그 다리를 건설하도록 시켰다.

h. They snowed us (*__to sign__/__into signing__) the document.
그들은 감언이설로 우리를 설득하여 그 문서에 서명하도록 했다.

(55) a. He was terrified (*__to run__/__into running__) for his bike.
그는 위협받아 자전거를 향해 달렸다.

   b. He was panicked (*__to make__/__into making__) a wrong decision.
그는 공포에 질려 잘못된 결정을 내렸다.

위에서 살펴본 구문은 타동성과 관련된다. 동사 가운데는 다음과 같이 사람인 목적어만을 취하지 않는 동사가 있다. 즉, 사람이 목적어로 쓰인 문장은 자연스럽지 못하지만, into V-ing의 구문에서는 자연스러운 문장이 된다.

(56) a. ?He (argued/talked/reasoned) him.

   b. He (argued/talked/reasoned) him __into__ agreeing to his plan.
그는 그가 그의 계획에 동의하도록 설득했다.

into V-ing의 구조에 쓰이는 동사는 out of V-ing의 구문에도 쓰인다.

(57) a. We cajoled father __out of__ punishing the sister.
우리는 아버지를 꾀어 누이를 벌주는 것을 그만두게 했다.

   b. The presence of the police frightened the thief __out of__ breaking into the house.
경찰의 존재는 그 도둑을 위협하여 그 집에 침입하는 것을 못하게 했다.

   c. They terrified the girl __out of__ going alone at night.
그들은 그 소녀를 겁주어 밤에 홀로 가지 못하게 했다.

   d. His friends talked her __out of__ marrying the man.
그의 친구들은 그녀를 설득하여 그 남자와 결혼할 것을 단념시켰다.

5) off

다음에는 불변사 off가 쓰였다. 이 불변사 off가 쓰이지 않으면 그 문장들은 비문이 된다.

(58) a. He is (*coughing his head/coughing his head off).
그는 머리가 떨어지게 기침을 하고 있다.

   b. Come over and (*laugh/laugh off) your fears.
이리와 웃어서 너의 공포를 떨쳐버려라.

   c. The child (*rattled/rattled off) the names of the presidents.
그 아이는 대통령들의 이름을 빠르게 외었다.

   d. He is (*yelling his head/yelling his head off).
그는 머리가 떨어지도록 고함지르고 있다.

   e. He (*slept/slept off) his bad tempers.
그는 잠을 자서 그의 심한 화를 없앴다.

   f. In the steam bath, she (*sweated/sweated off) one pound a
day.
한증탕에서, 그녀는 땀을 내어 하루에 1파운드를 줄였다.

   g. She tried to (*walk/walk off) the effect of the drink.
그녀는 걸어서 술기운을 없애려고 했다.

   h. You must (*work/work off) the stiffness with some exercise.
너는 그 뻣뻣함을 약간의 운동으로 제거해야 한다.

6) out

다음 표현에는 불변사 out이 쓰였다. 이 불변사가 쓰이면 문장들은 문법적이고, 안 쓰이면 비문법적이 된다.

(59) a. He wanted to live **out** his remaining days in peace.
그는 평화 속에 그의 여생을 살기를 원했다.

b. He wants to live **out** his days in the country.
그는 그의 생애를 그 시골에서 보내기를 원한다.

c. Will she live **out** the year?
그녀는 그 해를 살아서 넘길까?

다음 주어는 목적어를 살면서 표출되게 한다.

(60) a. Their parents allowed their sons to live **out** their natural interests.
그들의 부모들은 아들들을 그들 본연의 관심을 살면서 끌어내도록 허락했다.

b. He wants to live **out** a strange dream.
그는 살면서 이상한 꿈을 실현하기를 원한다.

다음 주어는 목적어를 빠지게 한다.

(61) a. He cried his eyes **out**.
그는 눈이 빠지도록 울었다.

b. The children are singing their hearts **out**.
그 아이들은 가슴이 터지도록 노래 불렀다.

c. The baby (*coughed/coughed **out**) the jelly.
그 아기는 기침하여 그 젤리를 내뱉었다.

다음 주어는 목적어를 꺼내거나 내 보낸다.

(62) a. I must (*look/look out) the best dress for the dinner.
나는 그 정찬을 위해 최고의 옷을 찾아내야 한다.

b. Let's (*play/play out) the old year.
즐겁게 지난해를 내 보내자.

c. Don't trouble to (*see me/see me out).
나를 배웅하도록 수고하지 마라.

d. He (*smelled/smelled out) her secret.
그는 그녀의 비밀을 냄새맡았다.

e. (*Stand/Stand out) the man in the back row.
그 뒷줄에 있는 남자를 줄 밖으로 세워라.

다음 주어는 목적어를 만들어 낸다.

(63) a. Have you (*thought the best method/thought the best method out) yet?
너는 가장 좋은 법을 벌써 고안해냈니?

b. You must (*work/work out) a better method.
너는 더 나은 방법을 생각해내야만 해.

c. The janitor (*bowed us/bowed us out) as we left.
그 수위는 우리가 떠날 때 허리를 숙여 우리를 배웅했다.

d. Trouble can (*call/call out) a person's best qualities.
곤란은 사람의 최상의 질을 불러낼 수 있다.

다음 주어는 목적어를 말한다.

(64) a. The boy (*gasped/gasped out) the story after running all the way from the school.
그 소년은 그 학교에서 내내 달려온 후에 그 이야기를 헐떡거리며 말했다.

b. The commander (*shouted/shouted out) an order.
그 지휘관이 명령을 외치며 말했다.

c. She (*sobbed/sobbed out) her story.
그녀는 그녀의 이야기를 흐느끼며 말했다.

d. People (*cried/cried out) their complaints.
사람들은 그들의 불평을 울며 말했다.

(65) a. He wants to (*sleep/sleep out) the rest of his life.
그는 그의 여생을 잠을 자며 보내기를 원한다.

b. Can you (*stay the week/stay the week out)?
너는 그 주일을 버티어 낼 수 있겠니?

c. It was a terrible performance, but I (*stayed it/stayed it out).
그것은 형편 없는 연주였으나, 나는 끝까지 남아있었다.

7) up

다음에는 불변사 up이 쓰였다. 이 불변사가 안 쓰이면 문장들은 비문이
된다.

(66) a. I (*looked him/looked him up) in the directory.
나는 그를 성명록에서 찾았다.

b. The president (*hushed/hushed up) the fact.
그 총장은 그 사실을 쉬쉬해버렸다.

c. He will (*talk/talk up) his latest book.
그는 그의 최근 책을 자랑할 것이다.

d. How did you (*think/think up) such a good idea?
어떻게 너는 이렇게 좋은 아이디어를 생각해냈니?

3. 장소이동 동사 합성

영어에는 의성어가 있다. 이것은 특정한 소리를 흉내내는 말이다. 이러
한 의성어 자체에는 장소이동의 뜻이 없으나 이들이 경로를 나타내는 불변
사와 쓰이면 장소이동을 나타내게 된다. 다음 (67)~(69)에는 의성어 rattle
과 thump가 쓰였다. 이 동사가 나타내는 과정은 어느 한 자리에서 일어난
다. 그러나 (68)~(70)에서와 같이 along이나 down과 같은 경로불변사와 쓰
이면 장소이동을 나타내게 된다.

(67) a. The window **rattled** in the wind.
　　　 창문이 바람에 덜거덕거렸다.

　　 b. I **rattled** the door knob.
　　　 나는 문손잡이를 덜거덕거렸다.

(68) a. A convoy of trucks **rattled down** the dirt road.
　　　 일련의 트럭이 비포장도로를 따라 덜거덕거리며 내려갔다.

　　 b. The train **rattled along** the track.
　　　 기차가 선로를 따라 덜거덕거리며 지나갔다.

(69) a. He **thumped** the table with his fist.
　　　 그는 주먹으로 식탁을 쿵 쳤다.

　　 b. He **thumped** his fist on the table.
　　　 그는 주먹을 식탁에 쿵 쳤다.

　　 c. His heart was **thumping** with fear.
　　　 그의 심장이 두려움으로 쿵쿵 뛰고 있었다.

(70) a. He **thumped down** the stony road.
　　　 그는 돌길을 쿵쿵거리며 내려갔다.

　　 b. Feet **thumped up** the stairs.
　　　 발들이 쿵쿵거리며 계단 위를 올라갔다.

다음 (71)과 (73)에는 움직임의 방법을 나타내는 동사가 쓰였다. 이러한 동사도 경로불변사와 같이 쓰이면 (72)와 (74)에서처럼 장소이동을 나타내게 된다.

(71) a. Birds are **flying** in the sky.
　　　 새들이 하늘을 날고 있다.

　　 b. The kite is **flying** high.
　　　 그 연은 높이 날고 있다.

(72) a. The plane **flew across** the Atlantic.
      그 비행기는 대서양을 날아 건너갔다.

   b. They are **flying to** Sydney now.
      그들은 지금 비행기를 타고 시드니를 가는 중이다.

(73) a. A piece of wood is **floating** in the stream.
      나무 조각 하나가 개울에 떠 있다.

   b. An empty bottle will **float** on water.
      빈 병은 물 위에 뜰 것이다.

(74) a. Fluffy white clouds are **floating** across the sky.
      보풀보풀한 흰 구름이 하늘을 가로질러 떠가고 있다.

   b. She removed the pins and her hair **floated down**.
      그녀가 핀을 제거하자 머리가 아래로 흘러내렸다.

   c. The boat was **floating** gently **down** the river.
      그 배는 조용히 강 아래로 흘러 내려가고 있었다.

이 장에서는 구절동사에 쓰이는 동사에도 뜻이 있음을 보여 주었다. 또한 타동사 구절동사의 경우 불변사는 목적어의 성질을 결정해 준다는 것도 살펴보았다. 다시 말해서 동사의 개념바탕에 설정된 과정과 이에 참여하는 참여자와 이들 간의 상호관계에서 현저성을 가진 부분에 따라 자동사와 타동사의 용법이 정해지면, 각 뜻은 개념바탕을 중심으로 서로 연관을 갖게 된다. 또한 타동사와 불변사의 관계는 우연한 것이 아니며 구절동사는 각 동사와 불변사의 의미에 따라 설정된다는 것을 알 수 있었다.

＊영어동사에 대한 자세한 기술은 이기동(2002)을 참고할 수 있습니다.

제 **5** 장

동사와 불변사의 결합

제5장
동사와 불변사의 결합

인지문법에서 문법은 작은 단위가 모여서 좀더 큰 단위를 이루는 본을 제공하는 것으로 본다. 이 과정은 통합에 의해서 이루어지고, 통합은 적어도 두 개의 구성성분을 전제로 한다. 통합이 이루어지기 위해서는 두 구성성분의 하부 구조 사이에 대응점이 있어야 하는데 두 구조의 대응점을 포개고 필요한 조정이 이루어지면 합성구조가 생겨난다 (제1장 6. 문법 구조 참조). 한 예로서 on the desk를 살펴보자. 이 구조는 전치사 on과 명사구 the desk가 통합되어 생겨난 구조이다. 전치사 on은 다음 〈그림 1-a〉와 같다.

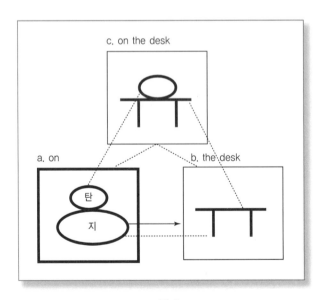

그림 1

이에는 탄도체와 지표가 있고, 탄도체는 지표의 위에 닿아 있다. the desk 는 도식적으로 그려져 있다.

전치사 on의 지표는 the desk에 대응된다. 전치사의 지표는 도식적이지 만, the desk는 덜 도식적이다. the desk를 on의 지표에 포개면 〈그림 1-c〉가 만들어지고, 구절동사도 이와 같이 동사와 불변사의 통합을 통해서 만 들어진다.

이 장에서는 동사와 불변사 (전치사 그리고 전치사적 부사)가 어떤 식으 로 결합되는지 살펴보겠다. 여기서 살펴볼 동사는 be 동사, 장소이동 동사, 상태변화 동사, 상태유지 동사이다.

1. be 동사와 불변사

동사 be의 의미는 매우 도식적이고, 이는 어떤 상태가 시간 속에 존재함 을 나타낸다. (1)에서 이 동사는 탄도체 (주어)와 전치사의 지표의 관계가 시 간 속에 지속됨을 나타낸다. Be 동사는 (1a)에서 태양이 지평선 위에 있는 관계가 시간 속에 있다는 것과, (1b)에서 책이 책상 위에 있음을 나타낸다. Be 동사는 명사, 형용사, 불변사 등과 결합되어 상태의 지속을 나타내는데 다음 문장의 결합을 살펴보자.

(1) a. The sun is **above** the horizon.
        태양이 수평선 위에 떠 있다.

   b. The book is **on** the table.
        그 책이 그 탁자 위에 있다.

   c. So many children are **away** from school this week.
        매우 많은 아이들이 이번 주에 학교에 나오지 않는다.

   d. Your dog is **beside** the stove.
        너의 개는 그 난로 옆에 있다.

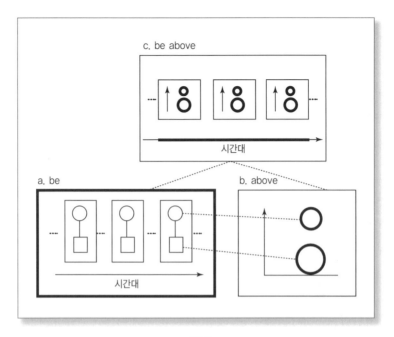

그림 2

Be 동사의 도식은 〈그림 2-a〉와 같이 나타낼 수 있다. 이 그림에는 같은 상태가 시간선상 변함없이 존재한다. 또한 불변사 above는 〈그림 2-b〉와 같이 나타낼 수 있다.

이 불변사는 관계어이므로 두 개체, 즉 탄도체와 지표가 있고 탄도체는 지표의 위에 있는 관계를 나타낸다. 동사 be와 above 사이에는 다음과 같은 대응관계가 있다. 동사 be의 탄도체와 above의 탄도체, 그리고 동사 be의 지표와 above의 지표가 대응된다. 대응되는 점을 포개면 〈그림 2-c〉가 합성되어 나오고, 이 그림은 태양이 지평선 위에 있는 관계가 시간상 지속되는 의미를 나타낸다.

다음 문장을 하나 더 살펴보자.

(2) a. The dog is **after** rabbits.
　　　그 개는 토끼들을 쫓고 있다.

　　b. The police are **after** him.
　　　경찰이 그를 쫓고 있다.

　　c. She is **after** him for money.
　　　그녀는 돈 때문에 그를 쫓아 다닌다.

불변사는 [탄도체 after 지표]에서 지표가 앞서 있고 탄도체가 그 뒤를 따라가는 관계를 나타낸다. 이것은 〈그림 3-b〉와 같이 나타낼 수 있다.

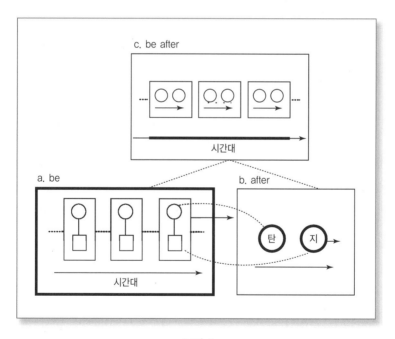

그림 3

2. 장소이동 동사와 불변사

이동 동사의 한 예로 동사 come을 살펴보자. 이 동사는 그 개념바탕에 탄도체 (움직이는 개체), 출발지, 경로, 목적지가 있다. 이 동사는 탄도체가 출발지를 떠나 어떤 경로를 따라서 목적지에 이르는 과정을 나타낸다. 그러나 이들 모두는 도식적이다. 즉 탄도체, 출발지, 경로, 목적지는 구체적으로 어떤 것인지 알 수 없다. 이들은 상술이 되어야 하고, 불변사에 의해서 상술된다. 동사 come은 도식적으로 다음 〈그림 4-a〉와 같이 나타낼 수 있고, along은 〈그림 4-b〉와 같이 나타낼 수 있다.

(3) a. The dog came **along**.
      그 개가 따라왔다.

    b. A bus came **along** and we got on.
      버스가 와서 우리는 올라탔다.

    c. Just then our manager came **along**.
      바로 그 때 우리의 감독관이 나타났다.

이 구성성분이 결합하기 위해서는 대응점이 있어야 한다. 〈그림 4-a〉와 〈그림 4-b〉 사이의 대응점은 경로이고, 이 대응은 점선으로 표시되어 있다. 그리고 동사 come의 경로는 도식적이고, along의 경로는 보다 구체적이다. 동사의 경로와 along의 지표는 도식적 관계에 있다. 즉, 동사의 경로가 도식이고 along의 지표는 실례로서 동사의 도식을 상술한다. 대응점을 포개어서 겹치면 〈그림 4-c〉와 같은 합성구조가 생긴다.

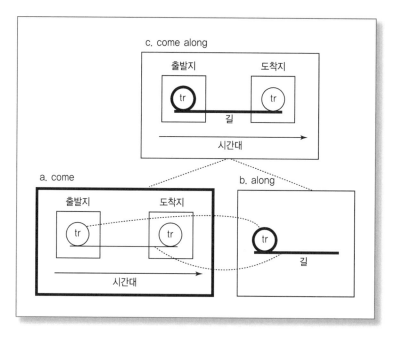

그림 4

부사 along은 경로를 나타내는 낱말이다. 한편, 전치사적 부사 가운데는 결과를 나타내는 것이 있다. in이 그 가운데 하나로 come과 in은 다음과 같이 통합된다.

(4) a. He came **in** first.
    그가 첫 번째로 들어왔다.

  b. Some letters of complaint have come **in**.
    불만을 담은 몇몇 편지들이 들어왔다.

  c. It's coming **in** very cold for November.
    날씨가 11월 치고는 매우 추워지고 있다.

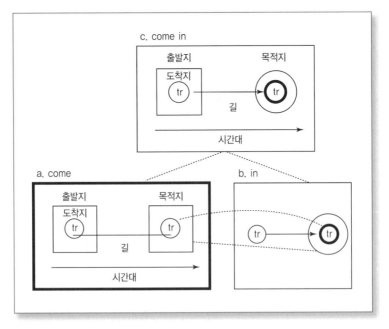

그림 5

위 〈그림 5〉에서 come의 탄도체와 in의 탄도체가 대응되고, 또 come의 목적지와 in의 지표가 대응된다. come의 목적지는 도식적인데 반해 이에 대응되는 in의 지표는 비교적 구체적이다. 그러므로 이 지표가 come의 목적지를 상술하고, 대응되는 점을 포개어 겹치면 〈그림 5-c〉의 합성구조가 나온다.

다음에서는 come이 전치사 into와 같이 쓰였다. 위에서 살펴본 in은 마지막 결과만을 부각시키지만, into는 어느 개체가 용기의 밖에서 안으로 들어가는 전 과정이 부각된다.

(5) a. He came **into** the room.
그는 그 방안으로 들어갔다.

b. Come **into** my office and read my report.
내 사무실로 들어와서 내 보고서를 읽어보시오.

c. A strange man came **into** the store.
한 이상한 남자가 그 상점 안으로 들어왔다.

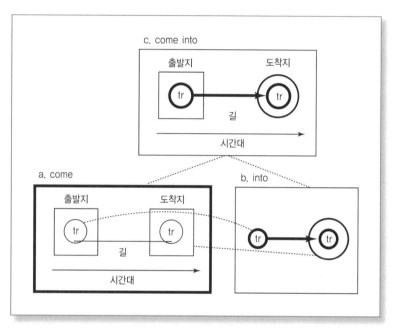

그림 6

위에서 살펴본 come은 이동동사 가운데 자동사이다. 여기서는 타동사로 쓰이는 이동동사를 살펴보겠다. 이동동사의 한 예로 동사 throw를 살펴보자. 이 동사의 개념 바탕에는 던지는 이, 던져지는 개체, 던져지는 개체가 거치는 경로, 그리고 목표가 있다. 이것은 다음과 같이 도식적으로 나타낼 수 있다. 행위자가 피영향자에 힘을 가하면 피영향자는 어떤 경로를 따라서 원래의 자리 (출발지)에서 다음 자리 (목적지)로 가게 된다. 그러나 원래의 자리와 목표자리는 도식적이어서 구체적으로 어떤 것인지 알 수가 없다. 이

들은 동사 throw가 불변사와 쓰이면 좀더 구체적이 된다. 불변사 away와
같이 쓰이는 다음과 같은 예를 살펴보자.

(6) a. He threw the old radio **away**.
　　　그는 그 낡은 라디오를 버렸다.

　　b. He threw **away** the old computer.
　　　그는 그 오래된 컴퓨터를 버렸다.

　　c. He threw **away** a chance to go abroad.
　　　그는 해외로 나갈 수 있는 기회를 떨쳐버렸다.

위 예문을 아래 〈그림 7〉로 나타낼 수 있다.

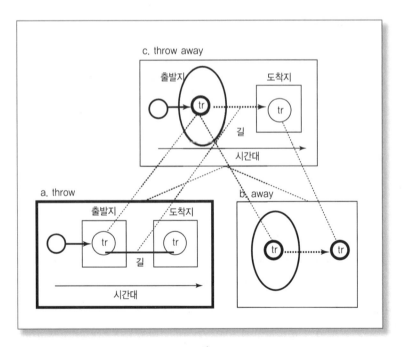

그림 7

불변사 away는 어떤 개체가 주어진 장소에서 멀어지는 과정을 한눈에 보거나 멀어져 있는 결과를 나타낸다. 동사 throw가 장소이동을 나타내므로 away의 뜻 가운데 경로가 부각되고, 이 불변사의 의미가 위 〈그림 7-b〉에 개략적으로 그려져 있다. 동사 throw와 불변사 away 사이에는 다음과 같은 대응관계가 있다. throw의 피영향자와 away의 탄도체가 대응되고, throw와 away의 경로가 대응된다. 대응되는 점은 점선으로 표시되어 있고 이를 포개어서 겹치면 합성구조 〈그림 7-c〉가 생긴다. 이 합성구조는 행위자가 피영향자를 주어진 자리에서 멀리 던지는 의미를 나타낸다. 이에 따라, (6)에 쓰인 the old radio는 두 가지의 역할을 맡는 것으로 볼 수 있고, 이것은 throw와 관련하여 지표의 역할을 하고, away와 관련하여 탄도체의 역할을 한다.

(6) a. He threw the old radio away.
　　　탄도체　　　지표 · 탄도체　　지표

다음에서 동사 throw는 전치사 off와 같이 쓰였다.

(7) a. She threw his hands **off** her shoulder.
　　　그녀는 그의 손을 그녀의 어깨에서 떨쳐내었다.
　 b. The dog threw the water **off** its back.
　　　그 개는 물을 그의 등에서 떨쳐내었다.

위 예문을 아래 〈그림 8〉과 같이 나타낼 수 있다.
〈그림 8〉에서 전치사 off는 [탄도체 off 지표]에서 탄도체가 지표와 분리되어 있는 관계 (결과)를 나타낸다. 이것은 동사 throw의 마지막 장소를 상술하며 도착지는 도식적이고, 전치사구 off her shoulder는 보다 구체적이다. 그러므로 이 두 성분 사이의 관계는 도식과 실례의 관계로 볼 수 있다.

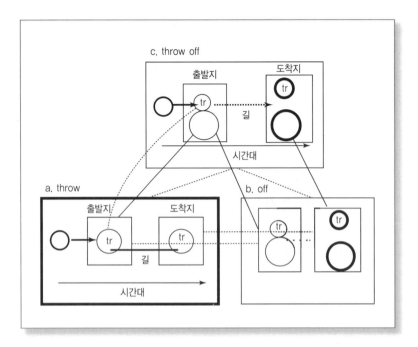

그림 8

전치사구는 도착지를 상술한다. 다음 도착지의 피영향자와 off의 탄도체 사이에는 대응관계가 있다. 대응되는 점을 겹쳐서 포개면 합성구조 〈그림 8-c〉가 나온다. 이 구조의 의미는 행위자가 피영향자에게 힘을 가하여 피영향자가 어깨에 붙어 있다가 떨어지게 되는 과정을 나타낸다.

한편, off는 다음에서와 같이 지표가 안 쓰인 부사로도 쓰이는데, 명시가 안 된 지표는 문맥이나 맥락에서 유추가 가능하다.

(8) a. The duck shook its back and threw the water **off**.
그 오리는 그의 등을 흔들어서 그 물기를 떨어내었다.

b. She put her hands on his shoulder, but he threw them **off**.
그녀는 손을 그의 어깨에 얹었지만, 그는 그것들을 떨쳐버렸다.

c. He threw **off** his old habits.

　　그는 그의 오래된 습관들을 버렸다.

　전치사의 지표는 (8a)에서는 the duck, (8b)에서는 his shoulder, 그리고 (8c)에서는 주어 he이다. 이와 같은 예문들은 아래 〈그림 9〉로 나타낼 수 있다. 다음 그림에서 off의 지표는 명시가 안 되어 있으나, 문맥이나 맥락에서 추리될 수 있다. 이러한 지표는 점선으로 표시되어 있다.

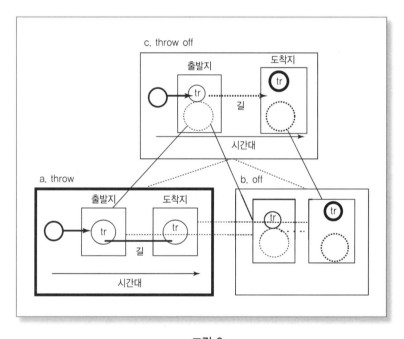

그림 9

더 나아가서 다음과 같이 좀더 복잡한 예도 있다.

(9)　a. She brushed the dust **off** the suit.

　　　그녀는 솔로 옷에서 그 먼지를 털어내었다.

b. She brushed the dust **off**.

　그녀는 그 먼지를 솔질하여 털어내었다.

c. She brushed **off** the suit.

　그녀는 그 옷을 솔로 털어내었다.

　(9a)는 주어가 솔질을 하여 먼지가 옷에서 떨어져 나가게 한다. (9b)에서는 off의 지표가 표현이 되어 있지 않다. 그렇지만 좀 큰 문맥이나 맥락에서 추리를 해낼 수 있다. (9c)의 경우 손질을 하여 옷을 어디에서 떨어지게 하는 것이 아니다. 그렇다면 무엇이 떨어지는 것일까? 이것은 전체로서 부분을 가리키는 환유적 표현이다. 즉, the suit가 표현되어 있으나 실제로 이 표현이 가리키는 것은 옷에 붙어 있는 먼지이다.

3. 상태변화 동사

　상태의 변화를 나타내는 동사의 한 예는 cut이다. 이 동사의 개념바탕에는 자르는 사람, 자르는 도구, 잘리는 개체, 잘리는 개체의 첫 상태, 중간 상태와 마지막 상태가 있다. 나무 막대기를 자르는 예를 살펴보자. 이 과정에는 원래의 막대기가 있고, 잘린 다음에는 남아 있는 부분과 잘린 부분이 있다. 이를 아래 〈그림 10〉으로 나타낼 수 있다. 〈그림 10-a〉의 시점 t^1에서는 자르는 이가 도구를 써서 자르기 시작한다. 이 과정의 마지막 시점 t^2에서 막대기는 두 동강이 난다. cut와 같이 쓰이는 불변사는 이 두 부분 가운데 어느 하나를 모습으로 드러낸다. 다음 예를 보자.

　다음 문장에는 불변사 away, off, out이 쓰였고, 목적어는 잘려 나가는 부분에 해당된다.

(10)　a. He cut the top **off**.

　　　그는 그 상단을 잘라내었다.

b. He cut **away** the dead branch.
  그는 그 죽은 나뭇가지를 쳐내었다.

c. He cut **out** the article.
  그는 그 기사를 삭제하였다.

위 예문 (10a)에 해당되는 것을 도식화하면 〈그림 10〉과 같다. 〈그림 10-a〉는 누가 막대기를 잘라서 결과적으로 윗부분이 분리되는 과정을 나타 낸다. [탄도체 off 지표]에서 분리되는 것은 탄도체이다. 그러므로 cut에 의 해 잘려 나가는 부분과 off의 탄도체가 대응된다. 대응되는 점을 겹쳐서 포 개면 〈그림 10-c〉가 나타난다. 이 그림은 cut의 과정에 의해서 잘려나가는 부분에 초점이 주어진다.

반대로, 다음 문장에는 back, down, up이 쓰였는데, 이 때 목적어는 잘

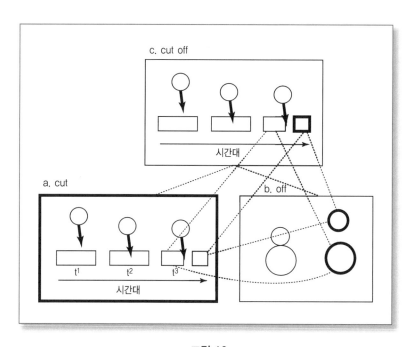

그림 10

려 나가는 부분이 아니라 잘리는 부분이다.

(11) a. She cut **down** the stick.
그녀는 그 막대기를 잘라내어 길이를 줄였다.

b. You should cut the roses **back**.
너는 그 장미들을 쳐서 짧게 해야 한다.

c. He cut **up** the meat for the dog.
그는 그 고기를 그 개를 위해 완전히 잘라주었다.

위 예문 가운데 (11a)를 도식화하면 〈그림 11〉과 같다.

〈그림 11–a〉는 누가 막대기를 잘라서 결과적으로 막대기의 일부가 잘려나간다. down이 쓰이면, 잘리는 개체와 잘려나가는 개체 가운데 잘리는 개체 (원래의 전체)가 부각된다. 〈그림 11–b〉는 down의 도식이다. 탄도체가

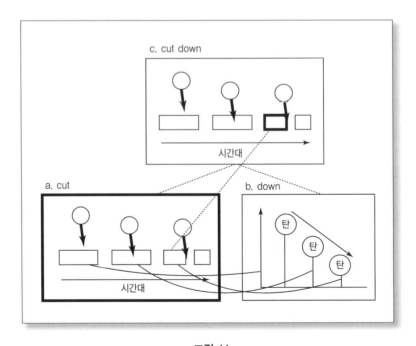

그림 11

높은 곳에서 낮은 곳으로 움직이는 과정을 한눈으로 보거나, 탄도체가 낮은 곳에 와 있는 결과를 나타낸다. 위 그림에서 동사의 지표는 down의 탄도체와 대응된다. 대응점을 겹쳐서 얻어지는 합성구조에는 잘리는 개체가 부각되고, 이 개체는 높이나 길이가 작아진다.

다음에 쓰인 예문에서도 목적어는 잘리는 개체로 목적어를 어떤 목적이나 정도에 이를 때까지 완전히 자르는 의미이다. 이러한 과정에 대한 내용이 〈그림 12〉에 잘 나타나 있다.

(12) a. He cut **up** the meat for the dog.
　　　그는 그 고기를 그 개를 위해 잘라 주었다.

　　b. Mother cut the meat **up** for the baby.
　　　어머니는 그 고기를 그 아기를 위해 잘 잘라 주었다.

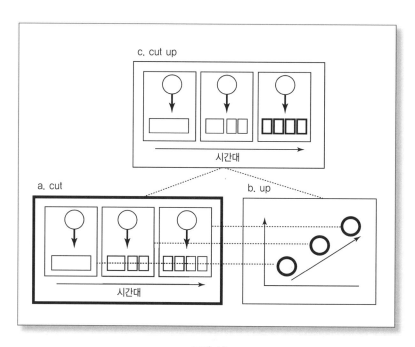

그림 12

상태변화를 나타내는 자동사의 예로 break의 용법을 살펴보자. 이 동사의 개념바탕에는 주 참여자로 깨는 이와, 깨어지는 개체가 있다. 깨어지는 개체는 break의 과정에 의해서 분리가 된다. 이를 아래 〈그림 13〉을 통해 볼 수 있다. 〈그림 13-a〉에서와 같이 두 참여자가 모두 부각되면 타동사로 쓰이고, 〈그림 13-c〉에서와 같이 깨어지는 개체만 부각되면 자동사이다.

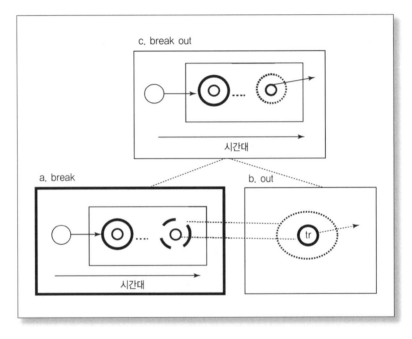

그림 13

다음 예에서는 동사 break가 피영향자만이 표현된 자동사로 쓰인 경우이다.

(13) a. The wing of the plane **broke**.
그 비행기의 날개가 부서졌다.

b. The wing of the plane **broke off**.
그 비행기의 날개가 부서져 나갔다.

(14) a. The leg of the table **broke**.
그 식탁의 다리가 부서졌다.

b. The leg of the table **broke off**.
그 식탁의 다리가 부서져 나갔다.

(13a)에서는 비행기의 날개 자체가 부서졌다. 날개는 부서져서 두 동강이 날 수도 있다. 그러나 off가 쓰인 (13b)는 날개 전체가 부서져서 비행기에서 떨어져 나온다. 이와 마찬가지로 (14a)에서도 식탁의 다리 자체가 부서진다. 그러나 (14b)는 식탁의 다리 전체가 식탁에서 분리되어 나온다. 동사 break의 마지막 상태에는 부서지는 개체 전체와 부서져서 떨어지는 부분 개체가 있다. 부서지는 개체와 부서져 나오는 개체는 off의 지표와 탄도체와 각각 대응된다.

4. 상태유지 동사

상태유지 동사의 예로 동사 keep을 살펴보자. 이 동사의 개념바탕에는 유지시키는 이, 유지되는 개체, 그리고 개체가 들어있는 장소 (상태)가 있다. 유지시키는 이는 개체에 힘을 가하여 이 개체가 어떤 특정한 장소 (상태)에 머물게 한다 (그림 14-a 참조).

동사 keep은 상태변화가 아니라 상태유지를 나타내므로 down의 뜻 가운데 움직임이 아니라 결과의 뜻과 양립한다.

(15) a. He kept his head **down**.
그는 머리를 수그리고 있었다.

b. She was not able to keep her food **down**.
그녀는 먹은 것을 배에 담아 둘 수 없었다.

c. She kept her eyes **down** while talking to the teacher.
그녀는 그 선생님께 이야기하면서 눈을 내리깔고 있었다.

위 예문의 내용을 고려하여 다음과 같이 〈그림 14〉로 나타낼 수 있다. 〈그림 14〉에서 명시된 동사의 참여자인 개체와 장소 (상태)는 도식적이다. 특히 이 동사에 쓰일 장소가 어떤 장소인지는 불변사가 상술한다. 불변사 down을 예로, keep과 이 불변사가 어떻게 결합되는지 살펴보자. down은 어떤 개체가 높은 데서 낮은 데로 움직이는 과정을 한눈에 보여주거나 낮은 데에 가 있는 결과를 나타낸다.

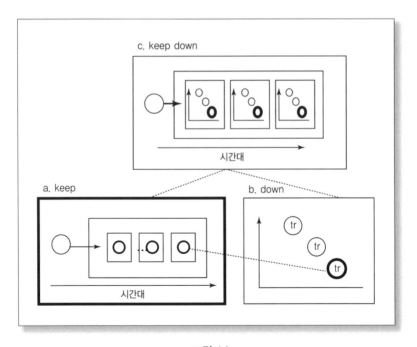

그림 14

〈그림 14〉에서 keep이 유지하는 상태는 어느 시점에서도 같다. 그러므로 down이 나타내는 결과의 상태는 keep의 모든 상태에 대응된다. 대응점을 겹치면 〈그림 14-c〉가 만들어진다. 〈그림 14-c〉는 〈그림 14-a〉의 도식적 장소를 좀더 구체적으로 나타낸다. 즉, 행위자는 피영향자를 내려와 있는 위치에 그대로 유지시킨다.

한편, 동사 keep은 다음 (16)과 같이 자동사로도 쓰인다. 자동사로 쓰일 때에는 keep의 행위자가 부각되지 않고 피영향자만이 부각된다. 자동사로 쓰일 때 장소나 상태는 피영향자 스스로의 힘으로 유지되는 것으로 풀이된다.

(16) a. Prices have kept **up** all the year.
      물가는 일년내내 상승해 왔다.

    b. His courage keeps **up** in the face of danger.
      그의 용기는 위험에 처해서도 꺾이지 않는다.

    c. The rain kept **up** all day long.
      비가 하루 종일 계속 왔다.

자동사 keep과 불변사 up의 결합을 그림으로 살펴보면 〈그림 15〉와 같다.

다음 (17)에는 동사 shut, lock, bar가 불변사 in과 같이 쓰였다. 여기서 주어는 목적어를 암시된 in의 지표에 둔다. (18)에는 불변사 out이 쓰였고, 주어는 목적어를 암시된 out의 지표 밖에 둔다.

(17) a. He shut the dog **in** all day long.
      그는 그 개를 하루 종일 가두어 두었다.

    b. I've locked myself **in**.
      나는 틀어박혀 있었다.

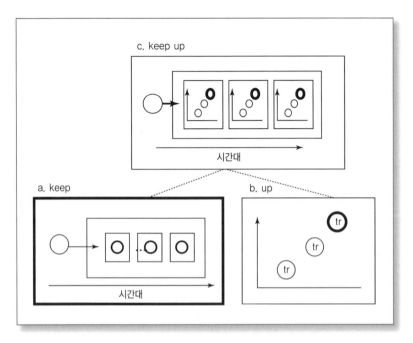

그림 15

c. The horses died in the fire because they were barred **in** the hut.

그 말들은 그 오두막에 갇혀 있었기 때문에 불 속에서 죽었다.

(18) a. The mother barred the child **out**.

어머니는 그 아이를 들어오지 못하게 했다.

b. The trees shut **out** the light.

그 나무들이 그 빛을 가렸다.

이 장에서는 동사와 불변사가 어떤 방법으로 통합되는지를 동사의 종류에 따라 간략하게 살펴보았다. 이 두 요소의 통합은 특별한 장치를 요구하는 것이 아니고 다른 구성성분 요소가 결합되는 방법과 마찬가지로 이루어진다. 즉 동사와 불변사의 통합 역시 동사와 불변사의 각 하부구조 사이의 대응점을 포개고 조정함으로써 이루어지며, 이러한 과정을 통해 구절동사라는 합성구조가 만들어진다.

제**6**장

은유와 환유

제6장
은유와 환유

구절동사의 특징 가운데 하나는 각 구절동사의 의미가 직설적인 것보다 은유적인 것이 많다는 점이다. 이 때문에 구절동사의 의미가 구성성분으로부터 예측이 불가능하다고 주장하기도 한다. 한 예로 구절동사 fall out을 「Longman Dictionary of Phrasal Verbs」에 찾아보면 다음과 같다.

---

fall out

1. 떨어져 나오다: The nest turned upside down, and three baby birds fell out.
   그 둥지가 거꾸로 뒤집혀서 세 마리의 아기새들이 떨어졌다.
*2. 떨어져 나가다: The dirty water falls out through a pipe a long way out to sea.
   그 폐수는 파이프를 통해서 멀리 바다로 배출된다.
*3. 이탈하다: Two of the team have fallen out, and I don't know where we shall find replacements.
   그 팀의 두 명이 이탈했는데, 나는 우리가 어디에서 교체 멤버를 찾을 수 있을지 모르겠다.
*4. 결과가 되다: It so fell out that they were not to meet again until after the war.
   그들은 전쟁이 끝날 때까지 다시 만날 수 없게 되었다.
*5. 다투다: Most married people fall out over money.
   대부분의 결혼한 사람들은 돈문제로 다툰다.

위의 정의에서 제시된 뜻의 수에 대해서 사전 편찬자마다 의견이 다를 수 있고, 직설과 비유 사이의 경계도 다를 수 있다. 위에서는 fall out의 뜻으로 4가지가 제시되어 있으나, 다른 사전에서는 두 가지나 세 가지가 제시될 수 있고, 뜻의 배열도 다를 수 있다. 또 위의 둘째 뜻을 직설적인 뜻으로 볼 것이냐, 아니면 비유적인 뜻으로 볼 것이냐의 문제가 있다. 하지만 여기서 중요한 것은 fall out의 의미를 직설적인 뜻과 비유적인 뜻으로 나눌 수 있고, 직설적인 뜻보다는 비유적인 뜻이 많다는 점이다. 위 구절동사에 쓰인 fall은 장소이동 동사이다. 이는 어느 개체가 높은 장소에서 낮은 장소로 움직이는 과정을 나타낸다. 이것이 은유적으로 쓰이면 상태의 변화, 즉 어느 개체가 한 상태에서 다른 상태로 변화하는 과정을 나타내는 데에 쓰인다. 불변사 out도 공간관계를 일차적으로 나타낸다. 어느 개체가 어떤 영역 안에서 밖으로 나오거나 나와 있는 관계를 나타내는데 이것은 '상태는 그릇이다'의 은유에 쓰여서 위에서와 같이 여러 가지 비유적인 뜻을 갖는다. 위에서 간단하게 살펴본 바와 같이 구절동사의 연구에 비유적인 뜻은 떼어놓을 수 없다. 아래에서는 비유적인 뜻을 은유와 환유로 나누어서 살펴보겠다.

1. 은 유

은유에 대한 언어학자들의 진지한 관심은 Lakoff와 Johnson에서 시작된다. 이 두 학자의 책인 「*Metaphors We Live By* (1981)」가 나오기 전에는 은유는 문학의 전유물로 생각되어 왔었다. 이 책에서 Lakoff와 Johnson은 은유는 문학에 국한된 현상이 아니라 우리의 사고, 말, 행동에 보편적으로 관련이 되어 있음을 잘 입증하고 있다. 이들에 의하면 은유는 한 인지영역의 경험을 다른 영역을 통해서 이해하는 과정이다. 가까운 예로 우리가 사람을 동물을 통해서 이해하는 표현이 있는데 다음이 한 예가 되겠다: 그는 개/돼지/여우/늑대/소이다. 이 은유가 보여주듯이 은유는 다른 영역에 속하는 두 개체 사이의 공통점은 부각시키고 다른 점은 감춘다. 위의 책에서 Lakoff 와 Johnson은 은유를 방위은유, 개체은유 그리고 구조적 은유로 나누고 있다. 다음에서는 이들 각각의 은유를 간단하게 살펴보고자 한다.

1) 방위은유

방위은유는 우리의 특정한 경험을 방위와 관련을 지어 생각하고, 말하고 행동하는 과정이다. 방위에는 위/아래, 앞/뒤, 좌/우 등이 있다. 이러한 방위개념은 어느 특정한 품사의 낱말로만 표현되는 것이 아니라 거의 모든 낱말로 표현된다. 예로서, '좋음은 위이다'의 은유는 다음과 같이 여러 가지의 품사로 표현된다.

다음 (1)에서는 형용사 high가, 그리고 (2)에서는 이와 뜻이 반대가 된 low가 쓰였다.

(1) a. He rose **high** in his profession.
그는 그의 전문직에서 크게 출세했다.

b. He felt **high** on the success of his book.
그는 그의 책이 성공했기 때문에 기분이 좋았다.

c. Feelings ran **high** among them.
기분이 그들 사이에 고조되었다.

c. She felt **high** as a kite.
그녀는 몹시 기분이 좋았다.

d. The teachers still enjoy the **high** social status they once enjoyed.
교사들은 그들이 한때 누렸던 높은 사회적 지위를 여전히 누리고 있다.

(2) a. The Won hit a new **low** against the dollar.
원은 달러에 대비하여 최저 수준에 다다랐다.

b. Our stocks of food are getting **low**.
우리의 음식저장량이 줄어들고 있다.

c. The dish is **low** in fact.

그 요리는 사실 질이 낮다.

d. A message appears on the monitor when you are running **low** disk space.

디스크 공간이 부족하게 되었을 때 메시지가 모니터에 뜬다.

e. He is in **low** spirits.

그는 풀이 죽어 있다.

f. Morale is running **low** in the office.

사기가 그 사무실에서 떨어지고 있다.

g. He turned the radio down **low**.

그는 그 라디오 소리를 작게 줄였다.

다음 (3)에는 위나 높은 곳을 나타내는 명사가 쓰였고, (4)에는 그와 반대의 뜻을 가진 명사가 쓰였다.

(3) a. The new dress gave her a real **lift**.

그 새 드레스는 그녀를 정말 기분 좋게 했다.

b. The publication of his paper gave him a great **boost** to his morale.

그의 논문의 출판은 그의 사기를 크게 끌어올렸다.

c. He is reaching the **summit** of his career.

그는 그의 경력에서 정상에 올랐다.

d. He reached the **top** of his profession.

그는 그의 전문직에서 제일인자가 되었다.

e. He comes out on **top**.

그는 최고가 되었다.

f. Things are really getting on **top** of me.

일이 나에게 정말 벅차게 되고 있다.

g. His handling of the crises sent his popularity to new **heights**.

위기에 대한 그의 대처가 그의 인기를 최고조에 이르게 했다.

h. He is at the **top** of his class.
그는 학급에서 일등이다.

(4) a. She came **bottom**.
그녀는 꼴찌가 되었다.

b. He reached rock **bottom**.
그는 파산하게 되었다.

c. He felt he touched **bottom**.
그는 그가 최악의 사태에 빠졌다고 느꼈다.

d. He is at the **bottom** of his class.
그는 그의 반에서 꼴찌이다.

e. He started at the **bottom**, and worked up his way through the company.
그는 밑바닥 일부터 시작하여 그 회사에서 높은 자리까지 올랐다.

다음 (5)에는 위로 오르는 과정을 나타내는 동사가 쓰였고, (6)에는 그와 뜻이 반대되는 과정을 나타내는 동사가 쓰였다.

(5) a. He **rose** to power.
그는 권좌에 올랐다.

b. Your visit **lifted** his spirits.
너의 방문은 그를 기운 나게 했다.

c. That success **boosted** his morale.
그 성공은 그의 사기를 끌어올렸다.

d. Her spirits **rose**.
그녀는 기운이 났다.

e. Her hopes **soared** at the news.
그녀는 그 소식을 듣고 희망에 부풀었다.

f. He **tops** the rest in scholarship.
그는 학업에 나머지를 능가한다.

(6) a. He **sank** into despair.
     그는 절망에 빠졌다.

   b. The patient is **sinking** fast.
      그 환자는 빠르게 쇠약해지고 있다.

   c. He **sank** to the floor exhausted.
      그는 녹초가 되어 바닥에 쓰러졌다.

   d. The dollar **sank** further yesterday.
      달러 가치가 어제 더 떨어졌다.

   e. He **sank** so low as to lie to me.
      그는 나에게 거짓말을 할 만큼 타락했다.

   f. The price of oil has **dropped** significantly.
      석유 가격이 크게 떨어졌다.

   g. In the winter, the temperature often **drops** below freezing.
      겨울에는 기온이 자주 빙점 아래로 떨어진다.

   h. The Won **dropped** considerably.
      원화가 꽤 많이 떨어졌다.

   i. The industrial production **fell** by 10 percent.
      그 공업 생산이 10퍼센트 정도 떨어졌다.

   j. Shortly after the semester, he **fell** sick.
      그 학기 직후에 그는 병이 났다.

   k. The building **fell** into disuse.
      그 건물은 사용되지 않게 되었다.

   l. The general **fell** from power.
      그 장군은 권력을 잃었다.

다음 (7)에는 위의 개념을 포함하는 전치사가 쓰였고, (8)에는 그와 반대
되는 전치사가 쓰였다.

(7) a. I have no control **over** the matter.
       나는 그 문제에 대한 권한을 가지고 있지 않다.

b. He asserts control **over** his staff.
그는 그의 직원들에 대한 통제권을 주장한다.

c. Breast milk has many advantages **over** powdered milk.
모유는 분유를 능가하는 많은 이점을 가지고 있다.

d. The ideas retain some hold **over** most scientists.
그 생각은 대부분의 과학자들에게 어느 정도의 지배력을 갖는다.

e. It was a victory of man **over** nature.
그것은 자연에 대한 인간의 승리였다.

(8) a. The school is **under** the direct control of the school board.
그 학교는 그 학교 위원회의 직접적인 관리 하에 있다.

b. She is now **under** the influence of a sedative.
그녀는 지금 진정제 기운에 빠져 있다.

c. He is **under** the dominion of emotions.
그는 감정에 지배받고 있다.

d. He had 30 men **under** his command.
그는 30명의 사람들을 그의 지휘 하에 두고 있었다.

e. The company has doubled in size **under** his leadership.
그 회사는 그의 통솔 하에 규모가 두 배가 되었다.

방위은유 가운데 위/아래는 우리의 많은 경험과 관련이 된다. Lakoff와 Johnson은 다음과 같은 위/아래 방위은유를 제시한다. 영어 구절동사에 위/아래의 방위은유가 비교적 많이 쓰이므로 여기서는 Lakoff와 Johnson의 은유를 비교적 상세하게 소개하기로 한다.

HAPPY IS UP

I'm feeling **up**. That **boosted** my spirits. You're in **high** spirits. Thinking about her always gives me a **lift**. I'm feeling **down**. I'm **depressed**. He's really **low** these days. I **fell** into a depression. My spirits **sank**.

> ### CONSCIOUS IS UP; AND UNCONSCIOUS IS DOWN
>
> Get **up**. I'm **up** already. He **rises** early in the morning. He **fell** asleep. He **dropped** off to sleep. He's **under** hypnosis. He **sank** into a coma.

> ### HEALTH AND LIFE ARE UP; SICKNESS AND DEATH ARE DOWN
>
> He's at the **peak** of his health. Lazarus **rose** from the dead. He's in **top** shape. As to his health, he's way **up** there. He **fell** ill. He's **sinking** fast. He came **down** with the flu. His health is **declining**. He **dropped** dead.

위와 같은 은유는 모두 우리의 경험에 바탕을 두고 있다. 기쁘거나 즐거우면 아이들은 깡충깡충 뛴다. 이러한 경우에 털썩 주저앉거나 드러눕지는 않는다. 사람이 잘 때에는 눕고 깨면 일어선다. 여기에서 사람의 의식은 위와 관련된다. 건강한 생명체는 일어서서 움직인다. 이와는 반대로 병이 들면 드러눕게 된다.

다음에 제시된 은유도 우리의 경험에 바탕을 둔다.

> ### HAVING CONTROL OR FORCE IS UP; BEING SUBJECT TO CONTROL IS DOWN.
>
> I have control **over** her. I am on **top** of the situation. He's in a **superior** position. He's at the **height** of his power. He's in the **high** command. He is **under** my control. He **fell** from power. His power is on the **decline**. He is my social **inferior**. He is **low** man on the totem pole.

남보다 힘이 세다는 것은 위와 결부된다. 이것은 싸움에서 이긴 자가 진 자의 위에 오는 경험에서 생긴 은유이다. 많은 것은 위와 관련이 지어진다. 여러 개의 흩어져 있던 물건을 한 자리에 모으면, 높이가 높아진다. 다음으로 먼 데 있던 개체가 관찰자 가까이로 오면, 움직이는 개체의 크기가 커지는 것으로 보인다. 시간은 움직이는 개체로 개념화된다. 그러므로 관찰자 가까이로 다가오는 시간적 개체는 커지는 것으로 개념화된다. 다음 은유를 살펴보자.

Things are looking **up**. We hit a **peak** last year, but it's been **downhill** ever since. Things are at an all-time **low**. He does **high**-quality work.

He is **high**-minded. She has **high** standards. She is **upright**. She is an **upstanding** citizen. That was a **low** trick. Don't be **underhanded**. I wouldn't **stoop** to that. That would be **beneath** me. He **fell** into the abyss of depravity. That was a **low-down** thing to do.

The discussion **fell** to the emotional level, but I **raised** it back to the rational plane. We put our feelings aside and had a **high**-level intellectual discussion of the matter. He couldn't **rise above** his emotions.

부모와 자식의 관계에서 부모는 자식보다 크고 힘이 세다. 이러한 관계에서 높은 지위는 위와 결부가 되고 그 반대는 아래와 결부가 된다. 좋은 것으로 생각되는 것에는 행복, 건강, 활기 등이 있다. 이들은 위와 결부가 되므로 좋음은 위와 연관이 되고 그 반대는 아래와 결부가 된다. 미덕은 좋은 것이다. 그러므로 이것은 위와 관련이 된다. 사람은 동물의 위에서 통제력을 행사한다. 이것이 가능한 것은 인간이 가지고 있는 이성이다. 그러므로 이성도 감정의 위에 있는 것으로 개념화된다.

위에서 우리는 위/아래 방위가 여러 가지의 뜻을 갖는 것을 살펴보았다. 또한 이러한 뜻은 특정한 방위가 특정한 경험에 결부되어 생긴다는 것도 보았다. 그러므로 우리는 낱말의 뜻과 우리의 경험이 불가분의 관계에 있음을 알수 있다. 방위개념과 이것이 갖는 한 의미는 다음과 같이 도식화할 수 있다.

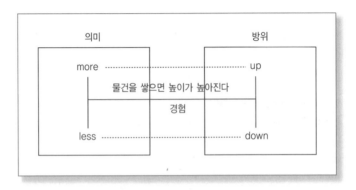

그림 1

다음에서 전치사적 부사 up은 위로의 방향과 관련된 은유적인 뜻으로 쓰였다.

(9) a. I am feeling **up**.
나는 점점 기분이 좋아지고 있다.

b. You need a holiday to set you **up** again after all that hard work.
너는 그렇게 힘든 일을 했으니 네 건강을 다시 회복하기 위해 휴가를 가질 필요가 있다.

c. Trade has been picking **up**.
거래가 계속 이익을 내고 있다.

d. Father soon began to pick **up** after the operation.
아버지는 그 수술 후 빠르게 건강을 되찾기 시작했다.

e. Things are now looking **up** since we got the new contract.
우리가 새 계약을 체결한 이래로 계속 상황이 좋아지고 있다.

f. How do you keep **up** a house as large as yours?
너는 어떻게 너의 집만큼이나 큰 집을 유지할 것이냐?

■ keep up

구절동사 keep up은 여러 가지의 뜻을 갖는데 이들은 거의 은유와 관련
된 것을 볼 수 있다.

① GOOD IS UP

다음에 쓰인 up은 좋음을 나타낸다. 주어는 목적어를 좋은 상태에 유지
시킨다.

(10)　a. It takes a lot of money to **keep up** an old house.
낡은 집을 유지하기 위해서는 많은 돈이 든다.

　　b. He can't afford to **keep up** a house in the country.
그는 그 시골에 집을 유지할 만큼의 금전적 여유가 없다.

　　c. She **kept up** her spirit by singing.
그녀는 노래를 불러 기운을 계속 북돋우었다.

　　d. Make sure you eat properly. You've got to **keep** your strength **up**.
음식을 적절히 섭취하도록 해라. 너는 힘을 좋게 유지해야 한다.

　　e. I tried to **keep** my courage **up** by telling myself that the war would be over soon.
나는 곧 전쟁이 끝날 것이라고 스스로에게 되뇌이며 용기를 계속 북돋웠다.

다음에서 동사 keep은 자동사로 쓰였다. 주어는 자체의 힘으로 좋은 상
태를 유지시킨다.

(11)　a. His courage **kept up** in the face of danger.
그의 용기는 위험에 직면하여도 계속 유지되었다.

　　b. It's been wonderful weather this spring let's hope it **keeps up**.
이번 봄은 날씨가 화창하다 이런 날씨가 계속되면 좋겠다.

② MORE IS UP

다음에 쓰인 up은 많음을 나타낸다. 주어는 목적어를 많은 상태에 유지시킨다.

(12) a. I'll **keep up** the demand for English actors.
나는 영국 배우들의 요구를 계속 유지하겠다.

b. Despite inflation, we have managed to **keep** output **up**.
인플레이션에도 불구하고, 우리는 가까스로 생산량을 높게 유지했다.

c. The farmers are **keeping** the price **up**.
그 농부들이 지속적으로 높은 가격을 고수하고 있다.

d. The shortage of supplies is **keeping** the price **up**.
공급 부족이 가격을 계속 높게 하고 있다.

e. We must **keep up** the pressure on the government to change this law.
우리는 이 법률을 개정하도록 정부에 압력을 지속적으로 가해야 한다.

f. The shops are trying to **keep** quality **up** but prices steady.
그 상점들은 품질을 지속적으로 향상시키지만 가격은 안정되게 하려고 한다.

다음에서는 keep이 자동사로 쓰여서 주어가 스스로의 힘으로 높은 수준을 유지함을 나타낸다.

(13) a. Prices have **kept up** all the year.
일년내내 가격이 높게 유지되었다.

b. The cost of raw materials **keeps up**, and prices of consumer goods will keep up.
그 원자재의 가격은 계속 높은 수준을 유지하고, 소비자 상품도 가격이 계속 오른 채로 있을 것이다.

③ ACTIVITY IS UP

다음에 쓰인 up은 활동을 나타낸다. 주어는 목적어를 활동상태에 유지시킨다.

(14) a. Anyway, I don't want to **keep** you **up**-you look tired.
어쨌든 나는 당신이 그것을 계속하기를 원하지 않는다 -당신은 피곤해 보인다.

    b. Good heavens! It's nearly half past midnight. I must go and I hope I haven't **kept** you **up**!
이런! 거의 12시 30분이네. 이제 가봐야 합니다. 제가 당신을 깨어 있게 하지 않았기를 바랍니다.

    c. The enemy **kept up** the attack all night.
그 적들은 저녁 내내 공격을 지속했다.

    d. **Keep up** the good fight!
그 훌륭한 싸움을 계속 유지해라!

    e. I'm glad that you are **keeping up** your studies.
나는 네가 계속 공부를 잘하고 있어서 기쁘다.

    f. He is too tired to **keep up** the argument.
그는 그 논쟁을 지속하기엔 너무 지쳐버렸다.

다음에서는 keep이 자동사로 쓰였는데 이 경우 주어가 자기 자신에게 영향력을 행사하여 활동상태를 계속 유지시킨다.

(15) a. We often **keep up** late.
우리는 종종 늦게까지 깨어있다.

    b. Some nights I could hardly **keep up** until 10 o'clock.
어떤 밤에는 나는 때때로 밤 10시까지도 버틸 수 없다.

④ EXISTENCE IS UP

다음에 쓰인 up은 존재상태를 나타낸다. 주어는 목적어를 계속 존재하게 한다.

(16) a. Emigrants often try to **keep up** the customs of their native land.

이민자들은 종종 자신들의 고국의 관습들을 보존하고자 한다.

b. Although the children knew all about the myth of Father Christmas, they still liked to **keep up** the old seasonal customs.

그 아이들은 산타클로스 이야기에 대한 진실을 모두 알고 있었지만, 여전히 그 오래된 계절의 관습을 지속하는 것을 좋아했다.

c. You have a tradition to maintain. You have standards to **keep up**.

너희는 보존해야 할 전통이 있다. 또 너희는 지속시켜야 할 규범들이 있다.

⑤ HIGH STATUS IS UP

다음에 쓰인 up은 지위가 높음을 나타낸다. 주어는 목적어를 높은 상태로 유지시킨다.

(17) a. She would rather go hungry and **keep up** appearances than eat properly and wear last year's fashions.

그녀는 차라리 잘 먹고 작년 유행 스타일의 옷을 입는 것이 제대로 못 먹으면서 멋진 외모를 유지하는 것보다 낫다고 생각한다.

b. When I was a girl everyone was pure, today virgins are as rare as unicorns–still, I'll give white clothes as a wedding present to **keep up** appearances.

내가 소녀 시절일 때만 하더라도 모든 사람들이 순결을 지켰었는데, 요즘은 순결을 지키는 사람이 가물에 콩 나듯 한다. 그러나, 나는 보다 아름다운 자태를 유지하기 위해 결혼 선물로 순백의 의상을 선물하겠다.

(18) a. People are having difficulties **keeping up** the repayments on their loan.
사람들이 대출금을 지속적으로 상환해 나가는 데 곤란을 겪고 있다.

b. If we don't **keep up** the payments on the car, the Finance Company will repossess it.
만약 우리가 자동차 대금 납부를 계속하지 못하면, 금융 회사에서 자동차를 회수해 갈 것이다.

이 밖에, 다음에 쓰인 up은 많음을 나타낸다.

(19) a. We've received so many orders for our products that our staff can't **keep up**.
우리는 제품 주문 요청이 너무 많아서, 직원들이 주문량을 소화해내지 못하고 있다.

b. Prices have been rising very fast and wages haven't **kept up**.
가격은 가파르게 상승하고 있는데 임금은 그것을 따라잡지 못하고 있다.

c. Because I'm new to the job, I have to work twice as hard as everyone else just to **keep up**.
나는 그 일에 신참내기이기 때문에, 다른 이들과 보조를 맞추는 데만도 다른 사람들보다 두 배는 더 열심히 일해야만 한다.

다음에 쓰인 up은 경기에서 앞서서 위에 있음을 나타낸다. 전치사 with의 목적어는 앞서 있는 개체이다.

(20) a. She was walking so fast that I couldn't **keep up with** her.
그녀의 걸음이 너무 빨라서 나는 그녀를 따라잡을 수가 없었다.

b. Even when he was in his sixties he took part in swimming competitions, and a lot of younger people couldn't **keep up with** him.
심지어 그는 60대 때에도 수영대회에 참가했는데, 많은 젊은이들이 그를 못 당해냈다.

c. He finds it difficult to **keep up with** the rest of the class in mathematics.

그는 수학에서 그 반의 나머지 학생들을 따라가기가 어렵다는 것을 깨달았다.

d. My Italian friends talk so fast, I simply can't **keep up with** what they're saying.

내 이탈리아 친구들은 말을 너무 빨리 해서 나는 그들이 무슨 말을 하고 있는지 보조를 맞출 수 없다.

e. Most people in this competitive society, think they must **keep up with** the people next door.

이 경쟁사회에서 대부분의 사람들은 주변 사람들의 흐름에 보조를 맞춰가야 한다고 생각한다.

f. She only bought those new curtains to **keep up with** the Joneses.

그녀는 저 새 커튼들을 단지 유행을 좇기 위해 구입했다.

다음에서는 앞으로 나아가야 할 기준이 전치사 to로 표현되어 있다.

(21) a. I had to work hard **to keep up** to the other students.

나는 다른 친구들의 높은 수준까지 따라잡기 위해 열심히 공부해야만 했다.

b. You can trust him to **keep** his sales force **up to** scratch.

너는 그를 신뢰하여 그의 판매력을 돈을 벌어들이는 정도까지 이르도록 할 수 있다.

c. Once the research team are appointed, it'll be your job **to** ensure they're **kept up** to the mark.

일단 그 연구팀이 지명되면, 그들이 그 기준에 유지되게 하는 것은 너의 일일 것이다.

2) 개체은유

개체은유는 우리가 우리 주위에 있는 추상적인 경험의 부분들을 물체나 물질로 개념화하는 과정이다. 이러한 개체은유는 우리의 경험의 부분들을 가리키고, 범주화하고, 수량화하는 데에 쓰인다. 이것을 그림으로 나타내면 다음과 같다.

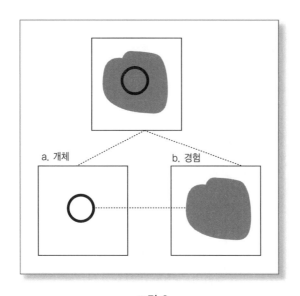

그림 2

〈그림 2-a〉는 개체로서 한계가 분명하다. 〈그림 2-b〉는 추상적인 개체로서 일정한 한계가 없다. 개체은유는 한계가 분명한 개체의 속성을 추상적인 개체에 부과하는 과정이다. 한 예로 마음은 추상적이지만 이것을 개체화할 수 있음을 다음을 통해 알 수 있다.

(22)　a. He is broadening his **mind**.
　　　　그는 자신의 마음을 넓혀가고 있다.

　　　b.He closed his **mind** to any new idea.
　　　　그는 그의 마음을 어떠한 새 착상에도 닫아버렸다.

c. Love drives the **mind** to higher planes.

사랑은 그의 마음을 둥실 떠오르게 한다.

d. He is following his **mind**.

그는 자신의 마음을 따르고 있다.

e. He kept his **mind** on the new work.

그는 그의 마음을 그 새 일에 집중하고 있었다.

f. We must lift our **mind** beyond the mere personal interest.

우리는 우리의 마음을 단순한 개인적인 흥미의 차원을 넘어서서 일으켜야 한다.

g. He put his **mind** at rest.

그는 마음을 쉬게 했다.

h. She set his **mind** on acting.

그녀는 자신의 마음을 연기에 두었다.

위에서 마음은 구체적인 개체와 같이 이를 넓히거나 줄이고, 열거나 닫으며, 어떤 위치에 두는 것으로 개념화되어 있다.

마음은 다시 좀더 구체적인 개체로 개념화될 수 있다. 예로서 마음을 기계로 보는 은유를 볼 수 있다.

(23) a. We're still grinding out the solution to the question.

우리는 여전히 그 문제에 대한 해결책을 얻고자 하고 있다.

b. My mind isn't working today.

오늘은 머리회전이 제대로 되지 않는다.

c. Boy, the wheels are turning now.

옳지, 이제 바퀴들이 돌아가고 있다.

d. I'm a little rusty today.

나는 오늘 녹이 슬었다.

개체은유는 구절동사에서도 쉽게 찾아볼 수 있다. 다음 (24)에는 전치사

적 부사 out이, 그리고 (25)에는 off가 쓰였다. (24)에서 목적어는 추상적이
지만 이것은 구체적인 개체로 개념화되어 어떤 그릇 안에서 밖으로 떨어져
나오는 것으로 표현되어 있다. (25)에서 목적어는 추상적이지만, 이것은 다
른 개체의 표면에서 떨어져 나오는 것으로 개념화되어 있다.

(24) a. She has to cut **out** the stupid behavior.
그녀는 그런 멍청한 행동을 그만두어야 한다.

b. He cut **out** smoking.
그는 담배를 끊었다.

c. He let **out** a cry of pain.
그는 고통의 울음을 내뱉었다.

d. He put **out** all his efforts and rooted up the tree.
그는 온 힘을 끌어내어 그 나무를 뿌리째 뽑았다.

(25) a. Come over and laugh **off** your worries.
이리 와서 너의 걱정들을 웃음으로 날려버려라.

b. Never put **off** until tomorrow what you can do today.
오늘 할 일을 내일로 미루지 마라.

c. I can't seem to shake **off** my cold
나는 내 감기를 떨쳐버리지 못하는 듯 하다.

d. He slept **off** his bad temper.
그는 잠을 자서 나쁜 기분을 떨쳤다.

e. He will work **off** his anger.
그는 일을 해서 화를 풀었다.

추상적인 개체뿐만 아니라, 사건도 구체적인 물체나 물질로 은유화된
다. 다음에서는 사건이 물체 가운데서도 용기로 은유화되어 있다.

(26) a. In washing the vase, he broke it.
그는 꽃병을 씻다가 깨뜨렸다.

b. They put a lot of money in building the stadium.

그는 많은 돈을 그 경기장을 짓는 데 썼다.

c. He put a lot of efforts in working out the solution.

그는 많은 노력을 그 해결책을 구하는 데에 쏟았다.

d. How much satisfaction did you get out of your work?

너는 얼마나 많은 만족감을 너의 일에서 얻었느냐?

과정에는 시작과 끝이 있고, 이 두 시점 사이에는 한정된 공간이 있다. 이것이 사건을 용기로 개념화할 수 있게 해준다. 다음에서는 사건이 표면을 갖는 개체로 개념화되어 있다.

(27) a. On seeing me, he ran to me.

나를 보자마자 그는 내게로 달려왔다.

b. On arriving at the station, he phoned us.

그 역에 도착하자마자 그는 우리에게 전화했다.

c. On returning, he went to see his parents.

돌아오자마자 그는 그의 부모님을 뵈러 갔다.

개체에 앞뒤가 있듯이, 사건에도 앞뒤가 있는 것으로 개념화된다. 개체의 앞은 사건의 시작에, 그리고 개체의 뒤는 사건의 끝에 대응한다. 위의 표현에서 on의 목적어가 나타내는 사건의 끝이 주절이 나타내는 사건의 앞과 이어져 있음을 전치사 on이 나타낸다. 여기에서 '~을 하자마자'의 뜻이 나온다.

3) 구조적 은유

마지막으로, 어느 한 개념이 다른 개념에 의해 구조가 주어지고, 이해되고, 이야기되어질 수 있는 구조적 은유를 살펴보자. 구조적 은유의 한 예로서 '논쟁은 전쟁이다' 은유를 살펴보겠다. 이 은유에 의하면, 논쟁은 전쟁의 개념으로 구조가 주어지고, 이해되고, 행동되고, 또 이야기되어 진다.

(28)　a. Our claims are indefensible.
　　　　우리의 주장들은 막기 어려운 것이다.

　　　b. He attacked every weak point in my argument.
　　　　그는 내 주장이 지닌 약점들을 속속들이 공격했다.

　　　c. His criticism was right on target.
　　　　그의 비난은 정확히 정곡을 찔렀다.

　　　d. I demolished his argument.
　　　　나는 그의 주장을 무너뜨렸다.

　　　e. I've never won an argument with him.
　　　　나는 그와 논쟁해서 한 번도 이긴 적이 없다.

　은유의 본질은 한 가지의 개체를 다른 종류의 개체를 통해서 이해하는 과정이다. 위의 표현들은 논쟁을 전쟁의 개념으로 이해함을 보여 주고 있다.
　또 한 예로 '사랑은 여행이다'로 이해되고 생각되고 또 그렇게 표현된다. 이것은 여행의 구조가 사랑에 부과되는 것으로 볼 수 있다. 다음 〈그림 3〉

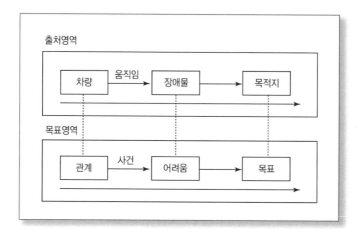

그림 3

을 보자. 이 그림에는 출처영역여행이 있고 또 목표영역사랑이 있다. 출처영역을 목표영역에 사상함으로써 목표영역은 출처영역의 구조를 가지게 된다. 이것은 목표영역의 개체를 출처영역의 개체를 통해서 이해함을 의미한다.

다음 예를 살펴보자.

(29) a. Look how far we've come.
우리가 얼마나 멀리 왔는지 봐라.

b. It's been a long, bumpy road.
참으로 길고도 험난한 여정이었다.

c. We can't turn back now.
우리는 지금 되돌아 갈 수는 없다.

d. We are at a crossroads.
우리는 기로에 있다.

e. We may have to go our separate ways.
우리는 서로 다른 길을 가야만 할지도 모른다.

f. We are spinning our wheels.
우리는 헛바퀴를 돌리고 있다.

g. The relationship is not going anywhere.
그 관계는 아무데도 가지 않는다.

h. The marriage is on the rocks.
그 결혼은 파탄났다.

위의 표현 모두는 일상적이고 관용적인 표현으로 남녀 사이의 사랑관계를 묘사하는 데 쓰이는 표현이다. 그러나 이들 표현 가운데 어느 하나도 사랑이라는 표현을 직접 언급하지는 않는다. 하지만 영어 화자는 이들 표현들을 사랑과 관련지어서 풀이할 수 있다. 이러한 각도에서 보면, 위의 표현과 관련된 것은 단순한 언어만의 문제가 아님을 알 수 있다. 이러한 표현들을 쉽게 이해할 수 있다는 것은 영어 화자들이 사랑을 여행으로 개념화한다는 것을 알 수 있도록 해준다. 이것이 바로 Lakoff가 말하는 개념은유이다. 즉 우리는 개념은유를 통해 사랑과 같은 추상적인 개념을 보다 더 구체적인 여행을 통해서 이해한다. 여행에는 거리가 있고, 길이 있고, 방향이 있다. 여행하는 길은 멀 수도 있고 가까울 수도 있으며, 길은 평탄할 수도 있고 험난할 수도 있다. 가다보면 갈림길이 나타나서, 동행하던 사람과 헤어질 수도 있으며 그냥 같이 갈 수도 있다. 또 수렁이나 바위에 걸려서 좌초될 수도 있다. (29)의 관용적 표현들을 보면, 여행의 이러한 모든 면이 사랑의 관계에도 반영됨을 알 수 있다. Lakoff는 은유를 출처영역에서 목표영역에로의 사상으로 이해한다. 이 두 영역 사이에는 대응관계가 있는데 구체적으로 다음 (30)과 같은 대응관계가 있을 수 있다 (1990: 48).

(30) **사랑 영역**　　　　　　　**여행 영역**

　　사랑하는 사람들　　　　같이 여행하는 사람들
　　사랑 관계　　　　　　　차량
　　사랑 관계의 유지　　　　같은 차를 타고 있는 상태
　　어려움　　　　　　　　장애

　　Lakoff에 의하면 '사랑은 여행이다' 라는 은유는 어느 특정한 낱말에 의해서 전달되는 것이 아니라 사랑을 여행으로 파악하는 우리의 사고방식에 의해서 이루어진다. 그러므로 (29)의 표현들은 단순히 언어의 문제가 아니라 우리의 사고와 관련된 문제로 볼 수 있다. 언어표현은 우리들의 사고방식의 반영이며, 이 사고방식은 관습적이다. 영어 화자들은 사랑을 이렇게 관습적으로 여행의 개념으로 생각하기 때문에 다음과 같은 표현을 처음 대하더라도 이것을 이해하는 데 아무런 어려움을 겪지 않는다.

(31) We are driving in the fast lane on the freeway of love.
　　 우리는 사랑의 고속도로 위의 급행길을 달리고 있다.

관용적 표현 밑에 이러한 개념적 바탕이 깔려 있음을 이해하면, 우리는 관용어를 좀더 근본적이고, 자세하게 이해할 수 있다. 예로서 다음을 살펴보자.

(32) a. We are spinning the wheels.
　　　 우리는 헛바퀴를 돌리고 있다.

　　　 b. We are oiling the wheels.
　　　 우리는 바퀴에 기름칠을 하고 있다.

　　　 c. We are trying to make the wheels go round.
　　　 우리는 그 바퀴들을 굴러갈 수 있게 만들려고 노력하고 있다.

(32a)의 경우, 이 표현은 사전에 다음과 같이 풀이되어 있다: 'be in motion, but go nowhere.' 그러나 이 풀이만으로는 이 표현이 암시하는 바를 이해할 수가 없다. 이것을 이해하기 위해서는 자동차가 진흙, 모래, 또는 얼음 위에서 빠져나가기 위해 운전수가 바퀴를 빨리 회전시키지만 차가 빠져나가지 못하는 상황을 상상해야 한다. 즉, 이 표현은 운전수가 어려운 상황에서 벗어나기 위해서 열심히 노력은 하지만 아무런 진전이 없는 상황을 나타낸다. 이러한 상황에서 빠져나가기 위해서는 운전수뿐만 아니라 옆자리에 앉은 사람과 그 밖에 관련된 사람들의 공농의 노력이 필요할 것이다.

구조적 은유의 가장 보편적인 예는 사건을 장소이동으로 보는 은유로 즉, '사건은 장소이동이다'의 은유이다. 이것은 사건을 장소이동의 개념으로 이해하고 생각하고 표현하는 과정이다. 이것은 '사랑은 여행이다'의 은유와 마찬가지로 장소이동의 구조를 사건에 사상하는 과정이다. 장소이동에는 이동을 위한 준비, 출발, 진행, 정지, 계속, 완료의 개념이 포함된다. 이것이 사건에 사상되면, 사건에도 준비, 출발, 진행, 정지, 계속, 완료의 개념을 가지게 된다. 이것을 도식화하면 〈그림 4〉와 같다.

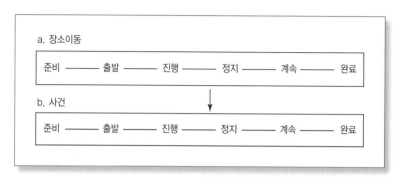

그림 4

위의 사건은유는 다음과 같은 언어로 표현된다. 다음은 사건의 준비와 관련된 표현이다.

(33) a. He **paved the way** for the computer industry.
그는 컴퓨터 산업의 초석길을 닦았다.

b. They **smoothed the way** for talks with the rebel leaders.
그들은 반역 지도자들과의 회담을 위해 원활한 분위기를 조성했다.

c. He **took the necessary steps** to put an end to stealing in class.
그는 교실에서의 절도사건을 종식시키기 위해 필요한 조치들을 취했다.

다음은 사건의 시작과 관련된 표현이다.

(34) a. He **set off** for Busan, but ended up in Gwangju.
그는 부산을 향해 출발했지만 결국 광주에서 멈췄다.

b. We were due to **start off** for Seoul at 10 in the morning.
우리는 오전 10시에 서울로 출발할 예정이었다.

(35) a. They will **set off** in search of the lost children.
그들은 실종된 아이들을 찾는 일을 시작할 것이다.

b. The border attack **set off** a terrible war.
그 국경 공격은 끔찍한 전쟁을 촉발시켰다.

c. I **started off** to make a dress by myself.
나는 직접 드레스를 만들기 시작했다.

d. The chairman **started off** by attacking the first speaker.
그 의장은 첫 연설자를 공격하는 것으로 시작했다.

(36) a. They were excited to **start out** on a trip.
그들은 여행 출발에 흥분했다.

b. He **started out** for work an hour ago.
그는 한 시간 전에 일터로 떠났다.

c. They **started out** for church early in the morning.
그들은 아침 일찍 교회로 떠났다.

(37) a. When did you **start out** as a professor?
언제 당신은 교수로 출발하셨습니까?

b. What **started out** as a fun became an endless chore.
재미로 시작되었던 것이 지겨운 잡일이 되었다.

c. You have done what you **started out** to do.
너는 네가 시작했던 일을 끝냈다.

다음은 사건의 진행과 관련된 표현이다.

(38) a. We have to get the campaign **underway**.
우리는 그 캠페인을 진행시켜야 한다.

b. He **set the ball rolling**.
그는 일을 진행하게 했다.

c. She managed to **get the show on the road**.
그녀는 가까스로 공연이 시작되게 했다.

d. The company is **on the right track**.
그 회사는 바른 길을 가고 있다.

e. There is a new baby **on the way** here.
여기 오는 길에 낯선 아기가 있다.

다음은 사건의 중단과 관련된 표현이다.

(39) a. When his wife left him, he **went** completely **off the rails**.
그의 아내가 그를 떠나자 그는 완전히 미쳐버렸다.

b. Their marriage **has been on the rock**, but it always survived.
그들의 결혼은 늘 위태위태했지만 항상 고비를 넘겨 지속되었다.

c. Their partnership **ran aground**.
그들의 제휴관계는 좌초되었다.

d. He **got stuck in a rut**.
그는 판에 박힌 일에 고착되었다.

e. He **is bogged down** in his paper work.
그는 문서작업에서 난항을 겪었다.

f. We **stopped the fight**.
우리는 싸움을 멈췄다.

다음은 사건의 계속과 관련된 표현이다.

(40) a. There you **go**!
잘했어!

b. The show must **go on**.
공연은 계속되어야 한다.

c. He **carried on** his work in spite of the noise outside.
그는 바깥 소음에도 불구하고 자신의 일을 계속했다.

d. Excuse me, but I must **get on** with my homework.
죄송합니다만, 저는 숙제를 계속해야 합니다.

e. I will do what I can do to **keep the process on the track**.
나는 그 과정이 제 궤도를 유지하도록 내가 할 수 있는 것을 할 것이다.

(41) a. The party **ended up** about midnight.
그 파티는 자정쯤 끝났다.

b. That would mean **the end of the road** for their relationship.
그것이 그들 관계를 위한 길의 종말을 의미할 수도 있다.

c. He wound up poor **at the end of his life**.
그는 말년에 이르러 결국 가난하게 되었다.

d. The business **wound up** in failure.
그 사업은 실패로 끝났다.

e. They reached **the end of the road**.
그들은 결국 최후의 국면에 이르게 되었다.

다음은 사건의 완료와 관련된 표현이다.

(42) a. She **brought** the dinner **off** with her usual flair.
그녀는 평상시와 같은 세련됨으로 저녁 대접을 훌륭히 해냈다.

b. He **pulled** the deals **off** splendidly.
그는 그 거래를 훌륭하게 해냈다.

c. The patient **pulled through** quickly.
그 환자는 빠르게 병을 극복했다.

d. How is your work on a new book? Well, we are **getting there**.
새 책 작업 잘 되가니? 글쎄, 거의 목표를 달성해가고 있는 중이야.

2. 환유

한 낱말을 써서 이 낱말이 가리키는 개체를 가리키지 않고 이 개체와 관련된 다른 개체를 가리키는 과정을 환유라고 한다. 예로서, '손'은 사람 신체의 한 부분을 가리킨다. 그러나 경우에 따라서 이 낱말이 '손'과 관련된 '사람'을 가리킬 수 있다. 야구선수들이 담당하는 경기구역 내 이름에는 투

수, 포수와 같이 '수'가 들어간다. 이것은 원래 '손'을 가리키지만 환유적으로는 '선수'를 가리킨다. 이것은 부분이 전체를 나타내는 환유의 예이다. 아래에 몇 개의 예가 추가적으로 제시되어 있다.

(43) 피 'blood'   person with a certain type of blood
      얼굴 'face'   person with a certain face
      건각 'leg'   person with certain legs

환유 가운데는 전체가 부분을 가리키는 것도 있다. 다음 표현들을 살펴보자.

(44) a. **The whole town** welcomed him.
         그 도시 전체가 그를 환영했다.

      b. **The whole world** welcomed him.
         온 세계가 그를 환영했다.

(44)에 쓰인 the whole town과 the whole world는 지역을 가리키는 것이 아니라 그 안에 살고 있는 사람을 가리킨다.

환유는 일차적으로 지시기능을 갖지만 지시기능에만 국한되지는 않는다. 환유는 지시되는 개체의 특정한 부분에 초점이 주어지므로 지시되는 개체는 이 부분과 관련을 지어서 이해된다. 다음 표현에서 Hemingway는 작가이나 실제로 가리키는 것은 이 작가가 쓴 작품이다. 이때 a Hemingway는 이 작가가 쓴 작품만을 가리키는 것이 아니라, 이 작가의 특징적 기교나 작가가 문학사에서 차지하는 역할 등이 포함된다.

(45) He is reading **a Hemingway** now.
      그는 지금 헤밍웨이 작품 하나를 읽고 있다.

위에서 살펴본 환유현상은 은유와 마찬가지로 언어에 편재되어 있다. 그러므로 환유는 구절동사에도 쉽게 찾아볼 수 있다. 다음에서는 사람을 가리키는 표현이 환유적으로 쓰였다. 괄호 안에 적은 개략적인 뜻이 보여주듯 사람을 가리키는 표현은 여러 가지의 뜻으로 쓰임을 알 수 있다.

(46) a. **He** is above bribery. (character)
      그에게는 뇌물이 통하지 않는다.

   b. The book is above **me**. (ability)
      이 책은 내 능력을 넘어서는 책이다.

   c. He knocked out **his opponent**. (consciousness)
      그는 상대자를 녹아웃 시켰다.

   d. That remarks put **me** out. (feelings)
      그 발언은 나를 어리둥절하게 했다.

   e. Listen to **me**. (what I say)
      내 말을 들어봐.

   f. His speech went beyond **me**. (understanding)
      나는 그의 연설을 잘 이해할 수 없었다.

   g. The sea air will set **you** up. (health)
      바다 공기가 널 회복시켜 줄 것이다.

다음 전치사의 목적어는 이 명사와 관련된 과정을 가리킨다.

(47) a. We had a heated discussion after **dinner**.
      우리는 저녁 후 격렬한 토론을 벌였다.

   b. We discussed the matter over **a cup of coffee**.
      우리는 커피를 마시면서 그 문제에 관해 토론했다.

다음 주어는 그릇이다. 그러나 실제로 가리키는 것은 그릇 속에 든 개체이다.

(48) a. The **kettle** is boiling.
그 주전자가 끓고 있다.

b. The **stove** is burning well.
이 난로는 잘 타고 있다.

다음 진하게 표시된 표현은 옷의 감이나 색깔을 가리키지만, 실제로는
특정한 감이나 색으로 된 옷을 가리킨다.

(49) a. She is in **silk** today.
그녀는 오늘 실크 옷을 입고 있다.

b. She is in **white**.
그녀는 오늘 하얀 옷을 입고 있다.

다음에서 진하게 표시된 표현은 건물과 관련된 기능을 나타낸다.

(50) a. She is in **hospital**.
그녀는 입원해 있다.

b. They are still in **school**.
그들은 아직도 재학 중이다.

다음 문장에서 진하게 표시된 표현들도 이들과 연관된 것을 가리킨다.
(51a)의 **gun**은 총알을, (51b)의 **milk**는 우유맛을, (51c)의 **long skirt**는 이
것의 유행을, 그리고 (51d)의 **sea**는 바다의 물을 가리킨다.

(51) a. The **gun** went off.
그 총이 발사되었다.

b. The **milk** has gone sour.
그 우유 맛이 시큼해졌다.

c. **Long skirts** have gone out after a short period of popularity.
롱스커트가 한동안 유행하더니 곧 시들해졌다.

d. When the **sea** goes out the sand stretches.
그 바닷물이 빠져 나가면 그 모래가 펼쳐진다.

구절동사의 의미가 그 구성성분으로부터 예측 불가능하다는 주장은 많은 경우에 구절동사가 비유적 의미를 가진다는 특징을 간과함으로써 발생한다. 구절동사의 두드러진 특징 가운데 하나가 많은 경우에 그 뜻이 비유적이라는 점이다. 이 비유적인 뜻은 은유와 환유 과정을 통해서 생겨난다. 이 장에서는 은유와 환유 과정을 살펴보면서, 이러한 비유적 뜻이 우리의 경험에 바탕을 두고 생겨남을 살펴보았다. 특히, Lakoff와 Johnson(1980)의 연구를 통해 활성화된 은유의 인지적 접근은 방위은유, 개체은유, 구조적 은유로 나뉘어 은유와 언어표현의 체계적이고, 밀접한 관계를 잘 보여 준다. 이러한 은유와 환유를 포함하는 언어의 비유적 표현은 인간의 경험과 관습적 사고방식을 반영해 주는 것이다. 따라서 이 장에서는 구절동사가 지닌 비유적 의미들은 언어가 지닌 은유와 환유의 과정을 고려할 때 체계적이고 논리적으로 올바로 설명될 수 있다는 것을 확인해 볼 수 있었다.

제 7 장

두 개 이상의 불변사

제7장
두 개 이상의 불변사

영어 구절동사 가운데는 불변사가 두 개 이상인 것이 많다. 이 장에서는 이러한 구절동사를 몇 가지의 유형으로 나누어서 이들의 구조와 의미를 살펴본다.

1. 경로 + 목적지 불변사

구절동사에 쓰이는 불변사 가운데 첫 번째 것은 경로를 나타내고, 두 번째 것은 목적지를 나타내는 것이 있다. 경로를 나타내는 불변사 가운데에는 다음 (1)과 같은 것이 있고, 목적지를 나타내는 것에는 (2)와 같은 것이 있다.

(1) away   back   down   in   on   over   round   through   up

(2) at   into   to   on

1) 경로 + at

다음에는 경로를 나타내는 불변사 다음에 전치사 at이 쓰이는 예를 살펴본다.

(1) away at

다음에 쓰인 away는 탄도체가 어느 기준에서 멀어지는 과정을 나타내고, at은 탄도체가 이동한 다음의 자리를 나타낸다.

(3) a. Her son is **away at** sea.
   그녀의 아들은 바다에 나가 있다.

   b. He threw the book **away at** the bottom of the table.
   그는 그 책을 그 책상의 바닥에 던졌다.

(3a)에서 주어는 어떤 기준영역을 벗어나 있는 것을 나타내고, 전치사 at
은 벗어나 있는 지점을 나타낸다. 이것을 그림으로 나타내면 다음과 같다.

〈그림 1-a〉는 be 동사로 이것은 탄도체가 어느 장소에 있던 상태가 지
속됨을 나타낸다. 〈그림 1-b〉는 불변사 away로 탄도체가 어떤 영역을 벗어

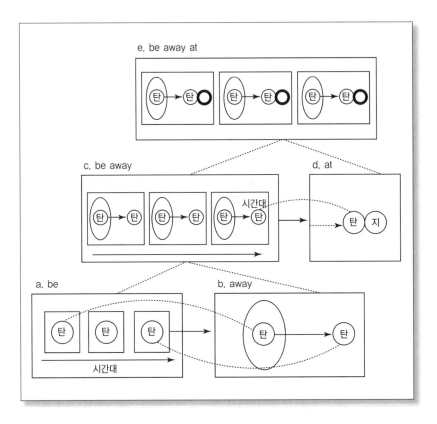

그림 1

나 있는 관계를 나타낸다. 〈그림 1-a〉의 각 상태는 away의 관계와 대응하고, 대응하는 점을 포개면, 탄도체가 지표를 벗어나 있는 관계인 〈그림 1-c〉가 합성된다. 〈그림 1-c〉의 탄도체는 지표를 벗어나 있지만, 어디에 가 있는지는 알 수 없다. 이것이 전치사 at과 통합되면서 움직인 다음의 장소가 명시된다.

(2) down at

다음에 쓰인 down은 탄도체가 아래로의 이동을 나타내고 at은 탄도체가 이동한 다음의 자리를 나타낸다.

(4) a. She looked **down at** his shoes.
그녀는 아래로 그의 신을 보았다.

b. The shares ended **down at** $600.
그 주는 600 달러 선에서 끝났다.

c. She sat **down at** the table.
그녀는 그 식탁에 앉았다.

d. He stopped **down at** the water's edge.
그는 그 물가에 내려섰다.

(3) over at

다음에 쓰인 over는 탄도체가 이동한 과정을 나타내고, at은 탄도체가 이동한 다음의 자리를 나타낸다.

(5) a. She looked **over at** the long table.
그녀는 그 긴 식탁을 훑어보았다.

b. The boy threw stones **over at** the dog.
그 소년은 돌을 그 개에게 던졌다.

c. He's **over at** the city hall.
그는 그 시청에 건너 가 있다.

d. He stopped **over at** London.
그는 런던에서 머물렀다.

(4) round at

다음에 쓰인 round는 탄도체가 이동한 과정을 나타내고, at은 탄도체가 이동한 다음의 자리를 나타낸다.

(6) a. He kept looking **round at** him.
그는 계속해서 그를 돌아다 보았다.

b. They glanced **round at** us.
그들은 우리를 돌아다 보았다.

c. On one occasion I was **round at** her house.
어느 때 나는 그녀의 집에 돌아갔다.

d. A boy called **round at** his girlfriend's house one evening.
한 소년이 여자친구 집에 어느 저녁에 놀러갔다.

(5) through at

다음에 쓰인 through는 탄도체가 이동한 과정을 나타내고, at은 탄도체가 이동한 다음의 자리를 나타낸다.

(7) a. He got **through at** the stage.
그는-어떤 과정을 거쳐서-그 단계에 이르렀다.

b. They went **through at** the top.
그들은-그 과정을 거쳐서-정상에 도착했다.

c. She smiled **through at** me.
그녀는 나에게 미소를 지었다.

d. They went right **through at** the village.
그들은-그것을-바로 지나서 그 마을에 갔다.

(6) up at

다음에 쓰인 up은 탄도체가 이동한 과정을 나타내고, at은 탄도체가 이동한 다음의 자리를 나타낸다.

(8) a. He glanced **up at** me.
그는 위로 나를 쳐다 보았다.

b. She smiled **up at** me.
그녀는 고개를 위로 들어 나에게 미소를 지었다.

c. He is **up at** university.
그는 대학에 올라 가 있다.

d. Earnings were 32 percent **up at** 14.1 p.
이익이 32% 올라서 14.1p에 이르렀다.

e. He took us **up at** this stage.
그는 우리를 끌고 이 단계에 왔다.

f. The index points **up at** 100.
그 지표는 100을 가리킨다.

2) 경로 + to

(1) away to

다음에 쓰인 away는 탄도체가 지표에서 벗어나는 경로를 나타내고 to는 목적지를 나타낸다.

(9) a. Go **away to** the army.
군대에 가버려라.

b. He gave **away** lots of money **to** the poor.
그는 많은 돈을 가난한 이들에게 나누어 주었다.

c. She wanted to get **away to** the west.
그녀는 서부로 떠나가기를 원했다.

d. He was taken **away to** school.
그는 학교에 보내졌다.

e. They ran **away to** Paris.
그들은 파리로 도망을 갔다.

(2) back to

(10) a. Carry this book **back to** its place.
이 책을 제 자리에 도로 가져가거라.

b. He sent his wife **back to** the home of her birth.
그는 그의 아내를 친정으로 되돌려 보냈다.

c. Go **back to** your seat.
너의 자리로 되돌아 가거라.

d. The birds fly **back to** their nests.
그 새들은 자신들의 둥지로 도로 날아갔다.

e. He walked **back to** his hut.
그는 그의 오두막으로 되걸어갔다.

f. We always come **back to** the same hotel in this town.
우리는 항상 이 도시에 있는 같은 호텔로 되돌아온다.

(3) down to

(11) a. We are **down to** our last dollar.
우리에게는 마지막 달러만이 남아 있다.

b. I went **down to** the basement.
나는 그 지하실로 내려갔다.

c. The river reaches **down to** the Yellow Sea.
그 강은 황해로 내려 뻗힌다.

d. You don't have to talk **down to** me.
   너는 내게 말을 낮출 필요가 없다.

e. What does it all boil **down to**?
   그것은 결국 무엇으로 귀결되는가?

f. Come **down to** the ground.
   땅으로 내려와라.

위의 문장 11f를 써서 [동사 + down + to]가 어떻게 통합되는지를 아래 〈그림 2〉와 같이 나타낼 수 있다.

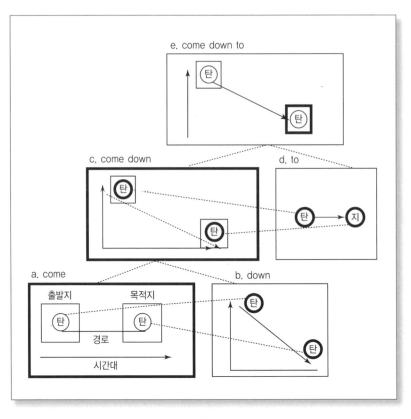

그림 2

〈그림 2-a〉는 동사 come을 도식적으로 나타낸다. 이 도식에는 움직이는 개체, 출발지, 경로, 목적지가 있다. 〈그림 2-b〉는 탄도체가 높은 데서 낮은 데로 움직이는 전과정을 한눈에 볼 수 있게 불변사 down이 도식화되어 있다. 〈그림 2-d〉의 불변사 to는 탄도체가 지표로 향하는 관계를 나타낸다. 첫 단계의 통합과정에서 동사의 탄도체와 불변사의 탄도체가 대응하고 동사의 경로와 불변사의 경로가 대응한다. 대응하는 점을 포개면 합성구조 〈그림 2-c〉가 생기고, 다음 단계에서 come down의 탄도체와 전치사 to의 탄도체가 대응되며 이들의 경로도 대응된다. 대응되는 점을 포개면 합성구조 〈그림 2-e〉가 생긴다. 합성구조 come down to가 뜻하는 의미는 다음과 같다: 탄도체가 아래로 움직여서 불변사 to의 지표에 이른다.

(4) into

불변사 in과 on의 경우, 이들은 불변사 to와 완전히 융합되어 하나의 불변사 into와 onto로 쓰인다. 다음 (12)에는 into가 쓰였다. (12a)에서 into는 빌이 뛰어서 벽의 영역에 들어와 있고, 그 벽이 목표임을 나타낸다. 만약 (12a′)에서와 같이 불변사 in만 쓰인 경우에는 누가 벽 안에서 뛰는 상황을 상상할 수 없기 때문에 자연스러운 문장이 될 수 없다. 또한 (12a″)에서와 같이 전치사 to만 쓰이면, 이것은 누가 벽으로 뛰어갔다는, 즉 벽이 목표임만을 말해줄 뿐 도착 여부는 알 수가 없다. 그러나 into에서와 같이 in이 쓰이면 목표에 이르렀음을 나타낸다.

(12) a. Bill ran **into** the wall.
        빌이 그 벽에 부딪쳤다.
        a′. Bill ran in the wall.   a″. Bill ran to the wall.
     b. The car crashed **into** a tree.
        그 자동차가 나무에 충돌했다.

c. Ron bashed **into** a telephone pole.
론은 전신주에 부딪혔다.

d. The boat bumped **into** the mooring post.
그 배가 정박 지주를 들이받았다.

e. Mary bumped **into** her brother.
메리가 자기 오빠랑 부딪혔다.

f. She knocked **into** a boy, as she ran.
그녀는 뛰어가면서 어느 소년과 부딪혔다.

g. The helicopter smashed **into** the side of the mountain.
그 헬기가 그 산의 측면에 세게 충돌했다.

h. He ran his head **into** the glass door.
그는 머리를 그 유리문에 박았다.

(5) onto

[탄도체 onto 지표]의 관계에서 탄도체는 움직여서 지표에 가 닿게 되거나 그 결과를 나타낸다. 다음에는 be 동사가 쓰여서 onto의 움직여서 접촉되어 있는 마지막 상태를 나타낸다. 다음 (13)에서 onto의 지표는 정보이다. 탄도체가 정보와 닿아 있는 관계는 정보를 알고 있는 관계를 나타낸다.

(14) a. Have you been **onto** the city council about the construction?
그 시의회에 가서 그 건설에 대해 알아본 적이 있습니까?

b. I have been **onto** the city about the noise.
나는 그 시와 그 소음에 대해서 연락을 했다.

다음에서 onto의 지표는 정보의 출처이다. 탄도체가 이 출처와 연결됨은 전화로 연락함을 의미한다.

다음에서는 움직임 동사 가운데 자동사가 쓰였다. 자동사의 경우 탄도체 (주어)가 움직여서 onto의 지표에 닿는다. 불변사 on은 탄도체가 지표에 접촉됨을 나타내고, 불변사 to는 경로를 나타낸다. 하지만, 만약 (15a′)에서와 같이 전치사 on만 쓰이면, 빌이 침대 위에서 뛰었다는 뜻이고, (15a″)에서와 같이 to만 쓰이면, 빌이 침대 쪽으로 뛰었다는 뜻만 전달한다.

(15) a. Bill jumped **onto** the bed.
빌이 그 침대로 뛰어 올랐다.
　　a′. Bill jumped on the bed.　　　　a″. Bill jumped to the bed.

　　b. He fell back **onto** his bed.
그는 그의 침대 위로 떨어져 내렸다.

　　c. The dog jumped **onto** the chair.
그 개가 그 의자 위로 뛰어 올랐다.

　　d. Go **onto** the hospital and see if there is another bed available.
그 병원에 가서 입원 가능한 자리가 하나 더 있는지 알아보아라.

다음 예문들은 '주제는 개체이다'의 은유가 적용된 표현이다.

(16) a. How did you get **onto** the subject?
너는 어떻게 그 주제를 파악하게 되었니?

　　b. How did you manage to get **onto** the topic?
너는 어떻게 그 주제에 이르게 되었니?

다음 표현은 주관적 이동으로, 탄도체와 지표는 움직이지 않는다. 그러나 화자의 시선이 탄도체에서 지표로 움직이므로 탄도체가 지표에 가닿는 것으로 풀이된다.

(17) a. The house backs **onto** a busy street.
그 집은 번잡한 거리와 등을 맞대고 있다.

　　b. The window gives **onto** a narrow road.
그 창은 좁은 길에 접한다.

다음에서는 타동사가 쓰였다. 주어는 목적어에 힘을 가하여 목적어가 onto의 지표에 닿게 한다.

(18) a. She threw her books **onto** the floor.
그녀는 그녀의 책을 그 마룻바닥에 던졌다.

b. She smeared the paint **onto** her face.
그녀는 그 페인트를 그녀의 얼굴에 문혔다.

c. He screwed the cap **onto** the bottle.
그는 그 뚜껑을 그 병에 틀어 막았다.

d. She put the teapot **onto** the stove.
그녀는 그 차 주전자를 그 스토브 위에 얹었다.

e. She hurled herself **onto** the train.
그녀는 자신을 그 기차 위에 내던졌다.

f. The speaker moved **onto** the next item.
그 연설자는 다음 항목으로 주제를 옮겼다.

(6) round to

불변사 round는 탄도체가 돌아서 오는 과정을 나타낸다. 다음에서 주어는 어디를 돌아서 전치사 to의 목적어로 움직인다.

(19) a. We walked **round to** the back of the house.
우리는 돌아서 그 집의 뒤로 갔다.

b. You must come **round to** our place for a while.
너는 우리 집으로 잠시 동안 돌아와 들러야 한다.

c. Finally, she came **round to** painting the kitchen.
마침내 그녀는 그 부엌을 칠할 수 있게 되었다.

d. I will be able to get **round to** the work this afternoon.
나는 오늘 오후에 그 일로 돌아갈 수 있을 것이다.

e. He'll never come **round to** our way of thinking.
그는 우리의 사고방식으로 돌아오지 않을 것이다.

(7) over to

불변사 over는 탄도체가 지표를 넘거나 건너서 움직이는 과정을 나타
낸다.

(20) a. He went **over to** the bank.
　　　그는 그 은행으로 건너갔다.

　　b. I went **over to** my desk.
　　　나는 내 책상으로 건너갔다.

　　c. They all went **over to** the fire.
　　　그들은 모두 그 화로로 건너갔다.

　　d. The car shipped **over to** the island.
　　　그 차는 그 섬으로 운반되었다.

　　e. He handed **over** his power **to** the general.
　　　그는 그의 권력을 그 장군에게 넘겨주었다.

　　f. They turned him **over to** the police.
　　　그들은 그를 경찰에 넘겼다.

(8) through to

불변사 through는 탄도체가 입체적 지표를 따라 움직이는 과정을 나타
낸다.

(21) I can't get **through to** Seoul; the lines are busy.
　　　나는 서울에 연락할 수 없다; 전화가 통화중이다.

(9) up to

불변사 up은 탄도체가 지표의 낮은 곳에서 높은 곳으로 움직이는 과정
이나 그 결과를 나타낸다.

(22) a. The boy has to look **up to** his tall father.
그 소년은 그의 키가 큰 아버지를 올려다보아야 한다.

b. If you give what you can, I will make the money **up to** the full amount.
네가 줄 수 있는 것을 주면, 내가 그 돈을 모두 채우겠다.

c. I will put **up** the suggestion **to** the boss.
나는 그 제안을 그 사장에게 가져가겠다.

이 두 불변사는 다음 〈그림 3〉과 같이 통합된다.

아래 〈그림 3-a〉는 up의 과정을 나타낸다. 그림에서 탄도체는 지표의 낮은 곳에서 높은 곳으로 움직인다. 그러나 높은 곳의 한계는 표시되어 있지 않다. 이 한계는 전치사 to의 지표로 명시되고 〈그림 3-b〉는 전치사 to의 과정이다. 탄도체는 어떤 경로를 따라서 목표에 이르게 되는데 점선으로 표시된 것과 같이 up과 to의 탄도체는 대응된다. 대응되는 점을 포개면 〈그

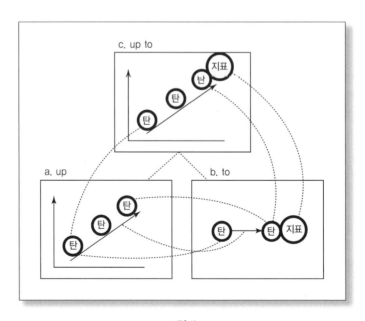

그림 3

림 3-c)의 구조가 합성되고, 이 그림은 탄도체가 위로 올라가서 어느 목표에 이르는 과정을 나타낸다.

다음 예문에서 주어는 위로 가서 to의 지표에 이른다.

(23) a. The truck can come **up to** the door.
그 트럭은 그 문까지 올 수 있다.

b. The child ran **up to** his mother to show his journal.
그 아이는 자기 일기를 보여주려고 엄마에게 뛰어 올라갔다.

c. He is **up to** his elbows in his work.
그는 그의 일이 팔꿈치까지 올라 와 있다.

다음 (24)에는 '많음은 위이다' 의 은유가 적용된 예가 제시되어 있다. 여기서 주어는 위로 움직여서 어떤 목표에 이른다.

(24) a. The temperature went **up to** 40 degrees C.
기온이 40도까지 올라갔다.

b. Read **up to** page 50 today.
오늘은 50 페이지까지 읽어라.

c. He can take **up to** 6 people.
그는 6명까지 맡을 수 있다.

d. What chapter are you **up to** in the book?
너는 이 책에 몇 장까지 와 있니?

다음 (25)는 '가까움은 위이다' 의 은유가 적용된 예이다.

(25) **Up to** now he has been good.
지금까지 그는 잘해왔다.

(26)은 '좋음은 위이다' 의 은유가 적용된 예이다.

(26) a. The task was difficult, but she proved to be **up to** it.
그 임무는 어려웠지만 그녀는 그 임무를 잘해내었음을 입증했다.

b. Is she **up to** such an important job?
그녀가 그런 중요한 일을 잘 감당하고 있는가?

c. I don't think I am **up to** the journey.
나는 그 여행을 감당할 것 같지가 않다.

d. He is **up to** the challenge.
그는 그 도전을 감당할 수 있다.

e. It is a very demanding job, and I wonder she's **up to** it.
그것은 매우 힘든 일이다. 그래서 나는 그녀가 그것을 잘해낼 수 있을지 의문이다.

f. His work is not **up to** my expectations.
그의 작품은 내 기대에 미치지 못했다.

다음 (27)은 '활동은 위이다'의 은유가 적용된 예이다.

(27) a. What are you **up to**?
너 뭐하고 있니?

b. She is **up to** some mischief.
그녀는 뭔가 나쁜 일을 하고 있다.

c. What have you been **up to** recently?
너는 요즘 뭐하고 지내니?

3) 경로 + on

다음 구절동사에서 첫째 불변사는 경로를, 둘째 불변사는 목적지를 나타낸다. [탄도체 to 지표]의 관계에서 탄도체는 지표의 근처에 가기만 하면 되지만, [탄도체 on 지표]의 관계에서 탄도체는 지표에 접촉된다. 이 때 접촉되면 탄도체는 지표에 영향을 줄 수 있다. 다음 (28)에 쓰인 불변사 in은 일터에 들어가거나 제출하는 과정을 나타내고, 전치사 on은 시간을 나타낸다.

(28) a. He won't be **in on** Monday.
그는 월요일에 오지 않을 것이다.

b. Work must be handed **in on** November 22.
작품은 11월 22일까지 제출되어야 한다.

c. He was sworn **in on** December 20.
그는 12월 20일에 선서를 하고 취임되었다.

d. He goes **in on** odd days.
그는 이따금 참가한다.

e. He got the report **in on** time.
그는 그 보고서를 정시에 제출했다.

f. He will pop **in on** Sunday.
그는 일요일에 잠깐 방문할 것이다.

(1) back on

다음 (29)에서 탄도체는 되돌아 움직이는 경로를 지나 on의 지표에 접촉한다. 이때 접촉은 단순한 공간접촉일 수도 있고, 탄도체가 지표에 닿아서 지표에 영향을 주는 관계일 수도 있다. 그러나 많은 경우에 공간접촉의 의미와 영향의 의미가 함께 나타날 수 있다.

(29) a. Put the cap **back on**.
그 뚜껑을 다시 닫으세요.

b. I like to look **back on** my happy childhood.
나는 나의 행복한 유년기를 되돌아 보기를 좋아한다.

c. She fell **back on** the grass.
그녀는 그 잔디 위에 뒤로 쓰러졌다.

d. I will get **back on** you.
나는 네게 복수를 하겠다.

e. He came **back on** the ship.
그는 그 배에 돌아왔다.

f. He set his glass **back on** the table.
그는 그 잔을 다시 그 식탁에 놓았다.

(2) down on

불변사 down은 탄도체가 위에서 아래로 움직이는 과정을 나타낸다. 아래로 움직인 탄도체는 on의 지표에 가 닿는다.

(30) a. The enemy came **down on** the town last night.
그 적은 지난밤 그 마을을 공격했다.

b. The baby fell **down on** the ice.
그 아기는 그 얼음에 넘어졌다.

c. The rain is beating **down on** the roof.
그 비가 그 지붕에 내려치고 있다.

d. He slapped a book **down on** the desk.
그는 책을 그 책상에 툭 던졌다.

e. Don't look **down on** him.
그를 얕보지 마세요.

(3) in on

불변사 in은 탄도체가 어떤 영역의 밖에서 안으로 움직이거나 그 결과를 나타낸다. 이렇게 움직인 탄도체는 on의 지표에 가 닿게 되고, 접촉되면 지표는 영향을 받게 된다. (31a)에서 주어는 갑자기 끼어들어서 on의 지표를 방해하고, (31b)에서 주어는 범위를 좁혀 들어와서 결국 on의 지표를 잡는다.

(31) a. The sunshine poured **in on** the shearers.
햇빛이 그 양털 깎는 사람 위로 내리 쪼였다.

b. The rain poured **in on** them.

　그 비가 그들 위로 쏟아져 내렸다.

c. The roof literally fell **in on** them.

　그 지붕이 문자 그대로 그들 위로 무너져 내렸다.

　다음 〈그림 4〉에서 in과 on의 결합과정을 살펴보자. 아래 〈그림 4-a〉는 동사 close의 도식으로 이 동사의 탄도체는 움직여서 지표에 가까워진다. 〈그림 4-b〉는 불변사 in의 도식이고, 이의 탄도체는 어떤 영역의 밖에서 안으로 들어간다. 동사 close의 탄도체와 불변사 in의 탄도체는 점선으로 표

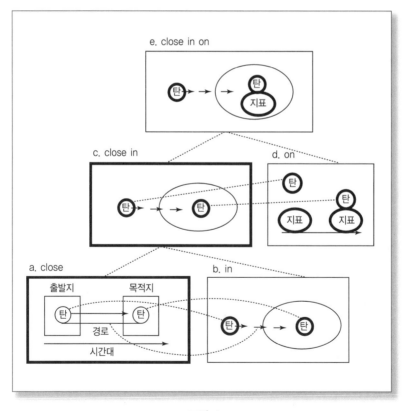

그림 4

시된 것과 같이 대응하며 또 동사의 경로와 in의 경로도 대응한다. 대응점을 겹치면 합성구조 〈그림 4-c〉가 생기게 되고 다음 단계의 통합에서 close in과 on이 통합된다. Close in의 탄도체와 on의 탄도체는 점선과 같이 대응하고, 대응점을 겹치면 합성구조 〈그림 4-e〉가 생성된다.

다음 주어는 어떤 영역에 들어가서 on의 목적어에 접하게 된다.

(32) a. His mother burst **in on** them.
　　　그의 어머니가 갑작스럽게 그들에게로 들이닥쳤다.

　　　b. Crowds of people are coming **in on** me.
　　　한 무리의 사람들이 나에게로 오고 있다.

　　　c. The police are moving **in on** the gangster.
　　　경찰이 그 갱들을 포위하고 있다.

　　　d. The tiger closed **in on** the deer.
　　　호랑이가 거리를 좁혀가며 사슴에게 다가가고 있었다.

　　　e. They looked **down on** him.
　　　그들은 그를 얕잡아 보았다.

　　　f. His voice broke **in on** her reverie.
　　　그의 목소리는 그녀의 몽상을 방해했다.

　　　g. The hands moved **in on** his throat.
　　　그 손들이 그의 목을 조여왔다.

　　　h. He butted/cut **in on** our private conversation.
　　　그는 우리의 사적 대화에 끼어들었다.

　　　i. I didn't mean to walk **in on** you.
　　　나는 걸어 들어와서 너를 방해하려던 것이 아니었다.

　　　j. You can drop **in on** us any time.
　　　당신은 언제든지 우리를 찾아와도 좋습니다.

다음에서 주어는 주의의 영역을 좁혀서 on의 지표와 접하게 된다.

(33) a. The papers zeroed **in on** the inner Seoul.
　　　　그 신문들은 서울 내부에 표적을 맞추었다.

　　　b. The newspapers zeroed **in on** his private life.
　　　　그 신문들은 그의 사생활에 초점을 맞추었다.

　　　c. He listened **in on** what his daughters were saying.
　　　　그는 딸들이 말하는 것을 주의 깊게 들었다.

　　　d. He was peering **in on** them.
　　　　그는 그들을 집중해서 응시하고 있었다.

　　　e. The plane zeroed **in on** the factory.
　　　　그 비행기가 그 공장에 표적을 좁혔다.

　　　f. The planes homed **in on** the arms factory.
　　　　그 비행기들은 그 군수 공장에 초점을 맞추어 들어갔다.

　　　g. He focused **in on** the revelations.
　　　　그는 그 폭로에 초점을 맞추었다.

　　　h. The camera zoomed **in on** the scene.
　　　　그 카메라는 그 풍경에 초점이 맞추어졌다.

다음에서 주어는 목적어를 어떤 영역에 들어가게 해서 정보와 접하게
한다.

(34) a. Fill me **in on** those plans.
　　　　내게 그 계획에 대해 알려 주십시오.

　　　b. They cut me **in on** their schemes.
　　　　그들은 나를 자신들의 계획에 끼워주었다.

　　　c. I'll let you **in on** this.
　　　　나는 네게 이것에 대해 알려주겠다.

　　　d. I wasn't **in on** the jokes.
　　　　나는 그 농담을 못 들었다.

다음에서 on의 지표는 과정이다. 탄도체가 과정인 지표에 접촉하면 이

것은 참여나 가담을 의미한다.

(35) a. Do you want to come **in on** the deal?
      너는 그 거래에 참가하길 원하니?

   b. He's trying to get **in on** the research project.
      그는 그 연구 프로젝트에 참가하고자 애쓰고 있다.

   c. They want to be **in on** the decision.
      그들은 그 결정에 참가하고 싶어한다.

(4) up on

up과 on은 독립된 하나의 불변사 upon을 형성한다.

(36) call upon   loose upon   put upon   thrust   trespass upon
      come upon

(5) onto

on과 to는 독립된 하나의 불변사를 이룬다.

(37) a. He fell back **onto** my bed.
      그는 도로 내 침대에 누웠다.

   b. She threw her books violently **onto** my desk.
      그녀는 그녀의 책들을 난폭하게 내 책상에 던졌다.

   c. He put the teapot **onto** the stove.
      그는 그 찻주전자를 그 난로에 얹었다.

   d. He hurled himself **onto** the train.
      그는 자신을 그 기차에 던졌다.

2. from + 위치 불변사

전치사도 다른 낱말과 마찬가지로 환유적 확대의미를 가질 수 있다. 다음에서 from 다음에 쓰인 above, below, over, under는 명사적으로 쓰여서 탐색영역을 가리킨다.

1) from above

불변사 above는 전치사로 쓰일 때 두 개체 사이의 공간관계를 나타낸다. 〈그림 5-a〉에서는 탄도체가 지표의 위에 있고 이것은 환유적으로 확대되어 쓰일 수 있다. 전치사 above는 탄도체가 지표의 위에 있음을 말해줄 뿐 어느 지점에 있는지 정확하게 말해주지는 않는다. 따라서 탄도체를 찾아야 하는 영역이 있고 이것을 탐색영역이라고 한다. 〈그림 5-b〉에서 보듯이 전치사 above는 두 개체 사이의 관계뿐만 아니라 이 탐색영역을 가리키기도 한다.

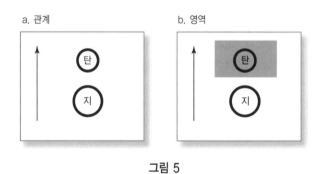

그림 5

다음은 above가 전치사 혹은 전치부사로 쓰인 예를 보여 준다.

(38) a. The sun gazed **from above** the cliff.
　　　태양이 그 절벽 너머로부터 빛났다.

b. It seemed to come **from above** me.

그것은 내 위쪽에서부터 온 것 같았다.

c. They pushed away the icy gloom **from above** my head.

그들은 싸늘한 어둠을 내 머리 위쪽에서부터 밀어내었다.

　　(38a)에서 above는 관계가 아니라 명사로 쓰이며, 햇빛이 시작되는 지점이다. (38a)의 예문은 아래 〈그림 6〉으로 도식화하여 볼 수 있다.

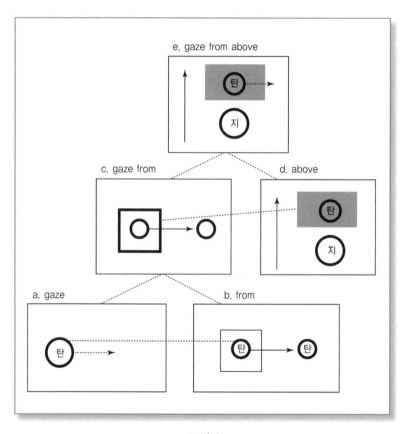

그림 6

(39) a. The orders came **from above**.
      그 명령은 위에서부터 내려왔다.

    b. He saw the garden **from above**.
       그는 그 정원을 위쪽에서부터 내려다 보았다.

    c. It was imposed **from above**.
       그것은 상부에서부터 부가되었다.

    d. A shaft of light came **from above**.
       한 줄기의 빛이 위쪽에서 왔다.

2) from below

다음에서 below는 전치사로 쓰여서 탐색영역을 가리킨다.

(40) a. The lamp was removed **from below** the roof.
      그 램프는 그 지붕 아래에서부터 옮겨졌다.

    b. Lava emerges **from below** ground.
       용암이 땅 아래에서부터 나온다.

    c. The silenced gun spoke quickly **from below** the trolley.
       그 침묵을 지키던 총이 그 전차 아래에서 재빨리 발사되었다.

다음에서 below는 전치사적 부사로 쓰였다.

(41) a. No one expects revolution **from below** in North Korea.
      아무도 북한에서 아래에서부터 혁명이 일어나리라고 기대하지 않는다.

    b. We heard a yodel **from below**.
       우리는 아래쪽에서부터 요들을 들었다.

    c. They were interrupted by an impatient voice **from below**.
       그들은 아래쪽에서 들려오는 참을성 없는 목소리로 방해를 받았다.

    d. I watched **from below**.
       나는 아래쪽에서 바라보았다.

3) from over

다음에서 over는 전치사로 쓰여서 탐색영역을 가리킨다.

(42) a. Employment fell **from over** 1,000 to 500.
       등록 수가 1000 이상에서 500으로 하락했다.

      b. The membership fell **from over** 200 to 100.
       그 회원 수가 200명 이상에서 100명으로 하락했다.

      c. They chose **from over** 20 dishes.
       그들은 20개 이상의 요리들 가운데서 선택했다.

      d. The sound came **from over** the wall.
       그 소리는 그 벽 위쪽에서부터 들려왔다.

      e. He drew an arrow **from over** his shoulder.
       그는 화살을 그의 어깨 위쪽에서부터 뽑았다.

      f. The tourists came **from over** the borders.
       그 여행객들은 국경선 너머에서부터 왔다.

4) from under

다음에서 under는 전치사로 쓰여서 탐색영역을 가리킨다.

(43) a. He produced a book **from under** his arm.
       그는 책 한 권을 자신의 팔 아래로부터 꺼냈다.

      b. She pulled the rug **from under** him.
       그녀는 그 양탄자를 그의 아래에서 잡아당겼다.

      c. They knocked the ground **from under** his feet.
       그들은 땅을 그의 발아래에서부터 쳤다.

다음에서 under는 탐색영역을 가리킨다.

(44)　a. He was looking at her **from under** the seat in front.
　　　　그는 그녀를 앞에 있는 그 좌석 아래에서 바라보았다.

　　　b. Light was coming **from under** a door.
　　　　빛이 문 아래에서 새어나왔다.

　　　c. Prices range **from under** 100 to 300.
　　　　가격은 100 이하에서부터 300까지이다.

　　　d. Sand collapsed **from under** his feet
　　　　모래가 그의 발아래에서 무너져 내렸다.

　　　e. She surfaced **from under** the sheets.
　　　　그녀는 그 시트 아래에서 나왔다.

　　　f. Feet protruded **from under** the canvas.
　　　　발들이 그 천 아래에서 불쑥 튀어나왔다.

(45)　a. The crew swam ***out* from under** the boat.
　　　　그 승무원들은 그 배 아래에서부터 헤엄쳐 나왔다.

　　　b. Her hair was sticking ***out* from under** the cap.
　　　　그녀의 머리카락이 그 모자 아래에서 삐져나왔다.

　　　c. The cat slid ***out* from under** the bush.
　　　　그 고양이가 그 덤불 아래에서 슬며시 나왔다.

　　　d. She was able to get ***out* from under** the responsibility.
　　　　그녀는 그 책임으로부터 빠져나올 수 있었다.

　　　e. We stared ***out*** at her **from under** our brows.
　　　　우리는 그녀를 눈썹 아래로부터 응시했다.

위와 비슷하게 Bolinger(1977)도 다음과 같은 예를 보여 주고 있다. (47) 과 (48)의 b와 c 문장에서는 두 개의 불변사가 쓰였다. 첫째 것은 전치사이고 둘째 것은 명사구로 풀이될 수 있다. 즉 (46b)와 (46c)는 (46d)와 같이 풀이된다.

(46)　a. He walked **across** the street.
　　　　그는 그 거리를 가로질러 걸었다.

b. He walked **across across** the street.
그는 그 맞은 편 거리를 가로질러 걸었다.

c. He walked **over across** the street.
그는 맞은 편 거리를 걸어 넘어갔다.

d. He walked <u>**over across the street**</u>.
　　　　전치사　　　명사구

(47) a. They penetrated **beyond** the barrier.
그들은 그 장애물 너머로 침투했다.

b. They penetrated **beyond beyond** the barrier.
그들은 그 장애물 위를 넘어서 침투했다.

c. They penetrated **through beyond** the barrier.
그들은 그 장애물 위를 통과하여 침투했다.

3. away at

다음 (48)과 (49)에는 away가 at과 같이 쓰였으나 그 뜻은 다르다. (48)에서는 away가 be 동사와 같이 쓰여서 탄도체가 움직이고 난 다음 도착한 지점을 가리키는 반면 (49)에서 away는 주어진 과정이 반복적이거나 계속적으로 일어남을 가리킨다. 어떻게 이렇게 다른 뜻이 같은 낱말로 전달되는가? 이에 대한 대답은 모습과 바탕의 개념으로 설명이 가능하다. away의 개념바탕은 〈그림 7〉과 같이 나타낼 수 있다. 이 바탕에는 탄도체, 출발지,

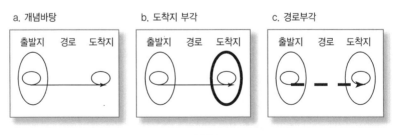

그림 7

경로, 도착지가 있다. 이들 가운데 탄도체는 언제나 부각되는 반면 경로와 도착지점은 선택적으로 부각된다. (48)은 도착지가 부각된 예이고, (49)는 경로가 부각된 예이다.

다음에서 at은 away의 결과로서의 도착지를 부각시킨다 (그림 7-b 참조).

(48) a. Her father was **away at** work/war/sea.
그녀의 아버지는 일터/전쟁터/바다에 나가 계셨다.

b. He is **away at** boarding school.
그는 기숙학교에 나가 있다.

c. She was 50 miles **away at** the inn.
그녀는 50마일 떨어진 여관에 있었다.

d. His wife is **away at** golf course.
그의 부인은 골프 코스에 나가 있다.

e. His house is a few miles **away at** Gangneung.
그의 집은 몇 마일 떨어진 강릉에 있다.

다음에서 away는 이의 개념바탕 가운데 경로가 부각된 것이다. 경로는 일련의 점으로 된 선으로 생각할 수 있다. 이들 점 각각에 주어진 과정이 일어나는 것으로 보면, 반복성의 의미가 부각된다.

(49) a. The rat was digging **away at** the hole.
그 쥐가 그 구멍을 파내고 있었다.

b. They were still yanking **away at** the rock.
그들은 여전히 그 바위를 잡아당기고 있었다.

c. He was bashing **away at** the tail.
그는 그 꼬리를 세게 때리고 있었다.

d. The caterpillars were chomping **away at** the cabbages.
그 유충들이 그 양배추를 갉아먹고 있었다.

e. He is sniping **away at** us.
   그는 우리를 저격하고 있다.

f. The power saw hewed **away at** the same area.
   그 전기톱이 같은 지역을 잘랐다.

g. He is hammering **away at** a piece of wood.
   그는 나무 조각 하나에 망치질을 해나가고 있다.

h. They are working **away at** the problem.
   그들은 그 문제를 놓고 일해오고 있다.

i. He is battering **away at** the chest.
   그는 그 가슴을 계속 강타하고 있다.

j. The hamster is chewing **away at** the metal.
   그 햄스터가 그 금속을 깨물어 부서뜨리고 있다.

k. The worry gnawed **away at** her mind.
   그 근심이 그녀의 마음을 좀먹어 버렸다.

l. She is scrubbing **away at** the oven.
   그녀는 그 오븐을 북북 문지르고 있다.

m. He is grinding **away at** the rust.
   그는 그 녹을 갈아 없애고 있다.

다음 세 문장을 비교하면서 반복성의 의미를 살펴보자.

(50) a. He is knocking the door.
         그는 그 문을 두드리고 있다.

   b. He is knocking **at** the door.
      그는 그 문을 똑똑 두드리고 있다.

   c. He is knocking **away at** the door.
      그는 그 문을 반복적으로 똑똑 두드리고 있다.

문장 (50a)는 주어가 목적어에 직접적이고 전체적인 힘을 가하고, 문장 (50b)는 주어가 목적어에 부분적인 힘을 가한다. away가 쓰인 문장 (50c)는 주어가 목적어에 부분적인 힘을 가하는 과정이 반복적임을 나타낸다. 위 문장 (50c)는 다음과 같이 〈그림 8〉로 나타낼 수 있다.

첫 단계의 결합에서 동사 knock과 전치사 at이 결합한다. 동사 knock은 접촉동사로서 목적어는 피영향자 전체일 수도 있고 접촉부위가 될 수 있다. 전체는 큰 원으로, 그리고 접촉부위는 작은 원으로 표시되어 있다. 전치사 at은 [탄도체 at 지표]에서 탄도체가 지표의 점과 같은 부분에 위치하는 관계를 나타낸다. 두 구성성분 사이에는 다음의 대응관계가 있다: 동사의 접촉 부위와 전치사의 탄도체가 대응하고, 피영향자의 전체와 at의 지표가 대응한다. 대응점을 포개면 합성구조 〈그림 8-c〉가 되는데 다음 단계에서

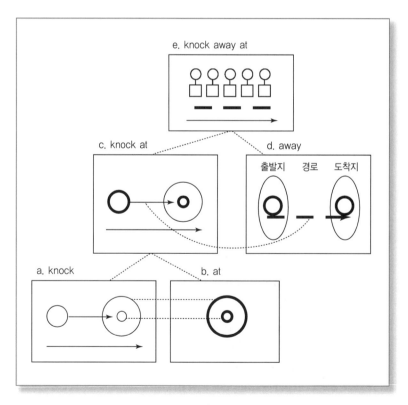

그림 8

knock at은 away와 통합된다. 합성구조 knock at은 away의 탄도체와 대응, 즉 knock at 구조 전체가 away의 탄도체와 대응한다. 대응점을 포개면 합성구조 〈그림 8-e〉가 된다.

더 나아가서 다음과 같이 동사와 away at이 나타나는 예문들을 살펴볼 수 있다.

(51)　a. She ran **away at** the age of 13.
　　　　그녀는 13세 때 달아났다.

　　　b. He passed **away at** the age of 40.
　　　　그는 40살에 사망했다.

　　　c. He stole **away at** the first opportunity.
　　　　그는 첫 번째 기회를 잡았을 때 훔쳐 달아났다.

　　　d. He took her **away at** once.
　　　　그는 즉시 그녀를 데리고 갔다.

4. 경로 + 출발지

1) out from

불변사 out은 탄도체가 어떤 영역의 안에서 밖으로 나가는 과정을 나타내고 from은 출처를 나타낸다.

(52)　a. He looked **out from** his window.
　　　　그는 그의 창문에서 밖으로 내다 보았다.

　　　b. They came **out from** the gate.
　　　　그들은 그 대문에서 밖으로 나왔다.

　　　c. They stood **out from** the mass.
　　　　그들은 그 군중에서 떨어져 서 있었다.

d. He went **out from** Busan.

그는 부산에서 밖으로 나갔다.

e. Some feet were sticking **out from** the blanket.

몇 개의 발이 그 담요에서 튀어나오고 있었다.

2) out of

out of는 하나의 전치사로 취급되어 왔다. 그래서 지금까지는 out of에 쓰이는 out과 of의 의미상의 기여가 분석된 적이 없었다. 하지만, 여기서는 out of를 이루는 구성성분의 의미상의 기여를 살펴본다. 먼저 다음 문장을 살펴보자. 여기에는 out과 out of가 대비되어 있다.

(53) a. The cat ran **out** the door.

그 고양이가 그 문을 지나 밖으로 달려갔다.

b. The cat ran **out of** the door.

그 고양이가 그 문 안에서부터 밖으로 달려갔다.

(54) a. *The girl walked **out** the room.

그 소녀는 그 방 밖으로 걸어 나갔다.

b. The girl walked **out of** the room.

그 소녀는 그 방 안에서부터 밖으로 걸어 나갔다.

(55) a. The bird flew **out** the window.

그 새가 그 창문을 지나 밖으로 날아갔다.

b. The bird flew **out of** the window.

그 새가 그 창 안쪽에서 밖으로 날아갔다.

(56) a. *The bird flew **out** the cage.

그 새가 그 새장을 지나 밖으로 날아갔다.

b. The bird flew **out of** the cage.

그 새가 그 새장 안에서 밖으로 날아갔다.

(57) a. He looked **out** the window.
그는 그 창문 밖을 바라보았다.

b. He looked **out** the office.
그는 그 사무실 밖을 바라보았다.

c. He looked **out of** the office.
그는 그 사무실 안에서 밖을 바라보았다.

위의 문장을 살펴보면 다음과 같은 사실이 드러난다. 첫째, (53)~ (57)의 문장 a에는 **out**이 전치사로 쓰였고, 문장 b에는 **out of**가 전치사로 쓰였다. 문장 a 가운데 어떤 것은 비문법적인데 이는 out의 지표의 성질에 의해 좌우된다. 지표가 경로로 풀이되는 것은 문법적이나 (54a)와 (56a)에서와 같이 지표가 경로가 아니라 공간으로 풀이되는 것은 비문법적이다. 둘째, out과 out of의 양쪽이 다 쓰이는 경우에 두 표현의 뜻은 같지가 않다. 예로서 (54)의 두 문장은 뜻이 같지가 않다. out이 전치사로 쓰일 때 이의 지표는 경로이다. 즉 [탄도체 out 지표]에서 탄도체는 지표를 지나서 밖으로 나간다. 이와는 달리 [탄도체 out of 지표]에서 탄도체는 지표에서 나간다. 이 때 지표는 영역이다. 이와 같이 out과 out of는 서로 다른데 그러면 이 차이는 어디에서 오는가? 표면적인 차이는 of의 유무에 달렸으므로 의미상의 차이도 of에서 찾아야 할 것이다.

먼저 불변사 out의 도식을 다음과 같은 〈그림 9〉로 나타낼 수 있다. 아

a. out의 전 과정

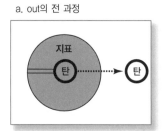

b. out의 마지막 상태

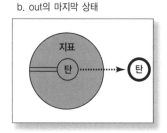

그림 9

래 〈그림 9-a〉는 out의 전체 과정이 드러난 도식이며, 〈그림 9-b〉에는 그 과정 중에서 마지막 상태가 드러나 있다.

다음으로 전치사 of는 [탄도체 of 지표]의 관계에서 탄도체가 지표와 불가분의 내재적인 관계에 있는 것으로 풀이된다. 이 관계의 원형적인 실례는 부분과 전체의 관계이고, 이러한 관계를 Langacker(1991)는 다음과 같이 나타내고 있다.

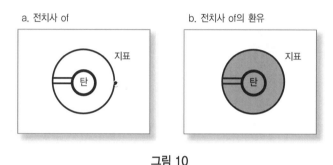

그림 10

위 〈그림 10〉에서 전치사 of는 탄도체와 지표 사이에 불가분의 내재적 관계가 있음을 보여 준다. 위의 〈그림 10-a〉가 보여 주는 바와 같이 전치사 of는 두 개체 사이의 관계를 나타낸다. 그러나 이것은 환유적으로 쓰여서 〈그림 10-b〉에서와 같이 탄도체를 찾는 탐색영역을 나타낼 수 있다.

out과 of는 다음과 같이 통합된다. out의 탄도체와 of의 탄도체가 대응되고, out의 지표와 of의 탐색영역이 대응된다. 대응점을 중심으로 두 성분을 겹치고 필요한 조정을 거치면 합성구조 〈그림 11-c〉가 나타나며 합성되어 나오는 지표는 탄도체의 출발점이 된다. 이것은 전치사 out의 지표인 경로와 구분된다.

이러한 방법을 통해 합성된 out of의 의미를 다음 (58)의 예에서 확인해 볼 수 있다.

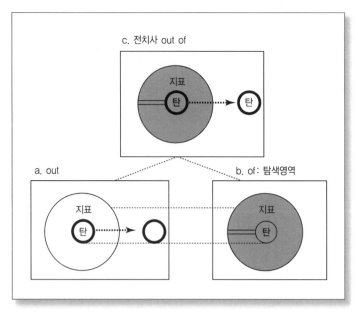

그림 11

(58) a. The wind is blowing **out of** the west.
      그 바람이 서쪽에서부터 불고 있다.

   b. He always drinks his tea **out of** a cup.
      그는 항상 차를 컵에서 마신다.

   c. Keep **out of** the sun; or it will make you sick.
      햇빛에서 벗어나 있어라. 그렇지 않으면 너는 병에 걸릴 것이다.

다음에서는 out of 가 be 동사와 같이 쓰였다. 이 때 out of는 탄도체가
지표에서 나와 있는 마지막 상태를 나타낸다.

(59) a. He is **out of** town today.
      그는 오늘 도시 밖으로 나와 있다.

   b. He is **out of** the army now.
      그는 지금 군에서 제대했다.

3) off from

불변사 off는 탄도체가 지표에서 분리되어 있음을 나타내고, 전치사
from은 탄도체가 분리되는 출발점을 나타낸다.

(60) a. He is **off from** school.
그는 학교에 안 갔다.

b. You must cut yourself **off from** your past.
너는 자신을 너의 과거에서 단절시켜야 한다.

c. The wind is drifting **off from** the island.
그 바람은 그 섬에서 불어오고 있다.

d. She took the day **off from** work.
그녀는 그날 일에서 쉬었다.

e. She set **off from** the port.
그녀는 그 항구에서 떠났다.

f. They cut him **off from** among his people.
그들은 그를 그의 친지들 사이에서 차단했다.

4) off of

불변사 off는 분리를 나타내고 전치사 of는 환유적으로 쓰여서 탄도체가
내재적으로 관련을 맺고 있는 지표의 영역을 가리킨다.

(61) a. I rubbed the blood **off of** her mouth and nose.
나는 그 피를 그녀의 입과 코에서 문질러서 없앴다.

b. She scratched the skin **off of** her face.
그녀는 그 피부를 얼굴에서 긁어내었다.

c. She brushed her hair **off of** her eyes.
그녀는 그녀의 머리칼을 눈에서 손질을 해서 제쳐 놓았다.

d. He took the posters **off of** the wall.
그는 그 벽보들을 그 벽에서 떼었다.

e. He had a week **off of** school.
그는 일주일을 학교에서 쉬었다.

f. Get them **off of** the streets.
그들을 그 길에서 벗어나게 해라.

g. This will take his mind **off of** everything.
이것이 그의 마음을 모든 것에서 떼어낼 것이다.

5) away from

불변사 away는 탄도체가 어떤 지표에서 떨어져 있음을 나타내고, 전치사 from은 출발지를 나타낸다.

(62) a. Keep **away from** him.
그에게서 떨어져 있어라.

b. We live five kilometers **away from** each other.
우리는 서로 5km 떨어진 곳에 산다.

c. They walked **away from** the church in silence.
그들은 그 교회로부터 침묵 속에 걸어갔다.

d. A path led **away from** the back of the house.
작은 길이 그 집의 뒤에서 뻗어갔다.

e. He turned **away from** the window and walked over to the chair.
그는 그 창문에서 몸을 돌려 그 의자로 걸어갔다.

5. throughout

불변사 throughout은 through와 out으로 되어 있으나 한 낱말로 쓰인다. 이 불변사는 [탄도체 throughout 지표]에서 탄도체가 지표영역의 모든 곳에 있음을 나타낸다. 이러한 뜻은 through와 out이 합쳐지는 데서 오는 자연적인 결과임을 보여줄 수 있다. 불변사 through는 탄도체가 입체적 지표를 지나가는 과정을 한눈에 보여 준다. out의 의미 가운데 하나는 안에서 밖으로 나가는 일반적인 과정의 구체적인 한 실례로서 탄도체가 어느 중심에서 사방으로 퍼져나가는 과정이다. 다음 예문들은 이 과정을 보여 준다.

(63) a. She flattened **out** the dough.
      그녀는 그 밀가루 반죽을 납작하게 만들었다.

   b. He pounded the metal **out** until it was thin.
      그는 그 금속이 얇게 될 때까지 두들겼다.

반죽을 밀대 같은 도구로 밀면, 이것은 사방으로 퍼져나간다. 또 금속을 두들기면 얇아지면서 퍼진다. 이렇게 퍼지는 과정을 불변사 out이 나타낸다. 이는 다음 〈그림 12〉와 같다.

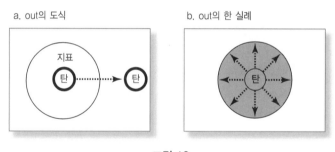

a. out의 도식   b. out의 한 실례

그림 12

through와 out은 다음과 같이 통합된다. through는 〈그림 13-a〉와 같이 탄도체가 입체적 지표를 지나가는 과정을 비시간적으로 나타낸다. out은 〈그림 13-b〉와 같이 탄도체가 사방으로 퍼지는 과정을 나타내고, 이 두 구성성분 사이에는 다음과 같은 대응관계가 있다. through와 out의 탄도체가 대응하고, 이 두 성분의 경로가 대응된다. 대응점을 중심으로 두 성분을 포개면 합성구조 〈그림 13-c〉가 나오고, 합성구조 〈그림 13-c〉는 탄도체가

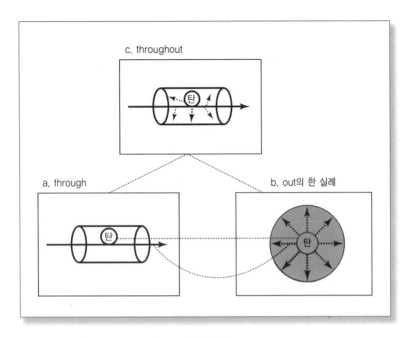

그림 13

제한된 영역 안의 모든 곳에 퍼져있음을 나타낸다.

〈그림 13〉이 나타내는 바는 다음 문장 (64)에 반영되어 있다.

(64) a. Pollution is a serious problem **throughout** the world.
오염은 전 세계적으로 심각한 문제이다.

b. I have travelled **throughout** Korea.
나는 대한민국 방방 곳곳을 여행했다.

c. His company has branches **throughout** Europe.
그의 회사는 유럽 전역에 지점망을 가지고 있다.

d. They are making changes **throughout** the company.
그들은 그 회사 전체에 걸친 변화를 만들고 있다.

다음에서 throughout은 시간에 확대되어 쓰인다. 이 때 탄도체는 과정

이고, 이 과정은 지표로 한정된 영역에 처음부터 끝까지 끊임없이 지속된
다. (65a)에서는 비가 주말의 처음에서 끝까지 계속된다. (65b)에서는
through가 쓰였고, 이 경우 비는 주말 동안 간간이 온 것으로 풀이된다.

(65) a. It rained **throughout** the weekend.
      주말 내내 비가 왔다.

    b. It rained **through** the weekend.
      주말에 비가 내렸다.

(66) a. We had to work **throughout** the night.
      우리는 그날 밤 내내 일을 해야 했다.

    b. We stayed there **throughout** the summer.
      우리는 그 여름 내내 그곳에 머물렀다.

    c. She visited me **throughout** my illness.
      그녀는 나를 내가 병석에 있는 동안 내내 방문했다.

6. 경로 + 도착지

경로를 나타내는 불변사 다음에 도착지를 나타내는 전치사가 함께 쓰이
는 경우들이 있다. 다음에서는 over와 onto가 결합한 경우와 round와 onto
가 결합한 경우를 통해 이를 살펴보기로 한다.

1) over onto

다음의 예문은 경로를 나타내는 불변사 over 다음에 도착지를 나타내는
onto가 함께 쓰였다. 이 때 불변사 over가 나타내는 경로의 결과는 onto 이
하에 도착지로서 나타난다.

(67) a. He rolled **over onto** his back.
      그는 굴러서 등으로 누웠다.

b. He turned **over onto** his stomach.
그는 돌아서 그의 배로 누웠다.

c. He flopped **over onto** his side.
그는 펄썩 움직여서 옆구리로 누웠다.

d. They heaved the bulk **over onto** the rocks.
그들은 그 짐을 그 바위 위에 들어올렸다.

e. He moved **over onto** the only empty seat.
그는 건너가서 하나 있는 빈 자리에 앉았다.

f. He flung the book **over onto** Ruth.
그는 그 책을 루스에게 휙 던졌다.

2) round onto

다음의 예문은 경로를 나타내는 불변사 round 다음에 도착지를 나타내는 onto가 함께 쓰였다. 이러한 경우에서도 불변사 round가 나타내는 경로의 결과는 onto 이하에 도착지로서 나타남을 알 수 있다.

(68) a. He swung **round onto** this bed.
그는 휙 돌아서 이 침대에 올라왔다.

b. He moved **round onto** his flower-bed.
그는 돌아서 그의 화단에 올라왔다.

영어 구절동사에는 불변사가 두 개 이상 연속으로 이루어진 것들이 많다. 이 장에서는 하나의 구절동사에 존재하는 이러한 복수 불변사들은 여전히 각각의 의미를 보존하고 있으나 일반 구절동사에서와 같이 합성구조를 이루어 총체적인 의미를 도출해낼 수 있음을 살펴보았다. 이들은 그 의미구조 유형에 따라 경로+목적지, 경로+출발지, from+위치 불변사로 분류할 수 있었다. 또한 이들의 결합은 자의적인 것이라기보다는 각 불변사의 원형적 의미와 동사의 의미에 존재하는 대응점이 일치하여 포개어짐으로써 발생하는 매우 체계적인 과정임을 볼 수 있었다. 따라서 구절동사의 의미에 대한 인지언어학적인 분석이 일반적인 구절동사는 물론 불변사가 두 개 이상 붙어 있는 구절동사의 경우에도 유효함을 확인할 수 있었다.

제 **8** 장

구절동사 사전

제8장
구절동사 사전

구절동사의 중요성이 점차 인식되면서, 여러 가지의 구절동사 사전이 소개되었다. 구절동사 사전이 나오기 전에는 일반사전에서 구절동사가 매우 빈약하게 취급되어 동사를 다룬후 맨 뒤에 구절동사를 열거하여 간단하게 풀이를 달아주는 정도를 벗어나지 못했다. 그러나 최근에는 구절동사에 대한 인식이 새로워지고 그 수요가 증가함에 따라 구절동사 사전이 많이 출간되어 있다. 이 장에서는 지금까지 나와 있는 사전을 몇 가지 살펴보면서 그 특징들을 알아보겠다.

1. 관용어의 일부로 포함된 구절동사 사전

다음의 사전에서는 구절동사를 그 자체만이 아닌 관용적 표현의 일부로 다루고 있다.

Crowell, Thomas Lee. 1957. *A Glossary of Phrases with Prepositions.* New Jersey: Prentice-Hall Inc.

이 책에서는 동사 · 명사 · 형용사가 전치사와 같이 쓰이는 표현들을 수록하고 있다. 이 책은 목록의 수준을 거의 벗어나지 못하고 있는데 출판 년도를 보면 이 책에서 많은 것을 기대할 수 없음을 알 수 있다. 체제 면에서도 일관성이 없는 경우가 쉽게 눈에 뜨이며 어떤 표현에는 풀이가 주어지고, 다른 표현에는 풀이가 주어지지 않은 것이 한 예이다. 이 책에서 다음 abandon to에는 풀이가 안 주어져 있으나, about to에는 풀이가 주어져 있다.

abandon to

The prince abandoned his ministers to the fury of the mob.
그 왕자는 그의 대신들을 격분한 그 폭도들에게 내주었다.

about to "ready, on the point of"

When you called, I was about to leave.
네가 전화했을 때, 나는 나가려는 참이었다.

Wood, Frederick T. 1964. *English Verbal Idioms*. New York: Washington Square Press.

이 책은 구절동사와 관용어를 함께 싣고 있다. 구절동사에 포함되는 것은 [동사＋전치사] 구조와 [동사＋전치사적 부사] 구조에 들어오는 표현들이다. 다음 (1a)에서 off는 전치사로 쓰였고, (1b)에서는 전치사적 부사로 쓰였다. 이 사전에 실린 관용어에서 동사는 수록된 모든 표현들에 쓰였으나 불변사는 쓰이지 않은 표현들도 있다. 다음 (1)의 표현에는 불변사가 쓰였으나, (2)의 표현에는 불변사가 쓰이지 않았다.

(1) a. He comes **off** a good family.
　　 그는 좋은 가정 출신이다.

　 b. The visit to the museum will not come **off** after all.
　　 박물관으로의 방문은 끝내 실현되지 않을 것이다.

(2) cross a person's palm　　　　cross one's mind
　　아무에게 뇌물을 쥐어주다　　　생각이 마음 속에 떠오르다

　 cross the t's(?)　　　　　　　dodge the column
　　언행이 용의주도하다　　　　　의무를 게을리하다

　 dog one's footsteps　　　　　know the ropes
　　아무를 미행하다　　　　　　　요령을 잘 알고 있다

hold the bag

혼자 책임을 떠맡게 되다

hold the fort

자기 입장을 고수하다

hold water

이론 따위가 정연하다

Turton, Nigel D., and Martin H. Manser. 1985. *The Student's Dictionary of Phrasal Verbs*. London: McMillan.

이 사전에서 말하는 구절동사는 동사와 전치사나 전치사적 부사가 결합된 구조이다. 이 책의 특징은 구절동사가 자동사로 쓰이는지 타동사로 쓰이는지가 표시되어 있다. 불변사의 경우 전치사로 쓰이는지 전치사적 부사로 쓰이는지를 점과 동그라미로 표시해준다.

(3) a. .. We planned to **get off** early.
우리는 일찍 출발할 작정이었다.

b. ..o Let's **get off** the question.
그 문제에서 손을 떼자.

c. .o.o It is hard to **get** a cat-lover **off** the subject of cats.
고양이를 좋아하는 사람을 고양이에 관한 화제에서 떼어놓기는 힘들다.

(3a)에서 동사 get은 자동사로, off는 부사로 쓰였다. 이 둘은 점으로 표시되어 있고 그 뒤에 명사 표시인 동그라미가 없다. (3b)에서 동사는 자동사로 off는 전치사로 쓰였다. off 다음의 동그라미가 off의 목적어가 되는 명사를 표시한다. (3c)에서 get은 타동사로 off는 전치사로 쓰였다. 동사와 불변사는 점으로, 동그라미는 동사와 전치사의 목적어를 표시한다.

Heaton, J. B. 1965. *Prepositions and Particles*. London: Longman.

이 책은 전치사와 전치사적 부사의 쓰임을 다루는 책이다. 제1장에서 전치사의 의미를 비교적 상세하게 다룬 다음, 제4장에서는 동사와 전치사적 부사가 쓰인 표현을 다루고, 제5장에서는 동사와 전치사가 쓰인 표현을 다룬다. 각 구절동사의 경우 간단한 뜻풀이가 주어지고 예문이 주어져 있다. 그러나 [동사＋전치사] 구조에 해당되는 표현에는 뜻이 주어지지 않고 예문만 주어져 있다.

> **run on** 1 *talk incessantly.* Once she began to speak, the old woman would **run on** for hours. 그녀가 한 번 이야기하기 시작하면, 그 늙은 여인은 몇 시간 동안 계속 떠들어대곤 했다. 2 continue without a break. *The paragraph **runs on** to the next page.* 그 단락은 다음 페이지까지 계속된다. p.81

> **run on** 1. *Trains will **run on** these lines.* 전차들은 이 노선을 지나갈 것이다. 2. *Young Peter's mind continually **runs on** space ships now.* 어린 피터의 마음은 우주선들에 있다. p.113

Davidson, George W. ed. 1982. *Chambers Dictionary of Phrasal Verbs.* Singapore: Federal Publications Pte. Ltd.

이 사전에는 [동사＋전치사]와 [동사＋전치사적 부사] 구조에 해당되는 표현을 모두 싣고 있다. 이 사전에는 구절동사에 쓰이는 동사가 자동사인지 타동사인지가 vi와 vt로 구별되어 있고, 불변사가 전치사로 쓰이는지 부사로 쓰이는지가 구별되어 있다. 전치사로 쓰일 때는 fused로 표시되어 있다.

live in, out *vi* 1. to have one's home at or away from the place where one works: *All the hotel staff **live in**.* 모든 호텔 직원들은 숙식하며 일한다. *She chose to **live out** and to be paid extra.* 그녀는 집에서 다니며 근무하고 별도의 비용을 받는 쪽을 택했다.

live on *vt/fus* 1. to keep oneself alive by eating: *He **lives on** fish and potatoes.* 그는 생선과 감자를 주식으로 한다. 2. to be supported financially by: *He **lives on** $50 a week.* 그는 50달러로 일주일을 살아간다.

2. 본격적인 구절동사 사전

본격적인 구절동사 사전은 Cowie와 Mackin(1975)에서 시작된다. 이 사전에서는 구절동사만을 다루고 각 구절동사에 주어지는 정보가 풍부하고, 예문이 많이 제시된다. Cowie와 Mackin 다음에 Courtney(1983)가 본격적인 사전을 내놓았고 그 뒤를 이어서 다음에서 볼 수 있는 바와 같이 여러 출판사에서 구절동사 사전을 펴내었다.

Cowie, A. P., and R. Mackin. 1975. *Oxford Dictionary of Phrasal Verbs.* Oxford: Oxford University Press.

Courtney, Rosemary. 1983. *Longman Dictionary of Phrasal Verbs.* Harlow, Essex: Longman.

Collins Cobuild Dictionary of Phrasal Verbs. 1989. London: Collins.

Spears, Richard. 1993. *NTC's Dictionary of Phrasal Verbs and Idiomatic Expressions.* Chicago: National Textbook Company.

Chambers English Dictionary of Phrasal Verbs. 1996. Edinburgh:
Chambers Harper Publishers Ltd.

Cambridge International Dictionary of Phrasal Verbs. 1997. Cambridge:
Cambridge University Press.

3. 각 사전의 특징

다음 항목을 검토하면서 위에 실린 사전들을 비교해 보기로 한다.

1. 사전에 수록된 구절동사의 종류
2. 구절동사의 뜻풀이
3. 직설적인 뜻과 비유적인 뜻
4. 자동사와 타동사의 구분 표시
5. 불변사의 전치사적 쓰임과 전치사적 부사의 구분 표시
6. 문법정보
7. 관용적 구절동사
8. 이상적인 사전

1) 구절동사의 종류

위에 적힌 모든 사전이 구절동사에 [동사＋(목적어)＋전치사]와 [동사＋
(목적어)＋전치사적 부사] 구조에 해당되는 표현을 싣고 있다. 예로서 OD
와 LD는 다음 구절동사들을 싣고 있다. 다음에 쓰인 불변사 off는 전치사로
도 쓰이고 전치사적 부사로도 쓰인다. 불변사의 쓰임에 관계없이 이것이 동
사와 쓰일 때에는 구절동사로 취급된다. 아래 두 사전뿐만 아니라 다른 모
든 구절동사 사전에서도 불변사의 쓰임에 관계없이 모두를 구절동사로 취
급한다.

pick off: They **pick off** the officers first, so as to throw the attack into confusion. (부사)
그들은 그 장교들을 그 공격을 혼란에 빠뜨리기 위해 먼저 쏘았다.

pick on: What's he **picking on** him for? (전치사)
그는 왜 그를 괴롭히고 있느냐?

come off: A button has **come off**. (부사)
단추 하나가 떨어졌다.

come off: A button has **come off** my shirt. (전치사)
단추 하나가 셔츠에서 떨어졌다.

---

pick off: The birds **picked off** all the flower heads. (부사)
그 새들이 모든 두상화를 따 버렸다.

pick on: The examiner can **pick on** any student to answer the questions. (전치사)
그 시험관은 아무 학생이나 골라내서 그 문제들에 답하게 할 수 있다.

come off: The handle **came off** in my hand. (부사)
그 핸들이 내 손 안에 떨어졌다.

come off: The rider has **come off** the horse several times. (전치사)
그 기수는 말에서 몇 번 떨어졌다.

2) 뜻풀이

각 사전의 뜻풀이는 풀이방법, 풀이의 수, 풀이의 제시 순서면에서 살펴볼 수 있다. 첫째, 위에 실린 사전의 뜻풀이 방법은 크게 두 가지로 나누어 볼 수 있다. 한 가지는 구절동사를 다른 낱말로 바꾸어서 의미를 제시하는 방법이고, 다른 한 가지는 구절동사를 문장 속에 제시하여 그 뜻을 추측하게 하는 방법이다. 첫째 방법은 OD, LD, NTC에서 쓰이고 있다. 구절동사 thrash about을 예로 살펴보자.

---

thrash about

O D: move about, stir, in an agitated, restless way, stir water etc.
      violently with one's limbs
L D: move about restlessly, as in discomfort
NTC: move about restlessly or violently

위에서 thrash about은 move, stir 등으로 풀이된다. 둘째 방법은 CHD와 CCD에 쓰이고 있다. 구절동사를 문장 속에 제시하여 그 뜻을 추측하게 한다.

---

trash about

CHD: Someone who thrashes about violently moves their arms or
      legs around in different directions.

다른 한 예로 get over를 살펴보자.

---

get over

O D: surmount, overcome

L D: to control; deal with a feeling, difficulty etc.

NTC: to recover from a disease

CCD: If you **get over** an illness or other unpleasant experience, you recover from it.

CHD: You **get over** something such as an illness, shock or disappointment when you recover from it.

첫째, OD, LD, 그리고 NTC에는 구절동사를 다른 동사로 풀이하고, CCD와 CHD에서는 문장으로 뜻을 제시한다. 그러나 위에 실린 어느 사전에도 그 뜻 풀이에 불변사의 의미가 포함되어 있지는 않았다. 예로서 위에 쓰인 about, off, 그리고 over의 뜻이 뜻풀이에 전혀 반영되어 있지 않았다. 그러나 앞으로 만드는 사전에는 불변사의 뜻을 고려한다면 구절동사의 의미가 덜 임의적으로 될 것이다.

둘째, 어느 구절동사에 대하여 주어지는 풀이의 수는 사전마다 다르다. come out을 예로 들면, LD에서는 21가지의 뜻이 제시되어 있고, OD에는 15가지의 뜻이 주어져 있다. 나아가서 뜻의 제시 순서도 다르다. come out 의 뜻 가운데 하나는 '감옥에서 나오다' 의 뜻인데 이 뜻은 LD에서는 네 번째로, OD에서는 두 번째에 제시되어 있다.

3) 직설적인 뜻과 비유적인 뜻

대부분의 구절동사는 직설적인 의미와 비유적인 의미를 갖는다. 또 많은 경우에 직설적인 뜻보다는 비유적인 뜻을 더 많이 가지고 있다. 이것은 물론 낱말의 뜻을 헤아리는 방법에 따라서 차이가 나겠지만, 구절동사에서 비유적인 뜻이 큰 비중을 차지하는 것은 사실이다. 여러 사전 가운데 LD가 직설적인 뜻과 비유적인 뜻을 구별해 주고 있다. 다음에서 비유적인 뜻은 별표로 구분이 되어 있다. LD에 실린 구절동사 go along을 예로 들어보자.

---

go along *v adv*
1. move forward, esp on a road: *The roads were so muddy that we had to **go along** on horseback.* 그 길이 너무 질퍽해서 우리는 말에 올라타고 가야만 했다.
*2. to go somewhere together with someone: *At the last minute, the two youngest boys decided to **go along**.* 마지막 순간에 두 명의 가장 어린 소년들은 동행하기로 결정했다.
*3. to advance; move further with something: *Work like this becomes less interesting as you **go along**.* 이런 일은 네가 해나감에 따라 흥미가 떨어진다.
*4. to advance; go well: *How is your work **going along**?* 너의 일은 어떻게 되어가고 있느냐?
*5. infml to go away: *Will you children **go along**, I can't do with you in here.* 너희 아이들은 좀 나가 있어라, 나는 너희들이 여기에 있는 것을 참을 수 없다.

구절동사 go along은 1에서는 장소이동을 나타내고, 나머지 2~5에서는 비유적으로 쓰였다. 이러한 정보는 사용자들에게 큰 편의를 줄 수 있으나, 이것을 비유적인 표현이라고 표시만 하는 데는 한계가 있다. 왜 위의 구절동사가 이러한 비유적인 뜻을 갖게 되는지 그리고 위에는 어떤 은유가 쓰였는지를 밝혀주면 더 큰 도움을 줄 수 있을 것이다. 예로서 위의 비유적 표현 *3에는 '과정은 장소이동이다'의 은유가 깔려있는 것으로 볼 수 있다. 이것은 과정을 장소이동으로 개념화하고, 이해하고 또 표현하는 과정이다. 이 은유는 이 표현에만 깔려있는 것이 아니라 장소이동을 나타내는 모든 표현과 관련이 되어 있다. 은유적인 의미의 표시는 LD 외에는 어느 사전에도

분류가 되어 있지 않다.

4) 자동사와 타동사의 구분

영어동사 가운데 토박이 단음절 동사는 거의가 모두 자동사와 타동사로
쓰인다. 이와 마찬가지로 구절동사도 자동사 용법과 타동사 용법을 갖는다.
자동사와 타동사의 구분은 학습자들에게는 중요한 정보가 될 수 있다. 위에
실린 사전 가운데 LD와 CHD를 제외하고는 모든 사전이 자동사와 타동사
를 구분하여 표시하고 있다. 먼저 LD의 **turn off**를 살펴보자.

---

turn off *v adv*
1. Let's **turn off** and find a quieter road.
   길을 빠져나가서 더 조용한 길을 찾아보자.
2. The road **turns off** to the station a little further ahead.
   그 길은 그 역으로 좀더 앞 쪽에서 빠진다.
3. The tap won't **turn off** and there's water all over the floor.
   그 수도꼭지는 잠겨지지 않아서 물이 온 바닥에 있다.
4. Suddenly she **turned off** her false smile, and showed her true
   nature.
   갑자기 그녀는 그녀의 거짓웃음을 거두고 진짜 본성을 드러냈다.
5. His faithful servant was **turned off** without a penny after twenty
   years' service.
   그의 충직한 하인은 20년간 시중을 든 후 한 푼도 받지 못하고 쫓
   겨났다.
6. I **turned off** a good piece of work this morning.
   나는 좋은 작품 하나를 오늘 아침 완성했다.
7. Half the crowd **turned off** when the speaker began talking about
   national unity.
   그 군중들의 반은 그 연사가 민족통일에 대해서 이야기하기 시작
   했을 때 흥미를 잃었다.
8. Such poor teaching always **turns** students **off**.
   이런 질 낮은 교습은 항상 학생들의 흥미를 떨어뜨린다.

위에 쓰인 turn off는 1~3, 7에서는 자동사로 쓰였고, 나머지에서는 타동사로 쓰였다. 불변사 off가 동사 바로 뒤에 오면 이것이 전치사인지 전치사적 부사인지 분간하기가 쉽지 않을 수 있다. 이러한 어려움을 위해서 자/타동사 구분 표시는 유용한 정보가 될 수 있다.

CHD에도 타동성이 구분되어 있지 않기 때문에 주어진 풀이만으로 동사의 쓰임을 파악하기는 어렵다. 다음에 쓰인 turn off는 1에서는 타동사로, 2에서는 자동사로 쓰였다. 그러나 off 다음에 모두 명사구 (an appliance, the road)가 쓰여서 1의 경우 전치사적 부사가 전치사로 착각되기 쉽다.

---

turn off

1. 풀이: You **turn off** an appliance when you adjust its controls to stop power flowing to it, so that it stops working.
   예시: Drain the tank and **turn** the electricity **off**. 그 물탱크를 비우고 전기를 꺼라.
   The last one out **turns off** the lights. 밖으로 나가는 마지막 사람이 불을 끈다.
2. 풀이: You **turn off** a road you are travelling on when you leave it.
   예시: I **turned off** by the stop sign. 나는 그 정지신호에서 길을 벗어났다.
   I **turned off** the road when I drew alongside the ambulance. 나는 그 앰뷸런스와 나란히 섰을 때 그 길을 벗어났다.

OD는 다음과 같은 방법으로 자/타동사를 구별해 주고 있다.

---

turn off

1. [Vn p pass]
   Don't forget to **turn** all the lights **off** before you come up to bed. 잠자리에 들기 전에 모든 전등을 끄는 것을 잊지 말아라.

---

2. [Vn === p nom pass], [Vn pr pass]

Pop music may turn you on, but it **turns** me **off**.

팝 음악은 너를 기분좋게 할지 모르지만 나를 질리게 한다.

3. [Vp nom, Vpr]

Turn off about a mile further on.

1마일쯤 더 가서 갈림길로 들어서시오.

We **turned off** the motorway at exit 31.

우리는 31번 출구에서 고속도로를 벗어났다.

위의 OD의 turn off의 표기에서 V는 동사를, n은 명사를 가리키고, === 는 명사와 불변사의 자리바꿈이 가능함을 표시한다. 또한 pass는 수동형이, nom은 명사형이 가능함을 가리킨다. 또한 1에서 Vn은 동사 다음에 명사가 옴을 표시하여 이것이 타동사임을 가리킨다. p(particle)는 전치사적 부사를, 그리고 pr(preposition)은 전치사를 가리킨다. 2에 쓰인 turn off도 타동사로 동사 바로 다음에 명사가 온다. 3에 쓰인 turn off는 자동사이고 V 다음에 명사표시가 없다. 이 경우 off는 전치사적 부사(p)로나 전치사(pr)로 쓰일 수 있다.

한편, CCD 사전에서는 타동성의 정보가 뜻풀이와 함께 예문의 오른쪽에 따로 표시가 되어 있다.

풀이: When you **turn off** a device, machine, or appliance, you adjust the controls in order to stop it working.

예시: **Turn** the gas fire **off** when you leave the
room.   [V+N+ADV]

그 방을 나가기 전에 가스난로를 꺼라.   (타동성 정보)

How do you **turn** it **off**?   [V+PRON+ADV]

너는 그것을 어떻게 끄느냐?

He must have **turned off** the radio.   [V+ADV+N]

그가 그 라디오를 껐음에 틀림없다.

NTC는 something 또는 someone을 써서 자/타동사를 구별하고 있다.

---

turn off something: You are supposed to **turn off** the highway at the yellow mailbox. 너는 노란 우체통이 있는 곳에서 그 고속도로를 벗어나게 되어 있다.

turn someone off: Your bad breath **turns** everyone **off**. 너의 나쁜 입냄새는 모두를 정이 떨어지게 한다.

turn something off: **Turn** the lights **off** when you leave. 네가 나갈 때 그 불들을 꺼라.

---

5) 불변사의 전치사적 쓰임과 전치사적 부사로서의 쓰임 구분

불변사 가운데는 away, back, out과 같이 부사로만 쓰이는 것도 있고, between, with, for와 같이 전치사로만 쓰이는 것이 있는가 하면 전치사와 불변사 양쪽으로 쓰이는 것이 있다. 양쪽으로 쓰이는 불변사는 그 쓰임에 따라서 형태가 바뀌는 것이 아니기 때문에, 이것이 전치사로 쓰인 것인지 전치사적 부사로 쓰인 것인지 분간하기 어려울 때가 있다. 특히 구절동사가 타동사로 쓰이고 불변사가 동사 바로 다음에 오면, 불변사의 기능을 구분하기가 쉽지 않다. 다음을 살펴보자.

(4) a. Hand **over** that bag at once. It's mine.
   그 가방을 즉시 건네주시오. 그것은 내것입니다.

   b. The fisherman was hauling **in** his nets.
   그 어부가 그의 그물을 끌어당겨 들이고 있었다.

   c. The children were not able to hold **in** their laughter.
   그 아이들은 웃음을 참을 수 없었다.

   d. The police hosed **down** the road after the accident.
   경찰은 그 길을 그 사고 후에 호스로 쳤다.

e. We have been hunting **down** a good cheap apartment.
우리는 싸고 좋은 아파트를 찾아다니고 있다.

위에서 불변사는 동사 뒤 그리고 명사구 앞에 쓰이기 때문에 모두 전치사로 착각하기가 쉽다. 그러나 이들은 모두 전치사적 부사로 쓰인 예이다.

사전에 따라서 불변사의 기능을 명시해주는 것이 있는가 하면 그렇지 않은 것도 있다. 이 기능을 명시해주는 사전 가운데에 대표적인 것이 LD이다. 이 사전은 불변사의 기능에 따라서 표제어를 따로 설정한다. 예로서, jump off는 off의 기능에 따라서 두 개의 표제어가 제시되어 있다. 다음 첫 표제어는 동사와 부사로 된 구절동사이고, 둘째 표제어는 동사와 전치사로 된 구절동사이다.

---

jump off *v adv*
1. The boys had a game of climbing the wall and then **jumping off**.
그 소년들은 그 벽을 기어오른 다음 뛰어내리는 게임을 했다.
2. The attack will **jump off** at first light.
그 공격은 첫 번째 신호에 개시할 것이다.

---

jump off *v prep*
1. The boys had a game of climbing the wall and then **jumping off** it.
그 소년들은 그 벽을 기어오른 다음 그것에서 뛰어내리는 게임을 했다.
2. What's she **jumping off** the deep end for now?
무엇 때문에 그녀가 이번에는 분별없이 뛰어들었느냐?

LD와 마찬가지로 OD도 불변사의 기능을 p와 pr로 표시하고 있다.

다음에서 jump off는 동사(V)와 불변사(p)로 이루어진 표현임을 나타
낸다.

---

jump off [Vp nom]
Four competitors had a clear first round and will be **jumping off**
later this evening.
네 명의 경쟁자들은 깨끗한 첫 번째 라운드를 치루었고 오늘 저녁에
결승 라운드를 시작할 것이다.

jump on [Vpr pass]
His wife **jumped on** him. 그의 아내는 그를 곧 비난했다.

[Vp nom]은 동사 다음에 오는 요소가 전치사적 부사임을 표시한다.
[Vpr pass]는 동사 다음에 오는 요소가 전치사임을 표시한다.

그러나 LD와 달리 OD에서는 기능에 따라서 표제어를 달리 설정하지
않는다. 구절동사 keep in의 in은 전치사적 부사로도 쓰이고 전치사로도 쓰
이는데 이 두 가지가 한 항목에 제시된다.

---

keep in
1. [Vp, Vpr]
   You'd better **keep in** when the temperature is so far below
   freezing point.
   너는 기온이 빙점보다 훨씬 아래일 때에는 집에 있는 것이 좋을
   것이다.
   The rabbits **kept in** their burrows most of the day.
   그 토끼들은 하루 중 거의 대부분을 굴속에 틀어박혀 있었다.

2. [Vp, Vnp pass]
   The stove will **keep in** all night if you put enough coal on.
   네가 충분한 석탄을 집어넣으면 그 난로는 밤새도록 탈 것이다.

Whose job is it to **keep** the fires **in**?

그 불이 계속 타게 하는 것은 누구의 일이냐?

위 1에서 keep in의 in은 부사와 전치사로 쓰일 수 있음이 괄호 안의 약자로 표시되어 있다. 2에서는 keep이 자동사나 타동사로서 전치사적 부사와 쓰일 수 있음이 약자로 표시되어 있다.

CCD에서도 전치사는 PREP로 전치사적 부사는 ADV로 표시되어 있다. 이것을 keep off를 통해 살펴보자.

---

keep off

In Scotland you have no right to **keep** people **off**
your land unless they are doing damage.　　　　V+N+PREP
스코틀랜드에서 당신은 그들이 해를 끼치지 않는 한 사람들을 당
신의 땅에서 몰아낼 권리가 없다.
Having a job helps **keep** them **off** the streets.　　V+N+PREP
직업을 가지는 것은 그들을 거리에서 떼어놓는 데 도움이 된다.
Christopher was warned to **keep off**.　　　　　V+ADV
크리스토퍼는 접근하지 말라는 경고를 받았다.

CHD는 구절동사의 풀이에서 불변사의 기능을 구분해주고 있다. 그러나 주어진 풀이는 전치사와 전치사적 부사를 분명히 구분해주지 못한다.

---

keep off

1. 풀이: You **keep** someone or something **off** an area when you
don't let them enter it; you **keep off** when you do not enter it.

예시: *If you don't **keep** your dog **off** my land, next time I will shoot it.*

당신이 당신의 개를 내 땅에 못 들어오게 하지 않으면, 다음 번에는 내가 그것을 쏴버릴 것이다.

2. 풀이: You **keep** something unwanted **off** something else when you stop if from touching, harming or spoiling it.

예시: *There doesn't seem to be any way to **keep** the insects **off** our baby.*

그 곤충들을 우리 아기에게 접근하지 못하게 할 방법이 없는 것처럼 보인다.

*We'll light a fire, to **keep off** the cold.*

우리는 추위를 몰아내기 위해 불을 피울 것이다.

위의 풀이에서 off 다음에 an area나 something 등이 오면 이 불변사가 전치사로 쓰인 것이고 안 쓰이면 전치사적 부사로 쓰인 것이다.

NTC는 풀이에서 someone이나 something을 써서 전치사와 전치사적 부사를 구별한다.

keep off (of) something
Please **keep off** the grass.
그 잔디에 들어가지 마시오.
Please **keep** your hands **off** the cake.
그 케이크에 손대지 마시오.

keep someone or something off (of) someone or something
Keep that woman **off** of me.
그 여자를 내게서 떼어놓아라.
Please **keep** Timmy **off** the couch.
티미를 그 소파에서 떼어놓아라.

6) 그 밖의 문법정보

OD에는 다른 사전에 없는 문법정보가 몇 가지 실려 있다. 구절동사의 주어(S)나 목적어(O)로 쓰이는 전형적인 명사의 예가 실려 있고, 타동사 구절동사가 수동형으로 쓰일 수 있는 것은 pass로 명시가 되어 있다. 또 구절동사가 명사로 쓰이는 경우는 이것을 nom으로 표시한다. 나아가서 타동사 구절동사의 목적어와 전치사적 불변사가 자리바꿈을 할 수 있는 가능성도 n === p로 표시한다. 다음 예를 살펴보자.

---

ship out [Vn === p pass] carry something from a port etc as cargo
S: maker, supplier, ferry tanker, train, truck
O: cargo, load, cement, iron-ore, oil
*The oil company will **ship out** piping and heavy equipment.*
그 석유 회사는 파이프와 중장비를 배로 수송할 것이다.

Ship out은 동사로서 목적어을 가지며, 목적어와 불변사는 자리를 바꿀 수 있으며 (n === p), 수동태로도 쓰일 수 있음을 위 항목은 표시하고 있다.

---

shock into [Vn. pr pass] cause somebody to do something by shocking him
O: giving up drink, changing one's eating habits, making a donation
*She was **shocked into** giving up smoking by losing a close friend through lung cancer.*
그녀는 친한 친구를 폐암으로 잃은 것에 충격을 받아 담배를 끊었다.

위 항목 shock into는 타동사이며 그 뒤에 전치사가 오고, 이것은 수동형으로 쓰일 수 있음이 표시되어 있다.

7) 관용적 구절동사

구절동사 가운데는 구절동사를 이루는 동사와 명사가 특정한 낱말에만 국한되고 불변사의 위치도 고정되어 있는 것이 있다. 다음에 그 예가 제시되어 있다.

(5) a. Don't **lose sight of** the car that you are chasing.
네가 쫓고 있는 그 차를 시야에서 놓치지 마라.

b. How do you **keep tabs on** all the accounts of all these different companies?
당신은 어떻게 서로 다른 이 모든 회사들의 모든 회계장부들을 기록합니까?

c. Father is **laying down** the law on the children.
아버지는 그 규칙을 아이들에게 세우고 있다.

d. After a brave fight, he finally had to **chuck in** the towel.
용감하게 싸운 다음, 그는 항복을 해야 했다.

e. As soon as I made the remark, I could have **bitten my tongue off**.
나는 그 말을 하자마자 혀를 깨물어 버릴 수 있었다.

(5a)에서 lose, sight, of는 다른 낱말로 대치되지 않는다. lose와 비슷한 miss, sight와 비슷한 view, of와 비슷한 about이 있지만 miss view about과 같은 표현은 없다. (5b)에서도 keep, tabs, on은 다른 낱말로 대치가 불가능하다. (5c)에 쓰인 불변사 down은 그 위치가 동사 바로 뒤에만 나타난다. 반대로 (5d)와 (5e)에서는 불변사가 명사 뒤의 자리에 고정된다. 위와 같은 성질을 갖는 구절동사를 관용적 구절동사라 부르기로 한다.

관용적 구절동사는 cut X off 와 같은 구절동사와 확연하게 구분이 된다. 다음 (6)에서는 cut 대신에 여러 가지의 동사가 쓰일 수 있고, the branch 대신에 다른 명사구가 비교적 자유롭게 쓰인다. 또 불변사 off도 그 자리가 동사 뒤나 명사구 뒤가 될 수 있다.

(6) a. He cut broke/sawed/lopped off the branch/the bread/the meat.
그는 (그 가지/빵/고기를) 잘랐다/부수었다/톱으로 잘랐다/잘라냈다.

b. He cut broke/sawed/lopped the branch/the bread/the meat off.

위에서 우리는 (5)의 표현들이 굳어진 표현임을 살펴보았다. 그러나 여러 표현들을 살펴보면 이 굳힘성은 절대적이 아니고 연속적 변차선을 이루는 것을 알 수 있다. 예로서 다음 (7)에는 목적어에 쓰이는 명사가 어느 특정한 것에 고정되어 있는 것이 아니어서 다른 비슷한 낱말도 쓰일 수 있다. (8)에서는 불변사가 어느 특정한 것에 고정되어 있지 않아서 다른 것도 쓰일 수 있다.

(7) a. The boy's endless crying grates on my **nerves/ears**.
그 소년의 끝없는 울음이 내 신경/귀에 거슬린다.

b. The leader had the whole crowd in his **power/spell**.
그 지도자는 그 전체 군중을 그의 영향에 두고 있었다.

c. Some of the girls had a **crush/push** on one of the teachers.
그 소녀들의 몇몇은 그 선생님 가운데 한 분에게 열을 올리고 있었다.

d. The director keeps all the workers **at arm's length/at a distance**.
그 감독은 그 모든 노동자들을 멀리한다.

e. The police kept **an eye/eyes** the thief.
그 경찰관은 그 도둑을 주시했다.

(8) a. Big firms have the edge **on/over** small businesses in world trade.
큰 회사들은 세계무역에서 작은 회사들보다 낫다.

b. Wet weather has an impact **on/over** most people.
축축한 날씨는 대부분의 영향을 사람들에게 미친다.

c. The story hinges **on/upon** the relationship between the two sisters.

그 이야기는 두 자매간의 관계에 달려 있다.

4. 형용사 구절동사

구절동사에 쓰이는 전치사적 부사는 마지막 상태결과를 나타낸다. 다음 (9)에 쓰인 불변사는 목적어의 마지막 상태를 나타낸다.

(9) a. He ran the flag **up**.
그는 그 깃발을 올렸다.

   b. She pulled the chairs **across**.
그녀는 그 의자들을 건너편으로 끌어당겼다.

(9a)에서 깃발은 올려져 있고, (9b)에서 의자들은 건너편에 있다. 이러한 마지막 상태는 불변사가 be 동사와 쓰일 때 분명히 나타난다.

(10) a. The conference is **over**.
그 회의가 끝났다.

   b. The time is **up**.
그 시간이 다 되었다.

   c. The term papers are **in**.
그 보고서가 들어와 있다.

   d. They are still **around**.
그들은 아직 주위에 있다.

(10a)에서 over는 회의가 끝난 상태를, (10b)에서 up은 시간이 한계점에 이름을, (10c)에서는 보고서가 들어와 있음을, 그리고 (10d)에서는 그들이

아직 주위에 있음을 나타낸다.

영어 형용사 가운데는 전치사적 부사와 같이 마지막 상태를 나타내는 것이 있는데 이들은 동사와 같이 쓰여서 구절동사를 이룬다. 이러한 형용사와 전치사적 부사는 몇 가지의 공통점이 있다.

첫째, 형용사는 전치사적 부사와 같이 행동한다.

(11) a. His money ran **out/short**.
그의 돈은 다 떨어졌다.

b. The handle came **off/loose**.
그 손잡이가 떨어졌다/느슨해졌다.

둘째, 구절동사에 쓰이는 형용사는 전치사적 부사와 같이 그 자리가 동사나 목적어의 뒤가 될 수 있다.

(12) a. He let the prisoner **loose**.
그는 그 죄수를 풀어주었다.

b. He let **loose** the prisoner.

(13) a. They cut the talk **short**.
그들은 이야기를 짧게 줄였다.

b. They cut **short** the talk.

(14) a. Break the can **open**.
그 깡통을 부수어서 열어라.

b. Break **open** the can.

다음에는 형용사 구절동사에 대한 몇 가지 추가적인 예가 제시되어 있다.

(15) a. I hope nothing comes **amiss** when we move into our new
         house.
         나는 우리가 새 집으로 이사할 때 아무 일도 일어나지 않기를 바란다.

      b. The clever plan came **apart** at the seams.
         그 교묘한 계획은 완전히 실패했다.

      c. When are you coming **home**?
         너는 언제 집에 오느냐?

      d. Can you fix this handle? It's coming **loose**.
         당신은 이 손잡이를 고칠 수 있습니까? 그것은 헐거워지고 있어요.

      e. The rent falls **due** next week.
         그 임대료는 다음 주에 만기가 된다.

      f. When you see the policeman, fall **flat**.
         그 경찰을 보면, 납작 엎드려라.

      g. She cut me **dead** in the street.
         그녀는 나를 그 거리에서 모른체했다.

      h. Cut the boat **free**.
         줄을 끊어 그 보트를 풀어라.

      i. Cut the dog **loose** quickly.
         그 개를 빨리 풀어주어라.

      j. The child cut the melon **open**.
         그 아이가 그 멜론을 잘라서 펼쳤다.

   몇몇 형용사와 전치사적 부사 사이에는 이러한 비슷한 점이 있어서 LD
에는 이들을 구절동사로 취급하여 표제어에 제시한다. 그러나 다른 사전에
서는 이들 표현을 관용어로 취급하여 관용어 사전에 싣고 있다.

5. 학습자용 구절동사 사전

Longman과 Oxford University Press에서는 다음과 같은 학습자용 구절
동사 사전을 만들어내었다. 이 둘을 먼저 나온 사전과 비교하여 본다.

Longman Phrasal Verbs Dictionary. 2000. London: Longman.

Oxford Phrasal Verbs: Dictionary for Learners of English. 2001.
Oxford: Oxford University Press.

2000년에 출판된 LPVD는 1983년 판과 다음과 같은 점에서 서로 다르
다. 첫째, 구절동사 풀이에서 1983년 판에서는 구절동사를 다른 동사로 바
꾸어서 풀이했다. 그러나 2000년 판에서는 CCD의 풀이와 같이 구절동사를
문장 속에 넣어서 그 뜻을 추리하게 하였다. 둘째, 1983년 판에서는 자동사
와 타동사가 한 표제어 밑에 들어가 있다. 하지만 2000년 판에서는 자동사
와 타동사 구절동사가 별개의 표제어 아래에 제시된다. 다음을 살펴보자.

LD 1983

move along *v adv*

to go away; not stand in a group; esp. said by a policeman to a
crowd. ***Move along*** *there, please.* 거기 좀 움직여 주세요.

LPVD 2000

1. **move along**

if a story, game, process etc. moves along, it develops well and
makes good progress: *Mead's characters are first-rate and the
story **moves along** so well it's hard to put the book down.* 미드의
등장인물들은 일급이고 그 이야기는 너무 잘 진행되어서 그 책을
내려놓기 힘들다.

---

2. **move sth along move along sth**

if someone or something moves a story, game, process, etc. along, they help it to develop well and make good progress: *The movie is full of lovely dialogues that helps to **move** the action **along**.* 그 영화는 줄거리가 진전되게 해주는 아름다운 대화들로 가득 차 있다.

3. **move along move sb along**

if you are asked to move along, or someone moves you along, you are asked to leave a particular place and go somewhere else: ***Move along** folks, **move along** there, please. A policeman was now at the stage door, trying to **move** the crowd **along**.* 지금 경찰 관 한 명이 그 무대의 출입구에 서서 그 관중들을 움직이려고 애쓰고 있었다.

셋째, 풀이에 주어나 목적어에 쓰이는 전형적인 명사를 제시한다. 위의 풀이에서 story, game, process 등이 그러한 예이다. 넷째, 목적어가 사람인 표현과 개체인 경우를 구분해서 제시한다.

한편, OPVD(2001)는 구절동사의 자동사와 타동사의 쓰임을 개별 표제로 다룬다. 이 점이 OD(1973)와 다르다. 다음을 비교하여 보자.

OD 1973

move up

1. [Vp, Vpr rel] progress professionally and/or socially, o: the social scale, pyramid, ladder, hierarchy: *He'll **move up** a rung or two when his qualifications are confirmed.* 그는 그의 자격이 확증될 때 한두 단계 올라갈 것이다. *She's **moved** very rapidly **up** the promotion ladder.* 그녀는 승진의 계단을 매우 빠르게 올라왔다.

2. [Vp] (finance) improve its position, rise. s: price, rate, cost, share, stock, copper, rubber. *The exchange rate of the pound* ***moved up*** *sharply to well over−2.91 dollars.* 파운드의 환율은 2.91달러를 넘어설 정도로 급속히 상승했다.

3. [Vp, Vn === p pass] military cause troops to move into the battle area. s [Vp], o [Vn, p]: division, battalion, armour, guns: *As they* ***moved up***, *they tangled with troops coming out of the line.* 그들이 전장에 나섰을 때 그들은 전선에서 나오는 병력과 엉켰다.

OPVD에서는 다음과 같이 move up이 세 개의 표제어 아래에 실려 있다.

move up (of a rate, a level or an amount) to increase: What will we do if interest rates **move up**? 이자율이 상승하면 우리는 어떻게 할 것입니까?

move up; move sb up to move or to make somebody move, to a higher level, grade or class: She's been **moved up** to the Advanced class. 그녀는 고급반으로 올라갔다.

move up; move up sth; move sth up to move from a lower to a higher position; to make somebody/something do this: Hold the ladder tightly and **move up** a rung at a time. 사다리를 꼭 붙잡고 한 번에 한 계단씩 올라가라.

최근 구절동사에 대한 새로운 인식과 관심이 증가함에 따라 이를 다루는 구절동사 사전의 편찬 역시 증가되었다. 이 장에서는 지금까지 출시된 구절동사 사전을 살펴보았으며 특히 가장 최근의 주요 구절동사 사전들의 특징을 구절동사의 의미 이해와 관련된 다음의 항목들을 중심으로 살펴보았다: 1. 사전에 수록된 구절동사의 종류, 2. 뜻풀이 방식, 3. 직설적인 뜻과 비유적인 뜻의 구분, 4. 자동사와 타동사의 구분, 5. 불변사의 쓰임 종류 구분, 6. 문법 정보, 7. 관용적 구절동사.

이와 같은 구절동사 사전에 대한 조사와 고찰을 바탕으로 다음의 부록에서는 대표적인 자동사 come과 타동사 turn을 통해 구절동사 사전의 시안을 제안해 보았다.

부록

1. come 구절동사

첫째, 동사 come은 다음 구절동사를 갖는다.

	전치사	부사적 용법
	about	about
	across	across
	along	
	at	
		away
	between	
		back
	for	
	before	
	by	by
		down
		forward
come	from	
		in
	into	
	of	
	off	off
	on/upon	on
		out
	out of	
	over	over
	through	through
	to	to
		together
		under
		up
	within	

위의 구절동사를 살펴보면, 어떤 불변사는 전치사와 전치사적 부사 양쪽으로 쓰이는 것도 있고, 전치사나 부사의 어느 한 쪽으로만 쓰이는 것이 있다. come이 동사로 쓰이는 구절동사를 제시하기 전에 제일 먼저 동사의 개념바탕을 제시할 필요가 있다. 이 개념바탕에는 움직이는 개체 (탄도체), 출발지, 경로, 목적지 등이 포함된다. 이 동사는 일차적으로 이동동사이지만, 은유적으로 확대되어 시간의 흐름이나 상태변화의 형판이 된다.

    a. I want you to **come** here at once.
       나는 네가 즉시 여기로 오기를 원한다.

    b. Summer has **come**.
       여름이 왔다.

    c. His dream has **come** true.
       그의 꿈이 이루어졌다.

둘째, 구절동사의 자동사와 타동사의 쓰임을 따로 표제어로 만든다. 즉 [자동사 + 불변사]와 [타동사 + 불변사]는 각각 독립된 표제어가 된다.

셋째, 불변사는 전치사적 쓰임과 부사적 쓰임을 전치사 그리고 부사의 순서로 따로 제시한다.

---

come across something

직설적 용법

1. He **came across** the garden to talk with us.
   그는 우리와 이야기하기 위해 그 정원을 가로질러 왔다.

비유적 용법: 생각은 개체이다, 만남은 접촉이다

2. The thought **came across** my mind.
   그 생각이 문득 나의 머리를 스치고 지나갔다.

> I **came across** an old photograph.
> 나는 오래된 사진을 우연히 발견했다.

come across

> **비유적 용법**: 말은 개체이고 전달된다
> 3. Did his speech **come across**?
>   그의 말이 전해졌습니까?

넷째, 위에서 제시한 바와 같이 구절동사가 직설적인 뜻과 비유적인 뜻을 가질 때, 직설적인 뜻을 먼저 제시하고, 그 다음 비유적인 뜻을 제시한다. 비유적인 뜻의 경우에는 관련된 비유과정 가운데 은유인지 환유인지를 제시한다.

2. turn 구절동사

타동사 turn이 구절동사를 이루는 경우에도 위와 같이 직설적 용법을 먼저 제시하고 비유적 용법을 제시할 수 있다. 아래의 예문은 이러한 직설적인 뜻과 비유적인 뜻을 가진 예문의 쓰임을 보여 준다.

turn something out/turn something out

직설적 용법
1. The police told us to **turn out** our pockets.
   경찰은 우리를 주머니를 비우라고 말했다.

비유적 용법: 결과는 밖이다, 공개나 공표는 밖이다
2. Don't forget to **turn out** the lights when you go out.
   네가 나갈 때 그 불들을 끄는 것을 잊지 말아라.

3. Don't worry about the examination; it will **turn out** all right.
그 시험에 대해서 걱정하지 마라; 그것은 잘 될 것이다.

4. It **turned out** that the manager knew the scheme all along.
그 지배인이 그 음모를 처음부터 알고 있었음이 드러났다.

---

turn out

직설적 용법

1. Over 200 people **turned out** for the demonstration.
200명이 넘는 사람들이 그 시위를 위해 나왔다.

2. **Turn** the cake **out** onto a plate.
그 케이크를 접시에 내어라.

3. The owner **turned** the tenants **out** on to the streets.
그 소유주가 그 세입자들을 거리로 쫓아냈다.

비유적 용법: 생산은 밖이다

4. The university **turns out** 1,000 graduates each year.
그 대학은 매년 천 명의 졸업생들을 배출한다.

5. The factory **turns out** 10,000 trucks each year.
그 공장은 매년 만 대의 트럭을 생산한다.

제**9**장

복합동사를 만드는 불변사

제9장

복합동사를 만드는 불변사

몇 개의 불변사인 out, over, under 등은 동사와 결합하여 다음과 같은 복합동사를 이룬다. 이들은 구절동사는 아니지만, 불변사와 동사를 쓰는 표현이기 때문에 여기서는 그 구조와 의미를 살펴보기로 한다.

단순동사	복합동사	단순동사	복합동사
grow	outgrow	run	overrun
last	outlast	stay	overstay
live	outlive	work	overwork
stay	outstay	turn	overturn

단순동사는 자동사나 타동사로 쓰이고 경우에 따라서는 양쪽으로 다 쓰인다. 그러나 복합동사는 대개의 경우 타동사로 쓰인다. 먼저 불변사 out이 쓰이는 복합동사를 살펴보기로 한다.

1. out-동사

불변사 out은 탄도체가 그릇과 같은 지표의 안에서 밖으로 나오는 과정을 한눈에 보여 준다. 그릇에는 한계가 있으므로 이 불변사는 이러한 한계를 넘는 의미가 있다. 또 이러한 한계는 거리, 시간, 정도에 확대되어 쓰인다. 다음 예에서 주어는 목적어를 앞선다.

(1) a. He always **outstays** his coffee break.
　　　그는 늘 휴식시간보다 더 오랫동안 쉰다.

　　b. She **outlived** her husband by two years.
　　　그녀는 남편보다 2년 더 오래 살았다.

　　c. He **outlived** all his brothers.
　　　그는 자기의 형제 중 누구보다도 더 오래 살았다.

　　d. Women generally **outlive** men.
　　　여자가 보통 남자보다 오래 산다.

　　e. The visitors **outstayed** their welcome.
　　　그 방문객들은 너무 오래 머물러서 미움을 샀다.

　　f. My cheap shoes **outlasted** my expensive shoes.
　　　내 값싼 신발이 내 비싼 신보다 오래 갔다.

　　g. This material **outwore** any other material.
　　　이 감이 다른 어떤 감보다도 오래 갔다.

　　h. The fabric **outwears** all other materials.
　　　이 직물이 다른 모든 옷감보다 더 오래 갔다.

　　(1)에 쓰인 모든 동사는 기간과 관계가 있다. 주어는 목적어보다 더 오래 간다. 더 오래는 불변사 out의 기여이다. 어떻게 이것이 가능한지 살펴보자. 이를 위해서 먼저 불변사 out의 의미를 살펴보자. [탄도체 out (of) 지표]에서 탄도체는 움직이는 개체이고 지표는 그릇이다. 탄도체는 지표의 안에서 밖으로 나온다. 이것을 도식화하면 다음 〈그림 1〉과 같다.

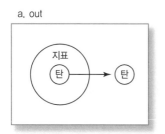 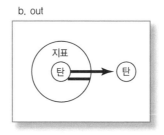

그림 1

다음으로 불변사 out이 동사 stay와 어떻게 통합되는지 살펴보자. 동사 stay는 탄도체가 어느 장소에 시간이 지나도 그대로 머무는 과정이다. 이 과정은 다음 〈그림 2〉와 같이 도식적으로 나타낼 수 있다.

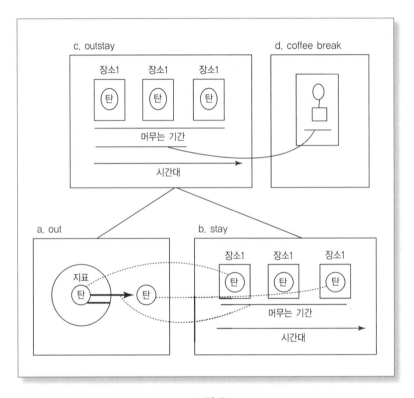

그림 2

위 도식에는 머무는 기간이 표시되어 있다. out과 stay 사이에는 다음과 같은 대응이 있다. out의 탄도체와 stay의 탄도체가 대응하고 out의 탄도체의 경로와 stay의 머무는 기간이 대응한다. 이들 대응점을 중심으로 두 구성성분을 포개면 합성구조 〈그림 2-c〉가 생긴다. 〈그림 2-c〉에는 out에서 넘겨받은 시간대가 추가된다. 이 시간대는 his coffee break의 시간대와 대응된다. coffee break는 커피를 마시면서 쉬는 시간이므로 이것도 기간을 포함한다. 이것은 〈그림 2-d〉와 같이 표시되어 있다.

다음 예는 수나 양과 관계가 된다.

(2) a. His new novel **outsells** all the others.
그의 새 소설은 다른 어떤 소설보다도 잘 팔린다.

b. CDs soon **outsold** records.
씨디는 곧 레코드보다 많이 팔렸다.

c. He **outsold** his rivals.
그는 그의 경쟁자보다 더 많이 팔았다.

d. He **outsold** all the other agents in the area.
그가 그 구역의 모든 판매사원보다도 더 많이 팔았다.

e. The demand for firewood **outstrips** supply.
땔나무 수요가 공급보다 더 많다.

f. Demand for trained clergy **outraced** the supply.
숙련된 목회자의 수요가 공급보다 더 많았다.

g. Fishing **outranked** both clothing and canning.
어업이 의류업과 통조림 제조업 둘보다 순위가 높았다.

h. Residential builders always **outbid** the farmer for the land.
주택 건설업자들은 항상 농부보다 더 땅값을 올려 부른다(매긴다).

i. Being **outnumbered**, they managed to fight back.
수적으로 열세였기 때문에, 그들은 겨우 반격을 했다.

j. The demonstrators were heavily **outnumbered** by the police.
시위자들은 경찰보다 훨씬 그 수가 적었다.

k. The Democrats were **outvoted** as usual.
민주당원들은 늘 그렇듯 득표 수에서 밀렸다.

l. Her proposal was **outvoted**.
그녀의 제안은 투표에 앞섰다.

m. The truck **outweighs** the small car.
트럭은 작은 차보다 무게가 많이 나간다.

n. The advantages of the new system **outweigh** the
disadvantages.
그 새 공정의 이익이 불이익보다 크다.

o. He **overslept** that morning, and was late for work.
그는 그날 아침에 늦잠을 자는 바람에 회사에 지각을 했다.

p. Credit cards encourage people to **overspend**.
신용카드는 사람들로 하여금 돈을 낭비하게 한다.

(2a)는 그의 새 소설이 팔린 부수가 다른 모든 책을 능가하는 관계를 나타낸다. (2b)는 CD가 양판보다 더 많이 팔리는 관계를 나타내고, (2c)는 그가 다른 경쟁자들보다 더 많이 파는 관계를 나타낸다. (2d)는 수요가 공급을 능가하는 관계를 나타내고, (2)의 나머지 문장에서도 주어는 수나 양에 있어서 목적어를 능가하는 관계를 나타낸다.

다음 예에서는 주어가 목적어를 정도 면에서 앞선다.

(3) a. His courage **outran** his prudence.
그의 용기가 그의 신중함을 앞섰다.

b. His behavior **outstretches** my patience.
그의 행동은 내 인내심의 한계를 넘어선다.

c. A major **outranks** a captain.
소령이 대위보다 계급이 높다.

d. I **outsmart** my brother every time I play chess.
나는 체스를 둘 때마다 내 동생보다 한 수 위다.

e. She **outwitted** all the boys.
그녀가 모든 소년들보다 머리가 좋다.

f. They **outdid** our team in every category.
그들은 우리 팀보다 모든 면에서 능가했다.

g. The kids are trying to **outdo** each other in bravery.
그 아이들은 서로의 용기를 능가하려고 노력하는 중이다.

h. The French chess players were completely **outplayed** by the Russian team.
그 프랑스 체스 선수들은 그 러시아 팀에게 완패당했다.

i. You've **outdone** yourself.
   너는 평소 같지 않게 잘 했다.

j. They were **outcompeted** by their rivals.
   그들은 그들의 경쟁자들에게 패배당했다.

k. This new plane can **outmaneuver** any fighter plane flying today.
   이 새 비행기는 오늘날 비행중인 어떤 전투기든 기술로 이길 수 있다.

l. An experienced employee will **outperform** a novice.
   숙련된 종업원이 신참들보다 직능이 뛰어날 것이다.

m. Demand for trained clergy is **outracing** the supply.
   훈련받은 성직자의 수요는 공급을 능가하고 있다.

n. The mother **outshone** her daughter.
   어머니가 딸보다 나았다.

o. He **outworked** his opponent.
   그가 그의 경쟁자보다 일을 더 잘 했다.

p. Plantations **outyielded** managed natural forests.
   인공림이 관리된 자연림보다 생산성이 더 앞섰다.

용기와 신중함에는 정도가 있다. (3a)는 용기의 정도가 신중함의 정도를 넘어서는 관계를 나타낸다. 행동과 인내에도 정도가 있고 (3b)는 행동의 정도가 인내심의 정도를 넘어서는 관계를 나타낸다. (3c)에서 소령은 대위의 범위 위에 있다. 게임을 하는 능력에도 정도가 있다. (3d)에서 주어의 능력이 목적어의 능력을 앞선다. (3e)와 (3f)에는 모두 능력이 비교가 되어 있다. (3i)에서 재귀대명사는 주어의 평소 능력을 가리킨다.

다음 예는 크기와 관계가 있다.

(4) a. She has **outgrown** all her school clothes.
        그녀가 자라서 모든 교복을 못 입게 되었다.

     b. He **outgrew** last year's boots.
        그는 자라서 작년의 장화는 못 신게 되었다.

c. He **outgrew** his brother by two inches.
그는 그의 형보다 2인치 더 자랐다.

d. The business **outgrew** its main office.
그 사업이 그 본사무실보다 커졌다.

(4)의 예문들에서, 모든 주어와 목적어는 환유적으로 쓰였다. 주어 (she, he)는 사람의 몸의 크기를, 그리고 school clothes와 boots는 옷과 구두의 크기를 가리킨다. (4c)에서도 주어와 목적어는 모두 키를 가리키는 환유적 표현이다. (4d)에서 주어는 사업의 범위를, 목적어는 사무실의 크기를 가리킨다. (4)의 모든 경우에 있어서 주어의 크기는 목적어의 크기를 벗어난다.

다음에서 주어는 사람의 몸이 아닌 정신을 가리키고, 목적어는 상태를 가리킨다. 상태는 그릇으로 개념화되고, 주어는 목적어의 범위를 벗어난다.

(5) a. She **outgrew** a fear of darkness.
그녀는 자라서 어둠을 두려워하는 것을 벗어났다.

b. He **outgrew** his interest in comic books.
그는 자라서 만화책에 대한 관심에서 벗어났다.

(5a)의 주어는 어둠의 공포에서 벗어나고, (5b)에서 주어는 만화책에 대한 관심에서 벗어났다.

다음 예는 속도, 그리고 거리와 관계가 있다.

(6) a. He couldn't **outrun** his pursuers.
그는 그를 쫓는 이들에게서 달아나지 못했다.

b. The kids **outran** their teachers to the playground.
그 아이들은 그들의 선생님에게서 달아나 운동장까지 도망쳤다.

c. The company has **outpaced** its rivals in the market.
그 회사는 시장에서 경쟁사들을 앞질렀다.

d. He **outdistanced** his rivals/pursuers.
그는 그의 경쟁자들보다 훨씬 앞섰다.

e. He on horseback **outwent** the others.
말에 탄 그는 다른 이들보다 멀리 갔다.

(6)의 모든 예에서 주어는 목적어보다 더 빠르게 뛴다. 더 빠르게 뛰므로 주어는 목적어보다 더 멀리 갈 수 있다.

2. over-동사

불변사 over의 원형적인 관계는 [탄도체 over 지표]에서 탄도체가 지표의 위에 있고, 지표보다 더 크다. 이것은 다음과 같이 도식적으로 나타낼 수 있다. 이 평면적인 관계는 선적인 관계로 확대되고, 다시 이 선적인 관계는 시간관계에 확대된다.

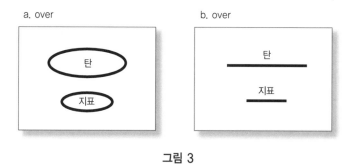

그림 3

다음으로 이 불변사와 동사가 어떻게 결합되어 합성구조 (복합동사)를 이루는지 살펴보기로 한다.

(7) a. A thick layer of soil **overlies** the rocks.
두꺼운 흙의 층이 돌 위에 깔려 있다.

b. The threat of war **overshadowed** the summer in 1940.
전쟁에 대한 공포가 1940년 여름을 우울하게 만들었다.

c. One of his front teeth **overlaps** the other.
앞니 한 개가 다른 앞니를 덮고 있다.

d. The pieces of tile **overlap**.
타일 조각들이 겹쳐져 있다.

e. Weeds **overran** the garden.
잡초가 정원에 우거졌다.

f. The enemy **overran** our position.
적군이 우리의 진지에 침범했다.

g. The mall was **overrun** with shoppers.
상점이 장보는 사람들로 붐비고 있었다.

h. In summer, the town is **overwhelmed** by tourists.
여름에 읍내는 관광객들로 들어찬다.

i. We **overlaid** fertilizer on the soil.
우리는 땅에 거름을 덧뿌렸다.

j. The court **overcrowded** its calendar with too many trials.
법정은 지나치게 많은 재판으로 일정이 꽉 차 있었다.

다음에서는 추상적인 개체가 구상적으로 개념화되어 공포의 표정이 얼굴을 덮은 것으로 개념화되고 또 표현되어 있다.

(8) a. A look of fear **overclouded** her face.
두려움의 표정이 그녀의 얼굴을 뒤덮었다.

b. His face is **overlaid** with gloom.
그의 얼굴은 우울함으로 가득하다.

c. The chairman **overshadowed** everyone on the committee.
의장은 위원회의 모든 이들을 보호했다.

d. The tragic death **overshadowed** their lives.
비통한 죽음이 그들의 삶을 어둡게 했다.

e. Grief **overwhelmed** me.
슬픔이 나를 압도했다.

(9c)에서 주어는 환유적으로 쓰여서 의장 자체가 아니라 그의 영향력을 가리킨다. 따라서 이는 그의 영향력이 위원회를 덮는 관계이다.

위에서 살펴본 예에서 탄도체는 지표에 닿아 있다. 토양은 바위에, 잡초는 땅에 닿아 있다. 그러나 다음에서 볼 수 있는 것과 같이 탄도체는 지표에서 떨어져 있을 수 있다. 다음 (9)의 예에서 주어는 목적어 위에 걸쳐 있다.

(9) a. Our apple trees **overhang** the neighbor's yard.
우리의 사과나무들이 옆집 마당까지 뻗어 있다.

b. His big fat belly **overhang** its belt.
그의 크고 살찐 배가 벨트 위에 걸쳐 있다.

c. The tree branches **overhang** the water.
그 나뭇가지들은 그 물위에 걸쳐 있다.

다음 예는 시간과 관계가 있다. 탄도체가 머무는 시간이 있고, 또 환영 받는 기간이 있다.

(10) The guest **overstayed** their welcome.

탄도체가 머무는 시간이 환영 기간을 초과할 때 이 초과의 의미는 불변사 over가 기여하는 것이다. 이러한 over의 의미는 〈그림 4-b〉에 해당된다. 이것을 도식적으로 나타내면 다음 〈그림 4〉와 같다.

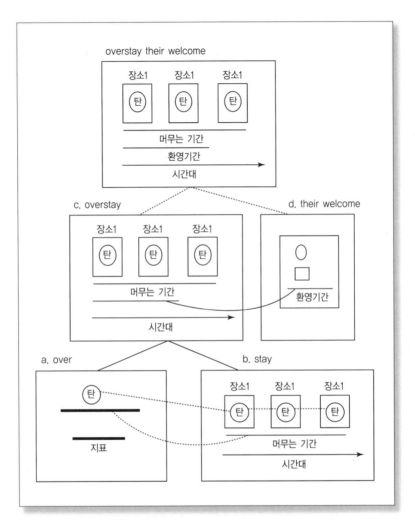

그림 4

다음 예는 거리와 관계가 있다. 다음 문장의 탄도체는 지표의 위치를 넘어간다. (11a)에서 탄도체는 목표를 넘어가고, (11b)에서 탄도체는 기로를 지나친다.

(11) a. The missile **overshot** its target.
미사일들은 목표물을 지나쳤다.

b. I didn't see the sign and **overshot** the turning.
나는 표지판을 보지 못하고 분기점을 지나쳤다.

c. The river **overflew** its banks.
그 강은 둑을 넘쳐흘렀다.

d. The plane lost its way and **overflew** enemy territory.
그 비행기는 길을 잃고 적군의 영역을 넘어 들어갔다.

e. The bath is **overflowing**.
그 욕조는 넘치고 있다.

f. The toilet **overflowed** again.
그 변기는 또 넘쳤다.

g. He **overstepped** the mark this time.
그는 이번에는 경계선을 넘어섰다.

(11)의 관계는 시간관계를 나타내는 그림을 그대로 적용할 수 있다. 즉, 불변사 over의 탄도체와 지표는 시간에 적용되어 탄도체가 움직인 거리가 지표의 거리보다 크다.

다음 예는 정도와 관계가 있다. 다음 (12a)에서 탄도체는 소금을 가지고 하는 일을 하고, 이 일이 정상적인 정도를 넘어서는 과정을 나타낸다. 즉, 음식에 소금을 뿌리는데 이 뿌림의 정도가 정상적인 정도를 넘어가는 과정을 나타낸다. (12b)에서 탄도체는 지표를 데우고, 이 데움의 정도가 정상적인 수준을 넘어섬을 나타낸다. (12)의 나머지의 예에서, 탄도체는 지표의 표준이나 정상적인 정도를 넘어선다. 이 넘어섬의 뜻은 불변사 over의 기여이다.

(12) a. She **overdid** the salt.
그녀는 소금을 너무 많이 쳤다.

b. Try not to **overheat** the sauce.
그 소스를 너무 태우지 않도록 노력해라.

c. She **overdid** the sympathy.
그녀는 동정을 너무 많이 했다.

d. Don't **overdo** the praise; she isn't that good.
너무 칭찬하지 마라. 그녀는 그렇게 착하지는 않다.

e. They **overestimated** her ability.
그들은 그녀의 재능을 과대평가했다.

f. She is **overindulged** by her parents.
그녀는 부모에게 너무 응석을 부린다.

g. Don't **overload** the outlet by plugging in too many appliances.
콘센트에 너무 많은 전기기구를 꽂아서 과열시키지 마라.

h. Don't **overload** the students with information.
학생들에게 과중하게 정보를 주지 마라.

i. The actor **overplayed** the bad guy in the play.
그 배우는 그 연극에서 나쁜 사람 역을 너무 과장해서 했다.

j. The poet's importance was **overplayed** by his biographer.
그 시인의 중요함은 그의 전기 작가에 의해 지나치게 과대평가되었다.

k. His role in the negotiations was **overplayed**.
그 협상에 있어서 그의 역할은 과대평가되었다.

l. She **overdress** the kids on winter days.
그녀는 겨울에 아이들에게 지나치게 옷을 입혔다.

m. It is easy to **oversimplify** the issue.
그 논제를 지나치게 간략화하기 쉽다.

n. Research has been grossly **oversimplified** in that report.
연구들이 저 보고에서는 지나치게 단순화되어 나타나고 있다.

o. He **overstated** the damages.
그는 손실을 지나치게 과장해 말했다.

p. The department **overspent** its budget.
그 부서는 경비를 과도하게 지출했다.

q. He **overworks** his staff mercilessly.
그는 그의 직원들을 잔인할 만큼 지나치게 부린다.

r. He tends to **overstate** his case.

그는 그의 입장을 과장해 말하는 경향이 있다.

s. He **overdosed** on heroine.

그는 헤로인을 과다 투약했다.

t. They **overpowered** the boy.

그들은 그 소년을 힘으로 제압했다.

u. The company clearly **overreached** itself.

그 회사는 명백히 무리로 인해서 실패했다.

다음 예는 극복과 관계가 있다. (13)의 탄도체는 지표를 넘어간다. 이 때 지표는 장애물이다. 탄도체가 장애물을 뛰어 넘는다는 것은 장애물을 극복하는 뜻으로 풀이된다.

(13) a. She **overcame** injury to win the race.

그녀는 부상을 극복하고 경주에서 우승했다.

b. She tried hard to **overcome** her shyness.

그녀는 수줍음을 극복하기 위해 열심히 노력했다.

c. They **overcame** the enemy after a long battle.

그들은 긴 전투 끝에 적군을 패배시켰다.

다음 예는 보지 않고 넘기는 과정이 있다. 다음 (14a)에서 주어는 목적어를 보지 않고 넘긴다. 이것은 주어의 시선이 목적어에 닿지 않고 지나가기 때문이다. 이 관계는 불변사 over의 관계에서 끌어낼 수 있다. 이 불변사의 의미 가운데 하나는 탄도체는 어떤 움직이는 개체가 지나가는 자취이다. 이 자취가 지표 위를 지나간다.

(14) a. He **overlooked** one important fact.

그는 한 가지 중요한 사실을 보지 못하고 지나쳤다.

b. It is easy to **overlook** small details like that.
그와 같은 작은 세부 사항은 못 보고 지나치기 쉽다.

c. We cannot **overlook** such a serious offence.
우리는 이렇게 심각한 죄악을 간과할 수 없다.

보다 구체적으로, 비행기가 어떤 산을 넘어가는 과정은 아래 〈그림 5〉와 같이 나타낼 수 있다.

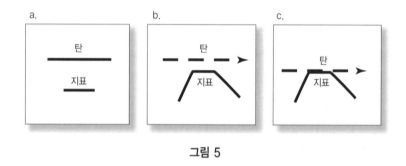

그림 5

위 〈그림 5-b〉에서 탄도체는 지표에 닿지 않고 지표 위를 지나간다. 시선도 움직이는 것으로 개념화된다. 움직일 때 다른 개체에 닿을 수도 있고 그렇지 않을 수도 있다.

한편 over는 〈그림 5-c〉에서와 같이 탄도체가 지표에 닿아서 지표를 지나갈 수도 있다. 다음 (15)에 쓰인 oversee는 주어의 시선이 지표에 닿아서 움직이는 것으로 풀이된다.

(15) a. The man **oversees** the project.
그 사람은 그 계획을 전반적으로 검토한다.

b. She is appointed to **oversee** his finances.
그녀는 그의 재정상황을 검토하기로 되어 있다.

c. The guards **oversee** the prisoners.
그 간수들은 그 수감자들을 감시한다.

d. He **oversaw** our operations in Seoul.
그는 서울에서 우리의 공사를 감독했다.

다음 예는 힘과 관계가 있다. 원형적인 관계에서 불변사 over의 탄도체는 지표의 위에 있고, 지표보다 크다. '더 강한 힘은 위이다'의 은유가 적용되면, over는 탄도체가 지표를 지배하는 관계에 확대된다. 다음 (16)에서 주어 (탄도체)는 지표를 무효로 만든다.

(16) a. The chairman **overrode** the committee's objections.
그 의장은 그 위원회의 이의 제기를 무효화했다.

b. This commitment should **override** all other considerations.
이 위원회는 모든 다른 고려 사항들을 무시해야 한다.

c. The principal **overrode** the teachers' wishes.
그 교장은 그 교사들의 바람을 무시했다.

d. The pilot **overrode** the automatic controls.
그 비행사는 자동 제어 장치를 무시했다.

다음 (17)의 주어 (탄도체)도 지표를 뒤엎거나 무효로 한다.

(17) a. The supreme court **overruled** the lower court's decisions.
그 최고법정은 하위법정의 결정을 기각했다.

b. Parliament **overruled** local authorities.
의회는 지방의 세력가들을 압도했다.

c. The judge **overruled** the lawyer/the lawyer's objections.
그 판사는 변호사/변호사의 이의를 기각했다.

d. They **overruled** the verdict.
그들은 그 판결을 기각했다.

다음은 속도 그리고 거리와 관계가 있다. 불변사 over의 탄도체와 지표가 움직일 때, 탄도체는 지표를 앞선다.

(18) a. He pulled out to **overtake** the van.
그는 그 밴을 따라잡기 위해 떠났다.

b. The driver **overtook** a line of vehicles.
그 운전자는 차량 한 줄을 따라잡았다.

c. By 1970s the Americans **overtook** the Russians in space technology.
1970년대까지 미국인들은 우주 과학기술에서 러시아인들을 따라잡았다.

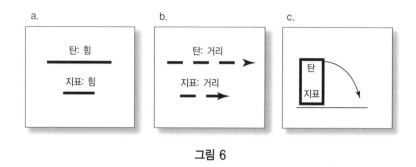

그림 6

다음은 전복과 관계가 있다. 불변사 over가 갖는 관계 가운데 하나는 탄도체가 뒤집어지는 과정이다. 다음 (19)에서 주어는 목적어를 뒤엎는다.

(19) a. She **overturned** the table.
그녀는 그 탁자를 뒤집었다.

b. The rebels **overthrew** the government.
그 반란자들은 그 정부를 전복시켰다.

c. The truck skidded and **overturned**.
그 트럭은 미끄러져서 뒤집어졌다.

다음 (20)은 듣기와 관계가 있다. 정상적인 대화에서 대화자는 서로 얼굴을 마주하고 얘기를 나눈다. 그러나 경우에 따라서는 대화의 의도된 청자가 아닌 사람이 대화를 들을 수 있다. 이 때 말소리는 화자에서 청자로 직접 전달이 되는 것이 아니라 어떤 공간이나 장애물을 넘어서 전달이 된다. 이러한 관계는 아래 〈그림 7〉을 통해 나타낼 수 있다.

(20) a. I **overheard** part of their conversation.
　　　 나는 그들의 대화 일부를 엿들었다.

　　 b. We **overheard** them arguing.
　　　 우리는 그들이 언쟁하는 것을 엿들었다.

　　 c. I couldn't help **overhearing**.
　　　 나는 엿들을 수밖에 없었다.

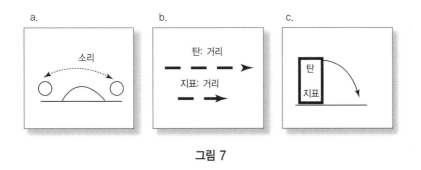

그림 7

3. up-동사

이 소절에서는 불변사 up과 동사가 결합되어 생기는 복합동사를 살펴본다. 불변사 up의 원형적인 관계는 탄도체가 지표의 낮은 곳에서 높은 곳으로 움직이는 과정을 나타낸다. 지표는 대개의 경우 수직선이고, 불변사 up은 다음과 같이 도식으로 나타낼 수 있다. 〈그림 8-a〉에서 탄도체는 지

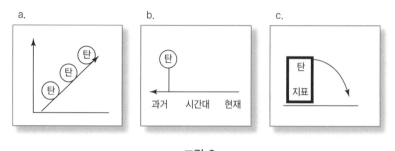

그림 8

표 (수직선)의 낮은 곳에서 높은 곳으로 이동하는 과정을 한눈에 보여 준다.

다음 예는 시간과 관계가 있다. 파일은 작성된 시간이 있다. 과거에 작성된 파일을 현재에 가깝게 만드는 과정이 update이다. 그러면 왜 불변사 up이 쓰이는가? 이것은 시간의 은유에 관련된 문제이다. 시간은 움직이는 개체로 은유화된다. 은유화의 한 가지는 시간은 미래에서 현재로 와서 또 과거로 흐르는 것이다. 이의 특수한 예로 시간은 높은 데서 낮은 곳으로 흐르는 것으로 개념화된다.

(21) a. The time will **come** when …
　　… 하는 시간이 올 것이다.

　b. The time for action has **arrived**.
　　행동할 때가 왔다.

　c. The time has long since **gone**.
　　시간이 그 이래로 오래 흘렀다.

(22) a. This book is of no use to me; it only goes **down** to the 1951 election.
　　이 책은 내게는 쓸모가 없다. 그것은 1951년 선거까지 다룰 뿐이다.

　b. She will go **down** as the only president who served three terms.
　　그녀는 세 임기 동안 봉사한 유일한 회장으로서 나중까지 기억될 것이다.

이미 만들어진 파일은 과거에 속한다. 과거는 현재의 밑쪽에 있다. 시간 은유에 의하면 이것을 현재의 위치에 가져오는 것은 이것을 위로 가져오는 것이 된다.

(23) a. The files need **updating**.
       그 파일들은 업데이트가 필요하다.

     b. It is about time we **updated** our software.
       우리의 소프트웨어를 업데이트해야 할 때이다.

     c. I called the office, and **updated** them on the day's developments.
       나는 사무실에 전화했고, 그 날의 진행에 대해 그들에게 새로이 알려 주었다.

     d. They **upgraded** the town's leisure facilities.
       그들은 마을의 레저 시설들을 개선시켰다.

불변사 up은 탄도체가 낮은 데서 위로 움직이는 과정을 한눈에 나타낸 다. 이 과정은 탄도체가 위로 힘을 가하는 과정을 나타낸다. 이것의 과정이 나타나는 한 예로, 어느 개체가 공중에 있을 때 그대로 두면 땅으로 떨어져 내려온다. 이것을 막기 위해서는 밑에서 위로 힘을 가해야 하는데 이렇게 밑에서 위로 힘을 가하는 과정도 불변사 up으로 표현된다. 이러한 관계를 아래 〈그림 9-b〉가 나타내고 있다.

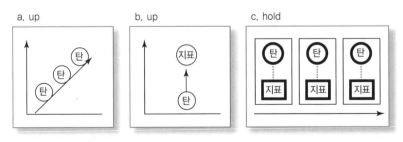

그림 9

다음 예는 등급과 관계가 있다. up은 위를 가리키고 위는 다음과 같은 은유를 갖는다: 많음은 위다, 좋음은 위다.

(24) a. They spent a lot of money to **upgrade** the security system.
그들은 보안 체계를 개선하기 위해 많은 돈을 썼다.

b. The ticket agent **upgraded** me from coach to first class.
그 매표소 직원은 보통석에서 일등석으로 내 좌석 등급을 향상시켜 주었다.

c. She **upgraded** her old TV by buying one with stereo sound.
그녀는 스테레오 사운드가 달린 TV를 구입함으로써 그녀의 오래된 TV를 향상시켰다.

d. It is quite simple to **upgrade** an existing software.
현행 소프트웨어를 업그레이드하는 것은 꽤 간단하다.

e. He has been trying to **upgrade** his job for years.
그는 몇 년 동안 그의 직업을 향상시키려 노력 중이다.

f. The system has been **upgraded** to meet customers' needs.
그 체계는 고객들의 요구를 맞추도록 개선되고 있다.

g. He was **upgraded** from vice manager to manager.
그는 부지배인에서 지배인으로 승진되었다.

h. You'll need to **upgrade** to 1 GB to run these programs.
너는 이 프로그램들을 실행시키기 위해서는 1GB로 업데이트할 필요가 있을 것이다.

i. Existing users can **upgrade** from the previous version free of charge.
현행 사용자들은 무료로 이전 버전에서 업그레이드할 수 있다.

j. He **upgraded** his computer.
그는 그의 컴퓨터를 업그레이드했다(성능을 향상시켰다).

다음 (25)에서는 동사 uphold가 쓰였다. 불변사 up은 〈그림 5-b〉에서와 같이 탄도체가 지표를 떠받치는 관계를 나타낸다. 동사 hold는 탄도체가 지표를 일정한 상태에 그대로 유지시키는 과정을 나타낸다. 이 두 요소의 뜻에서 uphold는 탄도체가 지표를 떠받치는 관계를 시간 속에 유지시키는 과정을 나타낸다. 이러한 표현에는 '좋음은 위이다'의 은유가 쓰였다.

(25) a. We must **uphold** our family's good name.
　　 우리는 우리 가족의 좋은 이름을 지켜 나가야 한다.

b. They want to **uphold** their traditional values.
　　 그들은 그들의 전통적 가치를 유지하기를 원한다.

c. The court **upheld** the conviction/appeal.
　　 법정은 그 유죄 판결/상고를 확인했다(지지했다).

d. The court **upheld** the claim for damages.
　　 법정은 손해배상 청구를 인정했다.

다음 (26)에 쓰인 up은 '위로'의 뜻과 '완전히'의 뜻을 가지고 있고, 동사 root는 뿌리를 뽑는 과정을 나타낸다. 두 요소가 합쳐지면, 위로 완전히 뿌리를 뽑는 과정을 나타낸다. 또한 몇몇 표현에는 '사람은 식물이다'의 은유가 적용되어 있다.

(26) a. The wind **uprooted** the trees.
　　 바람이 나무들을 뿌리째 뽑았다.

b. My father was in the army, and every two years we were **uprooted** and moved again.
　　 아버지는 군대에 계셨고, 2년마다 우리는 집에서 떠나 또 이사를 했다.

c. If I accept the job, it means **uprooting** my family and moving to Korea.
　　 만일 내가 그 일을 받아들인다면, 그것은 곧 우리 가족이 완전히 집을 떠나 한국으로 이사하는 것을 의미한다

다음에 쓰인 up은 어느 개체의 밑부분이 위로 가는 과정을 나타낸다.

이러한 과정을 거치면 개체는 넘어진다.

(27) a. He **upset** a glass of milk.
      그는 우유 한 잔을 쏟았다.

   b. He **upset** a bottle of ink over the map.
      그는 잉크병을 지도 위에 쏟았다.

   c. I accidentally **upset** the pitcher when I leaned over the table.
      나는 우연히 탁자에 기대 있다가 물주전자를 쏟았다.

   d. He **upset** a vase of flowers.
      그는 꽃이 담긴 화병을 쏟았다.

다음 표현에는 '마음은 개체이다' 의 은유가 쓰였다. 개체가 뒤집어질 수 있듯이 마음도 뒤집어 질 수 있다.

(28) a. The accident **upset** her.
      그 사건이 그녀의 마음을 상하게 했다.

   b. I didn't mean to **upset** you.
      나는 네 마음을 상하게 할 생각은 아니었다.

   c. The decision will **upset** a lot of people.
      그 결정은 많은 사람들의 마음을 상하게 할 것이다.

   d. The news completely **upset** their parents.
      그 소식은 완전히 그들 부모의 마음을 상하게 했다.

   e. Don't **upset** yourself about it.
      그 일로 너무 마음 상하지 마라.

신체부위는 어떤 질서 속에 있고, 또 이 질서는 뒤집어질 수 있다.

(29) a. The food is **upsetting** his stomach.
      그 음식이 그의 위를 상하게 하고 있다.

b. Eating all those greasy food will **upset** your stomach.
저 모든 기름진 음식을 먹는 것은 너의 위를 상하게 할 것이다.

c. The dam will **upset** the ecological balance.
그 댐은 생태적 균형을 망가뜨릴 것이다.

d. The strike **upset** the airline schedule.
파업이 항공 스케줄을 엉망으로 만들었다.

e. He arrived one hour late and **upset** all our arrangements.
그는 한 시간 늦게 도착했고 모든 우리의 계획을 엉망으로 만들었다.

다음에서는 우열의 순서가 뒤집힌다.

(30) a. Korea came close to **upsetting** Columbia during their match in Spain.
한국은 스페인에서의 경기 동안 콜롬비아에게 거의 승리할 뻔 했다.

b. Our swimming team **upset** the champions.
우리 수영 팀이 예상을 뒤엎고 우승팀을 이겼다.

c. The independent candidate **upset** the mayor in the election.
그 무소속 후보자가 예상을 뒤엎고 선거에서 그 시장을 이겼다.

d. The area was first **upheaved** by primeval ocean.
그 지역은 원시 해양에 의해 처음으로 융기되었다.

e. Father **upbraded** his son for poor grades.
아버지는 아들을 그의 나쁜 성적 때문에 꾸짖었다.

4. under – 동사

불변사 under는 원형적인 관계에서 탄도체가 지표의 아래에 있고, 지표보다 적은 관계를 나타낸다. 이러한 관계를 〈그림 10〉이 나타낸다. 〈그림 10〉에서 탄도체는 지표의 아래를 지난다. 지표는 탄도체의 위에 있고 탄도체보다 크기 때문에 탄도체는 지표의 영향권 아래에서 지나는 것으로 볼 수 있다.

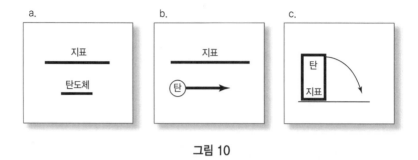

그림 10

아래 (31)에서 주어 (탄도체)는 지표 (수술, 시련, 수정, 변화, 소생)의 아래를 지난다. 탄도체는 지표의 영향권 아래에서 움직이는데 이 때 움직임은 과정을 나타낸다.

(31) a. He has to **undergo** a surgery to remove a tumor.
그는 종양을 제거하기 위한 수술을 받아야 한다.

b. She **underwent** a terrible ordeal.
그녀는 혹독한 고난을 거쳤다.

c. The bridge has **undergone** major modifications.
그 다리는 주요 보수 공사를 했다.

d. Some children **undergo** a complete transformation when they become teenagers.
어떤 아이들은 10대가 되면서 완전한 변화를 겪는다.

e. The company has **undergone** several changes.
그 회사는 몇 가지 변화를 겪었다.

f. The movie is **undergoing** a revival of popularity.
그 영화는 인기의 중흥을 겪고 있다.

불변사 under는 '적음/작음은 아래이다'의 은유에 의해 양이나 수의 관계를 나타내는 데에도 쓰인다. 그래서 이 불변사의 탄도체는 지표보다 적거나 작다. 다음에서 주어는 탄도체를 지표보다 적거나 작게 한다. (32)의 목적어는 모두 환유적으로 쓰였다. (32a)에서 his friends는 그의 친구들이 내야 하는 돈이다. 주어는 목적어에게 청구를 하는데 이 청구액이 친구들이 지불해야 하는 액수보다 적다. (32c)에서 all of its competitors는 그 경쟁자들이 소비자들에게 요구하는 금액이다. 주어도 소비자들에게 제시하는 금액이 있는데 이 금액이 경쟁자들의 것보다 적다. (32e)에서 fish는 물고기의 먹이 양이다. 주어가 주는 물고기의 밥의 양이 물고기가 필요로 하는 양보다 적다.

(32) a. The plumber **undercharges** his friends.
        그 수리공은 그의 친구들에게는 돈을 적게 청구한다.

    b. The cashier accidentally **undercharged** me.
        그 은행원은 우연히 내게 돈을 적게 청구했다.

    c. The store **undercut** all of its competitors.
        그 가게는 모든 경쟁가게보다 싸게 팔았다.

    d. The airline **undercut** its major competition.
        그 항공사는 그 회사의 주요 경쟁상대보다 가격을 내렸다.

    e. I **underfed** the fish so that the food wouldn't be wasted.
        나는 먹이를 낭비하지 않으려고 물고기에게 먹이를 적게 주었다.

    f. Don't **underfeed** your puppy.
        네 강아지에게 먹이를 적게 주지 마라.

    g. The store tried to **undersell** its competitors.
        그 가게는 경쟁상대들보다 싸게 팔려고 애를 썼다.

    h. The exploitative company **undervalued** its employees.
        그 착취하는 기업은 종업원들을 경시했다.

    i. The picky critic **underrated** the popular movie.
        그 까다로운 평론가는 유명한 영화를 평가절하했다.

다음의 목적어는 양이나 수와 관계가 있는 개체를 나타낸다. 주어는 목적어가 나타내는 양이나 수보다 적게 쓰거나 낮은 평가를 한다.

(33) a. The business owner **underestimated** the value of its
         employees.
         그 회사 소유주는 회사 종업원들의 가치를 경시했다.

      b. He **underestimated** the cost of the trip.
         그는 여행 경비를 너무 싸게 어림잡았다.

      c. All too often, companies **undervalue** the contribution made
         by low-ranking workers.
         너무나 자주, 회사들은 지위가 낮은 노동자들이 한 기여를 경시한다.

      d. The figures probably **understate** the real unemployment rate.
         그 수치들은 분명 실제 실업률보다 낮다.

      e. He **underplayed** his vital role in their success.
         그는 그들의 성공에서 그의 중대한 역할을 소극적으로 행했다.

      f. The government **underspent** its budget by two million
         dollars this year.
         정부는 올해 예산보다 200만 달러 적게 썼다.

다음 문장은 주어가 목적어를 위에 가지고 있는 과정을 나타낸다. 주어
가 목적어의 아래에 있는 관계는 주어가 목적어의 숨은 원인이나 바탕이 되
는 관계를 나타낸다.

(34) a. Solid rocks **underlie** the topsoil
         단단한 바위들이 표토 아래에 있다.

      b. The safety of children **underlies** all our decisions.
         아이들의 안전함은 우리의 모든 결정 하에 있다.

      c. Psychological problems **underlie** physical disorders.
         심리적 문제점들은 신체적 장애 아래에 잠재해 있다.

다음 주어는 목적어의 아래를 줄로 표시한다.

(35) a. The teacher **underlined** the misspelled words.
         그 선생님은 철자가 틀린 단어 아래에 밑줄을 치셨다.

b. The teacher **underscored** the verb of each sentence.

그 선생님은 각 문장의 동사에 밑줄을 쳤다.

c. The new board of directors **underwrote** the firm's old debts.

그 새 임원회는 회사의 오래된 부채를 인수했다.

(36) A language course should be **underpinned** by a sound theoretical basis.

어학 강좌는 적절한 이론적 토대에 근거해야 한다.

다음 문장에서 주어는 목적어의 밑을 판다. 개체의 밑을 파면 이 개체는 넘어지게 된다.

(37) a. Erosion **undermined** the wall.

침식이 벽 아래에 굴을 팠다.

b. Waters are **undermining** the foundation of his house.

홍수가 그의 집의 지반을 허물고 있다.

c. The river **undermined** the banks.

그 강은 강둑들을 허물었다.

d. Waves are **undermining** the cliffs.

파도가 그 절벽을 침식하고 있다.

다음 문장에서는 추상적인 개체가 구체적인 개체로 개념화되어 있다.

(38) a. The pesky journalist **undermined** the mayor's stature.

그 짜증나는 기자는 시장의 위상을 훼손시켰다.

b. The crises have **undermined** his position.

그 위기들이 그의 지위를 훼손시켰다.

c. They tried to **undermined** his leadership.

그들은 그의 지도력을 음해하려 노력했다.

d. The new economic policies threaten to **undermine** the health-care system.

그 새 경제정책은 그 건강관리 체계를 훼손하려 한다.

e. A fall in interest rates might **undermine** sterling.

이자율의 저하는 영국화폐 가치를 절하시킬 수 있다.

f. Our confidence in him has been seriously **undermined** by his recent defeats.

우리의 그에 대한 신뢰는 그의 최근의 실패로 인해 심각하게 손상되었다.

g. Their trading position has been **undermined** by the minister's remarks.

그들의 교역지위가 그 장관의 평가에 의해 손상되었다.

다음 (39)에서 주어는 목적어를 자신의 감독이나 보호 하에 두거나, (40) 에서와 같이 책임 하에 갖는 것을 나타낸다.

(39) a. He will **undertake** the project of renovating the house.

그는 그 집의 수리 공사를 착수할 것이다.

b. The mechanic **undertook** rebuilding the engine.

그 기계공은 엔진을 다시 만들기로 했다.

c. The court will **undertake** a serious examination of the case.

그 법정은 그 사건에 신중한 조사를 착수했다.

d. Professors teach and **undertake** research.

교수들은 가르치고 연구를 한다.

e. The company will **undertake** a full investigation into the accident.

그 회사는 그 사고에 대한 철저한 조사를 수행할 것이다.

f. The United Nations was supposed to **undertake** the role of global peace-keep.

국제연합은 세계평화수호의 역할을 책임지기로 되어 있었다.

g. The lawyer **undertook** a new case.

그 변호사는 새 사건을 맡았다.

(40) a. State senators **undertook** to use federal funds to improve schools.
주 상원 의원들은 연방 기금을 학교 육성에 사용할 것을 장담했다.

b. He **undertook** to finish the work by Monday.
그는 그 일을 월요일까지 마치는 것을 떠맡았다.

5. down-동사

불변사 down은 탄도체가 높은 곳에서 낮은 곳으로 움직이는 전 과정이나 마지막 과정을 한눈에 보여 준다. 다음 문장 (41)에서 불변사 down이 쓰여서 '적/작음은 아래이다'의 은유의 쓰임을 나타낸다. 동사 play는 '평가하다'의 의미이므로, downplay는 '낮게 평가하다'의 의미를 갖게 된다.

(41) a. The doctor **downplayed** the patient's condition from bad to worse.
그 의사는 그 환자의 상태를 나쁨에서 더 나쁨으로 낮게 평가했다.

b. The coach is **downplaying** the team's poor performance.
그 코치는 그 팀의 저조한 경기수행을 중요하지 않게 평가하고 있다.

c. Officials are **downplaying** last month's drop in sales.
임원진은 지난달의 판매 하락을 경시하고 있다.

d. The report **downplayed** the seriousness of global warming.
그 보고는 지구 온난화의 심각성을 무시했다.

다음 예문에 쓰인 grade와 scale은 등급을 매기는 과정을 의미하고, down은 적은 쪽으로의 움직임을 나타낸다.

(42) a. Some jobs have been **downgraded** from skilled to semi-skilled.
어떤 직업들은 숙련 기능을 요하는 것에서부터 반숙련을 요하는 것으로 등급이 낮아져 있다.

b. Management are trying to **downgrade** the importance of safety at work.

경영진은 직장에서의 안전의 중요성을 격하하려 하고 있다.

c. They **downgraded** the military alert from emergency to standby.

그들은 그 군사경계를 비상 상황에서 대기 상황으로 낮추었다.

d. She is **downgraded** from principal to vice-principal.

그녀는 학장에서 부학장으로 좌천되었다.

e. They **downscaled** the shop and its product line.

그들은 그 공장과 그 생산 라인을 감축했다.

f. They want to **downshift** from full-time work.

그들은 전임 대우직에서 내려가고 싶어한다.

다음에 쓰인 size는 크기를 조정하는 의미를 갖고, down은 적은 쪽으로의 이동을 나타낸다.

(43) a. I **downsized** the rear wheels to 26 inches.

나는 뒷바퀴를 26인치로 줄였다.

b. Car manufacturers began to **downsize** their cars.

자동차 생산자들은 그들의 차 크기를 줄이기 시작했다.

c. The plant **downsized** its staff.

그 공장은 직원 수를 감축했다(줄였다).

d. The company **downsized** to cut costs.

그 회사는 비용을 절감하기 위해 (규모를) 축소했다.

6. with-동사

전치사 with는 어느 주어진 영역에 있는 개체들이 상호작용 관계에 있음을 나타낸다. 이러한 관계는 공간적인 뜻뿐만이 아니라 추상적인 뜻으로도 확대된다.

(44)　a. He **withdrew** $100 from his account.
　　　그는 그의 계좌에서 100달러를 인출했다.

　　b. The government **withdrew** its funding/support for the
　　　project.
　　　정부는 그 계획에 대한 자금/지원을 철회했다.

　　c. The newspaper **withdrew** its allegations.
　　　그 신문은 그것의 진술을 철회했다.

　　d. He **withdrew** his suggestions.
　　　그는 그의 제안을 철회했다.

　　e. The general **withdrew** the army from the battlefield.
　　　그 장군은 전장에서부터 군대를 철수시켰다.

　　f. He **withdrew** himself from the contest.
　　　그는 그 대회에서 기권했다.

(45)　a. France **withdrew** from the coalition.
　　　프랑스는 그 연합에서 물러났다.

　　b. He **withdrew** from the event.
　　　그는 그 사건에서 물러났다.

　　c. The candidate **withdrew** from the race.
　　　그 후보자는 선거에서 기권했다.

　　d. The enemy **withdrew** as we approached.
　　　적군은 우리가 다가감에 따라 퇴각(후퇴)했다.

　　e. The injured athlete **withdrew**.
　　　그 부상당한 선수는 은퇴했다.

(46)　a. They **withdrew** to the garden to have a private talk.
　　　그들은 개인적인 이야기를 하기 위해 정원으로 물러갔다.

　　b. The girl **withdrew** into a private/fantasy world.
　　　그 소녀는 개인적인/상상의 세계로 **빠져들었다**.

(47) a. She **withheld** her rent until her landlords agreed to unlock
the drains.
그녀는 지주가 배수관을 여는 데 동의할 때까지 지대 지불을 보류하고
있다.

b. The government is **withholding** benefit payment.
정부는 보험금의 지불을 보류하고 있다.

c. I **withheld** payment until they finished the work.
나는 그들이 일을 끝낼 때까지 지불을 보류하고 있다.

d. He is **withholding** vital information from the police.
그는 경찰들에게 결정적인 정보를 주지 않고 있다.

e. The audience **withheld** their questions until the speech was
over.
청중들은 연설이 끝날 때까지 질문을 하지 않고 있었다.

f. He is **withholding** his support for the project.
그는 그 계획에 대한 원조를 보류하는 중이다.

g. The toys can **withstand** the rough treatment.
그 장난감들은 험하게 다루는 것을 견딜 수 있다.

h. The bush can **withstand** extremes of temperature.
그 숲은 극한 기온도 견딜 수 있다.

i. They **withstood** the attack.
그들은 공격을 견뎌냈다.

j. The coastal town **withstood** the hurricane's force.
그 바닷가 마을은 허리케인의 기세를 견뎌냈다.

k. I could hardly **withstand** the pain.
나는 거의 그 고통을 견뎌낼 수 없었다.

l. The house has **withstood** severe wind and storms.
그 집은 모진 바람과 거친 날씨를 견뎌왔다.

m. He **withstood** all the criticism.
그는 모든 비판을 견뎌냈다.

(48) a. The van is **outfitted** with computers.
그 밴(트럭)에는 컴퓨터가 실려 있다.

b. They **outfitted** him with a gun.
그들은 그에게 총을 마련해 주었다.

앞에서 살펴보았듯이 out, over, up, down, under 등과 같은 불변사는 동사와 결합하여 타동성을 지닌 복합동사를 이룬다. 이러한 복합동사는 비록 구절동사는 아니지만 그 의미를 구성하는 동사와 불변사의 합성에 있어서 구절동사의 구조와 유사하다. 즉, 복합동사는 해당 불변사와 동사의 의미가 합성과정을 통해 그 의미를 이루어 나가는 것이다. 이 장에서는 복합동사의 다양한 용례들을 살펴보면서 그 복합동사의 구성성분인 불변사와 동사는 해당 복합동사를 위해 자의적으로 결합하여 무관한 관계를 보이는 것이 아니라 체계적인 합성과정을 통해 의미 형성에 기여하고 있음을 확인해 볼 수 있었다.

참고문헌

Bolinger, Dwight. 1971. *The phasal verb in English*. Cambridge. Mass.: Harvard University Press.

Brugman, Claudia. 1981. Story of Over. MA thesis, the University of California. Berkerly.

Fraser, Bruce. 1976. *The verb particle combination in English*. New York: Academic Press.

Haiman, John. 1980. Dictionaries and encyclopedias. Lingua. 50 : 329-357.

Hill, L. A. 1968. *Prepositions and adverbial particles : an interim classification, semantic, structural and graded*. London: Oxford University Press.

Kennedy, Arthur G. 1920. *The modern English verb-adverb combination*. (Stanford Publications in Language and Literature. Vol. 1. No. 1.) Stanford: Stanford University Press.

Legum, St. E. 1968. The verb particle constructions in English: basic or derived? BLS. 4 : 50-62.

Langacker, Ronald W. 1981. The nature of grammatical valence. *In Topics in cognitive grammar*. ed. by Brygieda Rudzka-Ostyn. Amsterdam: John Benjamins Publishing Company.

Langacker, Ronald W. 1987. *Foundations of cognitive grammar*. Stanford: Stanford University Press.

Linder, Sue. 1983. A lexico-semantic analysis of English verb particle constructions with *out and up*. IULC.

Linder, Sue. 1982. What goes up doesn't necessarily come down: the ins and outs of opposites. *CLS*. 18 : 305-323.

Live, Anna. 1965. The discontinuous verb in English. *Word*. 21 : 428-451.

Nagy, William. 1974. Figurative patterns and redundancy in the lexicon. Ph.

D. dissertation, University of California, San Diego.

Palmer, Frank R. 1965. *A linguistic study of the English verb*. London: Longman.

Talmy, Leonard. 1977. Rubber-sheet cognition in language. *CLS*. 13 : 612-628.

Wood, F. T. 1955. *Verb-adverb combination :* the position of the adverb. English Language Teaching.

[Dictionaries]

Collins Cobuild. 1989. *Dictionary of phrasal verbs*. Glascow: HarperCollins Publishers.

Benson, Morton, Evelyn Benson; and Robert Ilson. 1986. *The BBI combinatory Dictionary of English: a guide to word combinations*. Amsterdam: John Benjamins.

Courtney, Rosemary. 1983. *Longman dictionary of phrasal verbs*. London: Longman.

Cowie, A. P. & R. Mackin. 1975. Oxford dictionary of current idiomatic English. London : Oxford University Press.

Fowler, W. S. 1978. *Dictionary of idioms*. London: Nelson.

Heaton, J. B. 1968. *Prepositions and adverbial learner's current English*. London: Oxford University Press.

Longman dictionary of contemporary English. 1978. London: Longman.

Longman dictionary of English idioms. 1978. London: Longman.

Taya-Polidori, Junko. 1989. *English phrasal verbs in Japanese*. London: Edward Arnold.

Turton, Neigel D., and Martin H. Manser. 1985. *The student's dictionary of phrasal verbs*. London: Macmillan.

Whitford & Dixson. Handbook of American idioms.

Wood, Frederick. 1967. *English prepositional idioms*. London: Macmillan Press Ltd.

Wood, Frederick. 1964. *English verbal idioms*. Washington: Washington Square Press.

찾아보기

저자소개

서울대학교 사범대학(영어교수법 학사)
University of Hawaii 대학원(영어교수법 석사)
University of Hawaii 대학원(언어학 박사)
건국대학교 문과대학 부교수 역임
연세대학교 문과대학 교수 역임
연세대학교 명예교수

저서

A Korean Grammar on sementic and pragmatic Principles
A Kusaiean Reference Grammar
A Kusaiean-English Dictionary
영어 형용사와 전치사
영어 동사의 의미 上 · 下
인지문법에서 본 영어동사
인지문법에서 본 동사사전
영어동사의 문법
영어 구동사 연구

역서

문법 이해론, 말의 여러 모습, 언어와 심리(공역)/인지언어학(공역)
말(공역)/현대언어학(공역), 언어학개론(공역)

그 외 수 편의 번역과 100여 편의 논문 있음
교문사, 웅진출판사, 지학사, 능률영어에서 고등학교 교과서를 저술한 바 있음

영어 구절동사

2004년 7월 26일 초판 발행 | 2021년 7월 16일 7쇄 발행

지은이 **이기동** | 발행인 **류원식** | 발행처 **교문사**

주소 (10881)경기도 파주시 문발로 116 | 전화 031-955-6111(代)
FAX 031-955-0955 | 등록 1960. 10. 28. 제406-2006-000035호

홈페이지 www.gyomoon.com | E-mail genie@gyomoon.com
ISBN 978-89-363-0698-7(03740)

값 11,000원　*잘못된 책은 바꿔 드립니다.